Hubert Kügler
Gudrun Kügler

MIT DEM WOHNMOBIL NACH SÜD-SPANIEN

Die Anleitung für einen Erlebnisurlaub

D1727842

DER WOHNMOBIL-VERLAG
D-98634 Mittelsdorf/Rhön

Bibliografische Information der Deutschen Bibliothek

Die Deutsche Bibliothek verzeichnet diese Publikation in der Deutschen Nationalbibliografie.
Detaillierte bibliografische Daten sind im Internet über <http://dnb.ddb.de> abrufbar.

Titelbild:
Cala de Tio Juan

Neu bearbeitete und erweiterte 3. Auflage 2012

Karten: Thomas I. Kügler
Fotos und Layout: Hubert Kügler
Recherche: Hubert und Gudrun Kügler

Druck:
Appel & Klinger, 96277 Schneckenlohe

Vertrieb:
GeoCenter, 70565 Stuttgart

Herausgeber:
WOMO-Verlag, 98634 Mittelsdorf
Position: N 50° 36' 37.3" E 10° 07' 56.3"

Fon: 0049 (0) 36946-20691
Fax: 0049 (0) 36946-20692
eMail: verlag@womo.de
Internet: www.womo.de

Autoren-eMail: Kuegler@womo.de

EINLADUNG

Süd-Spanien – oder besser Andalusien – kommt uns immer wieder wie eine Zauberkiste vor! Auf Wunsch werden Sie verzaubert von unvergesslich schönen Landschaften, Kathedralen und Palästen aus vergangenen Jahrhunderten, schneebedeckten Dreitausendern, einsamen Traumstränden, farbenfrohen Festen und nicht zuletzt von einem äußerst freundlichen und hilfsbereiten Menschenschlag.

Kommen Sie mit uns auf Wege, die bisher wenig vom Massentourismus erreicht sind, wo noch Geruhsamkeit und Einzigartigkeit der Natur die höchsten Werte sind. Natürlich wollen wir Ihnen die berühmten Sehenswürdigkeiten wie Alhambra, Mezquita oder Giralda nicht verheimlichen, aber Sie können diese Mega-Kulturstätten auch auslassen und werden trotzdem sehr viel Schönes sehen und erleben.

Unseren fünfzehn Touren folgen Sie sicherlich nicht auf einmal, aber nacheinander bestimmt in mehreren Jahresetappen. Uns selbst geht es ebenso, weil wir das Gefühl haben, die Schönheiten nicht ausgiebig genug genossen zu haben, weshalb wir immer wieder an unsere „Tatorte" zurückkehren.

Lassen Sie sich verzaubern und – wenn Sie wollen – berichten Sie uns. Wir würden uns sehr freuen.

Ihr

Hubert Kügler

Sehr geehrter Leser, lieber WOMO-Freund!

Reiseführer sind für einen gelungenen Urlaub unverzichtbar – das beweisen Sie mit dem Kauf dieses Buches. Aber aktuelle Informationen altern schnell, und ein veralteter Reiseführer macht wenig Freude.

Sie können helfen, Aktualität und Qualität dieses Buches zu verbessern, indem Sie uns nach Ihrer Reise mitteilen, welchen unserer Empfehlungen Sie gefolgt sind (freie Stellplätze, Campingplätze, Wanderungen, Gaststätten usw.) und uns darüber berichten (auch wenn sich gegenüber unseren Beschreibungen nichts geändert hat).

Bitte füllen Sie dafür schon während Ihrer Reise das Info-Blatt am Buchende aus und senden Sie es uns <u>sofort</u> nach Ihrer Rückkehr zu (per Brief, Fax oder formlos als eMail). Dafür gewähren wir Ihnen bei der nächsten Buchbestellung direkt beim Verlag ein Info-Honorar von 10%.

Aktuelle Korrekturen finden Sie unter: www.forum.womoverlag.de

Um die freien Übernachtungs- und Campingplätze auf einen Blick erfassen zu können, haben wir diese im Text in einem Kasten nochmals farbig hervorgehoben und, wie auf den Karten, fortlaufend durchnummeriert. Wir nennen dabei wichtige Ausstattungsmerkmale und geben Ihnen eine kurze Zufahrtsbeschreibung. "Max. WOMOs" soll dabei andeuten, wie viele WOMOs dieser Platz maximal verträgt und nicht, wie viele auf ihn passen würden (schließlich gibt es auch Einwohner und andere Urlauber)!

Übernachtungsplätze mit **B**ademöglichkeit sind mit hellblauer Farbe unterlegt. **W**anderparkplätze sind grün gekennzeichnet. **P**icknickplätze erkennen Sie an der violetten Farbe. Auf Schlafplätzchen, denen die gerade genannten Merkmale fehlen – also auf einfache **S**tellplätze – weist die Farbe Gelb hin. Empfehlenswerte **C**ampingplätze haben olivgrüne Kästchen. Wanderungen, die wir Ihnen besonders ans Herz legen möchten, haben wir hellgrün unterlegt.

Und hier kommt das Kleingedruckte:

Jede Tour und jeder Stellplatz sind von uns meist mehrfach überprüft worden, wir können jedoch inhaltliche Fehler nie ganz ausschließen. Bitte achten Sie selbst auf Hochwasser, Brandgefahr, Steinschlag und Erdrutsch!

Verlag und Autoren übernehmen keine Verantwortung für die Legalität der veröffentlichten Stellplätze und aller anderen Angaben. Unsere Haftung ist, soweit ein Schaden nicht an Leben, Körper oder Gesundheit eingetreten ist, ausgeschlossen, es sei denn unsere Verantwortung beruht auf Vorsatz oder grober Fahrlässigkeit.

Inhaltsverzeichnis

Hinweise zum Gebrauch dieses Buches.........................6

Anreisewege
und Tipps für Zwischenübernachtungen 9

Tourist-Infos zu Hause und in Spanien........................12

15 Touren durch Süd-Spanien

Tour   1:   Der wilde Norden Andalusiens 16
Tour   2:   Wanderparadies Sierra de Cazorla 34
Tour   3:   Alte Städte - schöne Seen 48
Tour   4:   Durch die Sierra Subbética 66
Tour   5:   Auf der Route des Kalifats 80
Tour   6:   Burgen, Türme, Kathedralen......................92
Tour   7:   Von der Sierra Aracena zum Atlantik 102
Tour   8:   Costa de la Luz – der Norden 114
Tour   9:   Costa de la Luz – der Süden 134
Tour 10:   Straße der weißen Dörfer........................... 156
Tour 11:   Die schönsten Schluchten Andalusiens 170
Tour 12:   Von der Sonnenküste in den Schnee 188
Tour 13:   Costa Tropical und die Alpujarras 204
Tour 14:   Die letzten Badeparadiese in Süd-Spanien 218
Tour 15:   Traumstrände der Costa Cálida 240

Tipps von A - Z... 250

Stichwortverzeichnis 258

Zeichenerklärungen für die Tourenkarten

Touren / abseits der Touren

Autobahn	
4-spurige Straße	
Hauptstraße	
Nebenstraße	
Alternativroute	
Wanderweg	

(S)   WOMO-Stellplatz, Wander-, Picknick-,
(W) (P) (B) Badeplatz (nicht für freie Übernachtungen)

11   WOMO-Stellplatz, Wander-, Picknick-,
(12) (13) (14) Badeplatz (geeignet für freie Übernachtungen)

 ♦ ⛪   Kirche, Kloster
🏰 ♫   Burg, Schloss, Ruine
Ω   Höhle
✳✳✳ Sehenswürdigkeit
⇢ ✳ Aussicht, Rundsicht
🚰   Trinkwasser/Dusche
Ⓔ   Ver-/Entsorgung
WC   Toilette
🏕   empf. Campingplatz
🏕   sonst. Campingplatz

Alle übernachtungsgeeigneten Plätze sind im Text
und auf den Tourenkarten fortlaufend durchnummeriert. N 50° 31' 38.2" E 10° 04' 12.5" GPS

Gebrauchsanleitung

Die 3. überarbeitete Auflage unseres Südspanien-Buches liegt Ihnen vor. Bitte, lesen Sie die folgenden Hinweise:

- Alle Übernachtungsplätze sind in Tourenkarten und Farbkästen **durchnummeriert** – zur leichteren Zuordnung.
- Für alle Plätze nennen wir die **GPS-Daten** in Grad, Minuten und Sekunden, damit Sie jeden Platz kinderleicht finden. Noch leichter: Im Verlag können Sie für kleines Geld eine CD dafür beziehen.
- Für **Campingplätze** nennen wir nur **Preisklassen (PK)**. So können Sie sich hier über das zu erwartende Niveau informieren. Wie die Erfahrung zeigt, veralten exakte Preisangaben nirgendwo schneller als auf diesem Sektor. Wir haben sorgfältig die Durchschnittspreise für Womo, zwei Personen, Strom, Steuer recherchiert und folgende Stufen festgelegt:

> **PK1 = preiswert** (38 %)
> **PK2 = mittel** (21 %)
> **PK3 = teuer** (31 %
> **PK4 = sehr teuer** (10 %)

Vorhandene Websites der Plätze haben wir aufgeführt, damit Sie jederzeit die aktuellen Preise ausfindig machen können. Achten Sie auf die Zuschläge für Stromanschluss, denn die schießen seit Jahren ins Kraut: bis 6,50 €/Nacht!

Aufgrund der negativen Entwicklung an vielen freien Stellplätzen durch Verbotsschilder, Sperrungen und Abschleppandrohungen gewinnen die Campingplätze (leider) immer mehr an Bedeutung für uns Womo-Fahrer. **Aber:** Der andalusische Campingverband *(www.campingsandalucia.es)* hat einige Mitglieder von der Idee überzeugt, für **Womos auf der Durchreise** (Aufenthalt 14 - 16 Stunden) **Sonderpreise** von 14 – 16 € pro Nacht für Fahrzeug, zwei Personen, Strom und E&V anzubieten. Diese Aktion heißt „**Formula Camper Andalucía**" und kann im Web unter *www.formulacamperandalucia.com* aktuell eingesehen werden. In unseren olivgrünen Camping-Kästen haben wir in diesen Fällen „**FCA**" vermerkt.

Das **Überwintern** auf südspanischen Campingplätzen erfreut sich steigender Beliebtheit und ist ab **8,33 €** je Nacht und Fahrzeug sehr preiswert. Info: *www.wintercampingsandalucia.com.*

- An wenigen Stellen sind **kommerzielle Stellplätze** entstanden oder in Planung, die preiswerter als Campingplätze sind. Auch diese wenigen Möglichkeiten haben wir aufgezeigt.
- Unter **freien Stellplätzen** dürfen Sie sich keine Anlagen vorstellen, wie es sie in Deutschland oder Frankreich gewöhnt sind. Wir haben uns bemüht, jeweils ein schönes Fleckchen

Erde für Sie zu entdecken, wo Sie parken und (meist) übernachten, wandern oder baden können. Vorhandene Ausstattung wie Tische, Bänke, Grills, Toiletten (WC), Müllcontainer (MC) oder Ent- und Versorgungsstationen (E&V) werden von uns genannt.

Am Meer können wir häufig von Strandeinrichtungen wie Duschen und WCs profitieren, allerdings nur in der Nebensaison. Das gilt natürlich auch für die Strandparkplätze, denn an den Meeresküsten Spaniens ist in Küstennähe angeblich das **Übernachten verboten**. Aber angesichts der zahlreichen spanischen Reisemobile an diesen Parkplätzen scheint sich selten jemand um diese Vorschrift zu kümmern. Nur dann, wenn sich hier in Ferienzeiten wie Ostern (*Semana Santa*) und Hochsommer (*Temporada Alta) zu* viele Reisemobile drängen, räumt die *Guardia Civil* das Areal. Auch hörten wir von saftigen Bußgeldern. In geringer Nähe von Campingplätzen wird das freie Stehen selten toleriert. Manche fantasievollen Verbotsschilder haben wohl auch Campingplatzbetreiber initiiert oder gar selbst gezimmert und aufgestellt.

Wir haben für diese Auflage wieder fast alle **Plätze überprüft** und korrigiert, wobei uns auch viele Leser durch ihre Info-Blätter geholfen haben. Besten Dank an dieser Stelle! Glücklicherweise sind inzwischen nicht allzu viele Stellplätze „gestorben". Allerdings hat die Schließung unseres Lieblingsplatzes, *Playa de Percheles* – auch bekannt als „Schlangenbucht" – sehr geschmerzt. Den Grund für das Ende dieses Traumplatzes haben damals u. a. die schwarzen Schafe unter den Womo-Fahrern geliefert, indem sie wochen-, sogar monatelang dort gecampt und teilweise Chemietoiletten in die Landschaft gekippt haben sollen. Heute dürfen Reisemobile wieder hineinfahren, aber keinesfalls übernachten. Das wird von Polizei und Zoll streng überwacht, weil dort in der jüngsten Vergangenheit Rauschgiftlieferungen über das Meer angelandet sein sollen, erzählt man sich. Aber man muss ja nicht alles glauben...

An Ersatz soll es nicht fehlen! Sie finden in diesem Band etliche **neue Plätze** in schöner Umgebung; insgesamt sind es mehr als 250 Stellplätze geworden! Dazu kommen etwa 60 Campingplätze, damit für jeden etwas dabei ist. Und ordentlich entsorgen müssen wir ja alle regelmäßig! Die Zufahrt beschreiben wir jetzt nur noch einheitlich im Farbkasten.

Alle spanischen Sachbegriffe und Eigennamen werden *kursiv*, Ortsnamen in VERSALIEN gedruckt. Unsere Kilometerangaben, z. B. „bei km 123,4", sind nicht immer direkt von der Beschilderung abzulesen. Manchmal muss man zum zuletzt gesehenen Kilometerschild etwas hinzuzählen oder abziehen. Aber: Welcher Womo-Fahrer hat heute kein Navi?

Unsere **fünfzehn Touren** haben wir nach sehr unterschiedlichen Gesichtspunkten zusammengestellt, so dass jeder etwas finden wird: Schöne Badestrände, fesselnde Landschaften, beeindruckende Städtebilder, bedeutende Baudenkmäler und ideale Wandergebiete. Aus diesen Touren können Sie Ihre individuelle Reise nach eigenen Vorlieben und Zeitvorstellungen problemlos zusammenstellen.

Bei den Sehenswürdigkeiten sind wir aus Platzgründen nicht sehr oft ins Detail gegangen, sondern haben uns auf die Dinge konzentriert, die für Sie als Wohnmobilfahrer/in interessant sind. Im Anhang geben wir Ihnen Tipps, welche Literatur zu unseren Reisen passt und fundierte Auskunft über Land, Leute und Kunstgeschichte erteilt.

Viele **interessante Unterlagen** können Sie sich zu Hause beim Spanischen Fremdenverkehrsamt meist kostenlos besorgen. Allerdings verweist man dort, um Kosten zu sparen, immer öfter auf die Homepage von *Turespaña*, wo man sich die passenden Dateien selbst herunterladen kann. Das ist natürlich vor Ort auch mit dem Smartphone möglich, aber teurer!

Unsere **Entfernungsangaben** (Seite 9) stammen entweder aus eigener Messung oder Reisesoftware. Unsere Tourenkarten ersetzen natürlich nicht reguläre Straßenkarten – s. Tipps „Landkarten".

AS = nummerierte Anschlussstelle an Autobahnen und Schnellstraßen. Bei den mautfreien Pisten sind die AS-Nummern identisch mit der Kilometrierung.

WW = Wegweiser (Ausschilderung zum Ziel)

Die früheren Fernstraßen N I bis N VI („Autovías") und viele Schnellstraßen wurden zu **mautfreien Autobahnen** umgewandelt. N I ist A 1, N II ist A 2, N IV ist A 4, N V ist A5, N VI ist A 6 usw. Die an der Südküste von Ost nach West verlaufende alte Fernstraße N340 wurde streckenweise zur kostenfreien Autobahn ausgebaut (im Osten A7, im Westen A48). Auf den teilweise nagelneuen „**Autopistas" (AP)** an den Küsten und in anderen Regionen wird man zur Kasse gebeten. Im Raum MADRID entstanden die mautpflichtigen „Rapidos" R2 – R5, Rennstrecken, die wohl als Entlastung für die alten Schnellstraßen dienen sollen. Die APs laufen oft parallel zu den mautfreien Schnellstraßen und sind normalerweise ganz frei. Reine Steuerverschwendung! **Auch fast alle übrigen Landstraßen wurden völlig umbenannt.** Trotzdem gibt es immer noch **Wegweiser mit den alten Straßennamen.** Ein Verwirrspiel! Das Gute daran: Auch die kleinsten Sträßchen erhielten ausnahmslos ordentliche Kilometrierungstafeln. Wir haben uns auch in der 3. Auflage dieses Buches weiterhin bemüht, alle Straßennummern zu korrigieren – aber: Nobody is perfect!

Anreisewege

Starten Sie Ihre Rundreise im **Norden Andalusiens**, in **Málaga** oder an der **Atlantikküste**, so reisen Sie am besten **über Bordeaux und Madrid** (A – G) ein. Wollen Sie lieber die warme **Südküste** abklappern, wäre die Anfahrt über das **Rhônetal und Ostspanien** (H – K) am schnellsten – aber auch am teuersten. Wir haben eine **fast kostenlose Route** vom Rheinland nach Andalusien (B) ausgetüftelt und häufig erprobt, gleichfalls die WOMO-Autoren Schulz/Roth-Schulz (Band 23) von Süddeutschland ab Mulhouse (E).

Anreisewege bis Grenze Frankreich/Spanien (Hendaye)
in Klammern: km / Stunden (ohne Pause) / Maut in Euro (zirka)

A Aachen über Paris und Bordeaux (1216 /14 /115)
B Aachen über Liége, Reims, Limoges, Bordeaux (1224/17/11)
C Saarbrücken über Reims, Paris und Bordeaux (1186/13/126)
D Mulhouse über Lyon, Narbonne und Toulouse (1217/14/133)
E Mulhouse über Guéret, Angoulême, Bordeaux (1032/14/25)

Anschluss Hendaye bis Andalusien Nord (Bailén)
F über Vitoria, Burgos und Madrid (794/11/10)
G über Bilbao, Burgos und Madrid (824/10/30)

Durchs Rhônetal und Ostspanien nach Cartagena
H ab Köln (1975/22/146)
I ab Saarbrücken (1774/20/148)
K ab Mulhouse (1623/18/146)

Streckenverläufe

Route A
Autobahn Aachen, durch Belgien auf A3/A15/A7 (E40/E42/E19) und A1/E19 nach Paris. A10/E5 Orléans – Ü1 – Tours – Poitiers – Ü2 – Bordeaux – A63/E5/E70 – N10 – Ü10 – A63 Hendaye.

Route B
Aachen – A3/E40 – Liége – A26/E25 Richtung Luxemburg – Neufchâteau – A4/E411 Richtung Namur – AS 25 N89/E46 – Bouillon – N58/E46 – Sedan – A203/E46 – Charleville-Mézières – A34/N51/E46 – Rethel – Reims-Cormontreuil – A4/E50 2 km Richtung Paris – N51 – Ü3 – Épernay – D951- Ü4 – Sézanne – Nogent/Seine – Château La Motte-Tilly – D439 – Ü5 – Sens – N60/E60 – Montargis – AS Jargeau – D921 – Jargeau – La-Ferte-St-Aubin – Ü6 – N20 – Vierzon – A20/E9 – AS23 – N145/E62 – Ü7 – Bellac – N951 – Chasseneuil – N141/E603 – Angoulême – Ü8 – N10/E606 – Ü9 – A10/E606 – Bordeaux – A630/E5 – A63/E5 – N10/E5/E70 – Ü10 – A63/E5/E70 – Bayonne – A63/E5/E70/E80 – Hendaye.
<u>Variante ab Montargis:</u> N7 – Boismorand – D940 – Gien – Aubigny – D30 – Neuvy – D926 – Vierzon (35 km oder 30 Minuten gespart!)

Route C

Saarbrücken – A4/E25/E50 – Metz – Reims – Ü 3 – Paris – A10/E5 Orléans – Ü1 – Tours – Poitiers – Ü2 – Bordeaux – A63/E5/E70 – N10 – Ü10 – A63 Hendaye.

Route D

Mulhouse – A36/E60 – Ü11 – Ü12 – Beaune –A6/E15 – Ü20 – Lyon – A7/E15 – Ü21 – Orange – A9/E15 – Narbonne – A61/E80 – Toulouse – A64/E80 – Bayonne – A63/E5/E70/E80 – Hendaye.
<u>Variante ab Chalon/Saone:</u> A6 AS26 – N80/N70/E607 – Digoin – Ü15 – E62/N79 – E11/A71(AS11) – E70/A89(AS12.2) – E9/A20 – E70/A89/N89/D9 – Libourne – Bordeaux usw. (140 km/1,5 Std./54 Euro gespart!)

Route E

Mulhouse – A36/E60 – Ü11 – Besançon AS3 (B-Planoise) – N73 – Ü12 – Dole – Ü13 – Chalon/Saone – N80 – Le Creusot – N70 – Ü14 – Digoin – Ü15 – N79 – Ü16 – N371 – Ü17 – Montluçon – N145 – Ü18 – Ü19 – Guéret – Ü7 – D951 – Angoulême – Ü8 – Ü9 – Bordeaux – A63 – N10 – Ü10 – Hendaye.

Route F (Anschluss für A – E)

Hendaye A8/E70 – Donostia/San Sebastian – NI/E5/E80 – Altsasu – Ü22 - Gasteiz/Vitoria – Miranda/Ebro – AP1/E5/E80 (Maut) – Burgos – Ü23/Ü24/Ü25 – A1(früher NI)/E5 – Madrid – M30 (Zentrum) („todas direcciones": großräumige Umgehung M50) – A4(früher N IV)/E5 Richtung Córdoba – Aranjuez – Ü26/Ü27 – Valdepeñas – Ü28 – Andalusien.

Route G (Anschluss für A – E)

Hendaye A8/E70 – Bilbao – A68/E80 (Maut) – Miranda/Ebro, dann wie F.

Tipps für Zwischenübernachtungen auf der Anreise

Ü01 Beaugency, Prom. des Accraux; GPS N47° 46' 45.7" E1° 38' 14.3"
A10 AS15 (Meung), D2152, im Ort ausgeschildert; Wasserhahn, WC.

Ü02 St-Jean-d'Angély, Quai de Bernouet; GPS N45° 56' 48.8" W0° 32' 05.4"; A10 AS34, D939, WW „Camping Municipal" ; vor CP rechts, E&V.

Ü03 Chamery, Rue du Château Rouge; GPS N49° 10' 26.5" E3° 57' 14.6" A4 AS25, D951 in Champfleury re. D22 5 km re. D26, 1,5 km; E&V.

Ü04 Chavot/Épernay, Av. Mont Félix; GPS N49° 00' 31.7" E3° 55' 24.2" D951 Ri. Sézanne, 2,3 km hinter Pierry 2. Kreisel, 2,3 km rechts bergauf.

Ü05 Gumery, an D439; GPS N48° 27' 05.0" E3° 26' 00.7" D951 Ri. Sens, 400 m hinter La Motte-Tilly links, D439, Routier 4 km.

Ü06 La Ferté-St-Aubin, Av. de Lowendal; GPS N47° 43' 33.5" E1° 56' 16.1" A71 AS 02 N20 Ri. Süden, im Ort hinter Cosson-Brücke rechts ab.

Ü07 Bellac (5 km NO), an N145; GPS N46° 09' 07.7" E1° 06' 18.4" N145 bei km 5,7 an der Brücke (Gartempe) zum alten Straßenverlauf.

Ü08 Angoulême, Rue du Plan d'Eau; GPS N45° 41' 08.5" E0° 08' 52.6" N10 Angoulême AS „Grande Prairie", beschildert; WC, DU, E&V, Freibad.

Ü09 Bédenac, Repos de Bédenac Ouest; GPS N45° 10' 28.1" W0° 20' 06.8" N10 bei km 19. WC, Wasserhahn, Picknicktische; nachts viele LKW.

Ü10 Belin-Béliet, Église de Mons; GPS N44° 28' 16.4" W0° 48' 18.4" A63 AS21 D3, D1010 nach Süden, 2,5 km re. beschildert, Wasserhahn.

Ü11 Montbéliard, Rue du Champs de Foire; GPS N47° 30' 24.0" E6° 47' 29.0" A36/E60 AS 8; „Champs-de-Foire" folgen, 3 km, E&V, Müllcontainer.

Ü12 Dampierre, Rue de la Source: GPS N47° 09' 07.2" E5° 44' 18.6" A36 AS 2.1 D673, im Centre Picknickschild folgen; WC, Wasserhahn, Grill.

Ü13 Saunières, Rue de Bords du Haut-Doubs; GPS N46° 54' 09.5" E5° 04' 59.9" N73 Sermesse re. 500 m, hinter Doubs-Brücke li. hinab zur Uferwiese.

Ü14 Blanzy, Route de Sauvage; GPS N46° 43' 00.9" E4° 21' 24.8" N70 in Blanzy ausgeschildert „Barrage de la Sorme"; 4 km; am Seeufer.

Ü15 Digoin, Quai de la Loire; GPS N46° 28' 48.6" E3° 58' 26.5" N79 AS 23 „Centre", zur Loire WW „Pont Canal" am Fluss; E&V.

Ü16 Montbeugny, an D105; GPS N46° 31' 57.7" E3° 29' 33.7" N79 bei km 47 auf D12/D105 Ri. Lusigny, OE Bahnhofs-PP; WC, Wasser.

Ü 17 Doyet, Complexe sportif an D156; GPS N46° 19' 56.2" E2° 48' 01.1" D2371 in Doyet auf D156 Ri. Hyds, 450 m rechts; WC, Spielplatz.

Ü18 Nouhant, Aire de Nouhant; GPS N46° 17' 00.2" E2° 23' 57.5" N145, 15 km SW von Montluçon, WC, Wasser; evtl. wegen Bauarbeiten geschlossen

Ü19 Jarnages, Etang Neuf / D81; GPS N46° 11' 51.4" E2° 05' 04.8" N145 AS 45 D990, nach 1,6 km links 830 m zur Seewiese.

Ü20 Solutré-Pouilly, Roc de Solutré; GPS N46° 17' 49.6" E4° 42' 54.8" A6 AS29 N79 Ri. Vinzelles/Cluny, D89/D54 WW Solutré, neuer Parkplatz.

Ü21 Bollène, Château de la Croix Chabrière; GPS N44° 18' 44.8" E4° 47' 17.4" A7 AS 19 Kreisel „autre directions", links auf D160, beschildert, 5,2 km.

Ü22 Ozaeta, Embalse de Ullivarri; GPS N42° 54' 07.9" W2° 32' 28.4" A1 AS 367, A3012 1,8 km, links A4012 zum Parque de Garaio, Rundstraße fast bis Ende fahren. WC, Wasserhahn, Bademöglichkeit.

Ü23 Burgos, Camino de la Cartuja ; GPS N42° 20' 30.2" W3° 40' 50.8" AP1/A1 AS 238, 1. re. (L8020), 1. li. , hinter Bahnüb. rechts; Restaurant.

Ü24 Burgos, Camino de la Paz; GPS N42° 20' 17.0" W3° 39' 28.7" wie Ü23, rechts ab, BU802 nach 500 m WW „Cartuja de Miraflores", 600 m.

Ü25 Burgos CP, Calle de la Cartuja; GPS N42° 20' 28.1" W3° 39' 27.2"; wie Ü24, an Gabelung jedoch links halten (WW Camping); PK 2; gutes und preiswertes Restaurant.

Ü26 Aranjuez, Camino de Colmenar; GPS N40° 02' 38.2" W3° 36' 09.0" A4 AS36 M305 WW „Camping", am Castillo Principal. Picknick.

Ü27 Aranjuez CP, Camino del Rebollo; GPS N40° 02' 31.8" W3° 35' 57.7"; wie Ü26, WW „Camping" folgen. PK 3; Restaurant.

Ü28 Valdepeñas, El Angel de la Victoria; GPS N38° 47' 35.4" W3° 23' 14.6"; von Norden: A4 (früher N IV) AS 197, Ri. Centro, auf Av. del Vino (CM3157) wenden, zurück zur A4 Ri. Madrid, von der Einfädelspur rechts heraus am Restaurant vorbei auf Crta. A el Angel.
Von Süden: AS 197, dann wie oben. Rückfahrt: li. Feldweg, dann rechts halten zur Av. del Vino (CM3157).

Zentrale Information von *Oficina Española de Turismo*
(„Turespaña"): Fon **01803 002647**
Internet: http://www.spain.info/de/TourSpain
eMail über die Internetseiten der deutschen Büros

Deutschland
10707 Berlin, Kurfürstendamm 63 d, Fon 030-8826543, Fax 030-8826661
eMail: berlin@tourspain.es
40237 Düsseldorf, Grafenberger Allee 100, Fon 0211-6803981, Fax 6803985
eMail: duesseldorf@tourspain.es
60323 Frankfurt/Main, Myliusstr. 14, Fon 069 725038, Fax 069 725313,
eMail: frankfurt@tourspain.es
80336 München, Schubertstr. 10, Fon 089 53074611, Fax 089 53074620,
eMail: munich@tourspain.es
Prospektversand: Fon **01803-002647** und über die o. g. eMail-Adressen

Österreich
A-1010 Wien, Walfischgasse 8, Fon 0810-242408, Fax 0151229581,
eMail: viena@tourspain.es

Schweiz
CH-8008 Zürich, Seefeldstr. 19, Fon 00800-10105050, Fax 044-2526204
eMail: zurich@tourspain.es

Spanien (Oficinas de Turismo, abgekürzt „OT")
Als zentrale Anlaufstelle gibt es in Andalusien diese Organisation:

Turismo Andaluz, Calle Compañía 40, 29008 Málaga, Fon
951299300, Fax 951299316, info@andalucia.org, andalucia.org
Viele der folgenden Büros geben als Web-Adresse auch
andalucia.org an, weshalb wir diese jeweils weggelassen haben.

30880 **Águilas**, Pl. Antonio Cortijos, Fon 968493285,
turismo@aguilas.org
18120 **Alhama de Granada**, Paseo Montes Jovellar 10, Fon/Fax
958360686, turismo@alhama.org, turismodealhama.com
04003 **Almería**, Plaza de la Constitución, Fon 950210538, Fax
950210555, oficinadeturismo@aytoalmeria.es
04002 **Almería**, Parque Nicolás Salmerón, Fon 950175220, Fax
950175221, otalmeria@andalucia.org
04001 **Almería**, Plaza Bendicho, Fon 950621117, Fax
950267545, turismo@dipalme.org, almeria-turismo.org
14720 **Almodóvar del Río**, Calle del Abc 7, Fon 957635014, Fax
957635014, turismoalmodovardelrio@gmail.com,
almodovardelrio.com
29500 **Álora**, Plaza Baja de la Despedía, Museo Municipal, Fon
952498380, oficinaturismo@alora.es, alora.es
23740 **Andújar**, Pl. de Sta María, Torre del Reloj, Fon 953504959,
turismo@andujar.es, ayto-andujar.es/andujar/turismo/index.html
29200 **Antequera**, Plaza San Sebastián 7, Fon 952702505, Fax
952752505, oficina.turismo@antequera.es, turismo.antequera.es
21200 **Aracena**, Calle Pozo de la Nieve, Fon 663937877, Fax
959128355, turismo@ayto-aracena.es, aracena.es
11630 **Arcos de la Frontera**, Calle Cuesta de Belén 5, Fon
956702264, Fax 956700900, turismo@ayuntamientoarcos.org,
arcosdelafrontera.es

29550 **Ardales**, Avenida de Málaga 1, Fon 952458046,
Fax 952458169, ardales@sopde.es, ardales.es
21400 **Ayamonte**, Calle Huelva 27, Fon 959320737,
Fax 959321804, turismo@ayto-ayamonte.es, ayto-ayamonte.es
14850 **Baena**, Calle Virrey del Pino 5, Fon 957671757,
Fax 957671108, turismo@ayto-baena.es, baena.es
23440 **Baeza**, Plaza del Pópulo, Fon 953779982,
Fax 953779983, otbaeza@andalucia.org
11160 **Barbate**, Avenida José Antonio 23, Fon/Fax 956433962,
turismo@barbate.es, barbate.es
14940 **Cabra**, Calle Santa Rosalía 2, Fon 957520110,
Fax 957522307, turismodecabra.es
11011 **Cádiz**, Avenida José León de Carranza, Fon 956285601,
Fax 956285605, aytocadiz.turismo2@telefonica.net, cadiz.es
11005 **Cádiz**, Avenida Ramón de Carranza, Fon 956203191,
Fax 956203192, otcadiz@andalucia.org
11004 **Cádiz**, Alameda Apocada 22, Fon 956807061,
Fax 956214635, turismo@dipucadiz.es, cadizturismo.com
11006 **Cádiz**, Paseo de Canalejas, Fon 956241001,
Fax 956241005, aytocadiz.turismo@telefonica.net, cadiz.es
11007 **Cádiz**, Calle Jacinto 4, Delegación provincial de turismo,
Fon 956008450, Fax 956008308
04140 **Carboneras**, Plaza del Castillo, Fon 950136052,
Fax 950130708
41410 **Carmona**, Alc. de la Puerta de Sevilla, Fon 954190955,
Fax 954190080, turismo@carmona.org, turismo.carmona.org
23470 **Cazorla**, Paseo de Santo Cristo 17, Fon 953710102
11140 **Conil de la Frontera**, Calle Carretera 1, Fon 956440501,
Fax 956440500, turismo@conil.org, http://turismo.conil.org/
14003 **Córdoba**, Calle Torrijos 10, Fon 957355179,
Fax 957355180, otcordoba@andalucia.org, andalucia.org
14002 **Córdoba**, Plaza de las Tendillas 5, Fon 957491677,
Fax 957492061, turismo@cordobaturismo.es, cordobaturismo.es
41400 **Écija**, Calle Elvira 1-A, Fon/Fax 955902933,
turismo@ecija.org, turismo@ecija.es, turismoecija.com
21750 **El Acebuche** Centro de Visitantes Doñana, Carretera
A 483, Fon 959430432, Fax 959430451, donanavisitas.es
11670 **El Bosque**, Calle Federico García Lorca 1, Plaza de Toros,
Fon/Fax 956727019, elbosqueturismo@andaluciajunta.es
29420 **El Burgo**, Calle Real, 2, Ayuntamiento (2ª Planta),
elburgo.es
11500 **El Puerto de Santa María**, Calle Luna, 22,
Fon 956542413, Fax 956542246, turismo@elpuertosm.es,
turismoelpuerto.com
21750 **El Rocío**, Av. de la Canaliega, Fon 959443808, almonte.es
29520 **Fuente de Piedra**, Calle Castillo 1, Fon/Fax 952735453
18071 **Granada**, Calle Virgen Blanca 9, Fon 9022405045,
Fax 958536973, contacta@granadatur.com,
informacion@granadatur.com, granadatur.com
18009 **Granada**, Calle Santa Ana, 4, Fon 958575202,
Fax 958575203, otgranada@andalucia.org

11610 **Grazalema**, Plaza Asomaderos 3, Fon/Fax 956132052, centrodeinformaciongrazalema.info
21001 **Huelva**, Plaza Alcalde Coto de Mora 2, Fon 959650200, Fax 959650201, othuelva@andalucia.org
21003 **Huelva**, Calle Fernando el Católico 18, Fon 959257467, Fax 959249646, turismo@diphuelva.es, turismohuelva.org
21410 **Isla Cristina**, Calle San Francisco 12, Casa Patio, Fon 959332694, Fax 959332806, turismo@islacristina.org, islacristina.es
04118 **La Isleta del Moro**, Calle Terrera de Mágina, Fon 625138847
23001 **Jaén**, Calle Ramón y Cajal 4, Casa Almansa, Fon 953190455, Fax 953313283, oficinaturismo@aytojaen.es
23071 **Jaén**, Plaza de San Francisco 2, Fon 953248000, Fax 953248064, promojaen@promojaen.es, turismo@promojaen.es, dipujaen.es
11402 **Jerez de la Frontera**, Calle Larga 39, Fon 956338874, Fax 956341711, turismoinfo@aytojerez.es, turismojerez.com
11402 **Jerez de la Frontera**, Calle Paúl, Fon 956149865, Fax 956149458, turismo2@aytojerez.es, turismojerez.com
30380 **La Manga del Mar Menor**, Via Grande Km 0, Fon 968146136, Fax 968564958, lamanga@marmenor.es, marmenor.es
18420 **Lanjarón**, Avenida de la Alpujarra, Fon/Fax 958770462, lanjaron.es
29001 **Málaga**, Plaza de la Marina 11, Fon 952122020, Fax 952122023, info@malagaturismo.com, malagaturismo.com
29002 **Málaga**, Avenida de Andalucía 1, Frente a Correos, info@malagaturismo.com, malagaturismo.com
29012 **Málaga**, Plaza de la Merced 17, malagaturismo.com
29015 **Málaga**, Pasaje de Chinitas 4, Casco Histórico, Fon 951308911, Fax 951308912, otmalaga@andalucia.org
29016 **Málaga**, Avenida de Cervantes, Cas. del Jardinero, Fon 952209603, Fax 952214120, info@malagaturismo.com, malagaturismo.com
21760 **Matalascañas**, Parque Dunar, Fon 959430086, turismo@aytoalmonte.es, almonte.es
21130 **Mazagón**, Edificio de la Mancomunidad, Fon/Fax 959376044
11170 Medina Sidonia, Plaza Iglesia Mayor, Fon 956412404, turismomedinasidonia.com
04638 **Mojácar**, Calle Glorieta 1, Fon 950615025, Fax 950615163, info@mojacar.es, mojacar.es
18600 **Motril**, Plaza de las Comunidades Autónomas, Fon 958825481, Fax 958609312, info@turismomotril.com, www.turismomotril.com
14700 **Palma del Río**, Calle Santa Clara, Apdo. 145, Fon/Fax 957644370, info@palmadelrio.es, palmadelrio.es
08411 **Pampaneira**, Plaza de la Libertad, Fon 958763127
23470 **Parque Natural de Cazorla, Segura y las Villas**, Calle Martínez Falero 11, Fon 953720125

14800 **Priego de Córdoba**, Plaza de la Constitución 3, Fon 957700625, Fax 957708420,informacion@turismodepriego.com, turismodepriego.com
21100 **Punta Umbría**, Avenida Ciudad de Huelva, Fon 959495160, Fax 959495166, turismo@ayto-puntaumbria.es, puntaumbria.es
23292 **Río Borosa** - Centro de Visitantes, Hornos, Carretera A 319 km 45, Fon 953124235
04115 **Rodalquilar**, Calle Fundición, Fon 950389820
29400 **Ronda**, Paseo de Blas Infante, Fon 952187119, Fax 952187147, informacion@turismoderonda.es, turismoderonda.es
29400 **Ronda**, Plaza de España 9, Fon 952169311, Fax 952169314, otronda@andalucia.org
11520 **Rota**, Calle Cuna 2, Palacio Municipal Castillo de Luna, Fon 956846345 und 609428276, Fax 956846346, turismo@aytorota.es, turismorota.com
04118 **San José**, Calle Correos, Fon 950380299, Fax 9506111055, grupoj126@cajamar.es, cabodegata-nijar.es
11540 **Sanlúcar de Barrameda**, Calle Calzada del Ejército, Fon 956388000, Fax 956000000, turismo@aytosanlucar.org, aytosanlucar.org
41092 **Sevilla**, Leonardo da Vinci 16, Fon 95448680, Fax 954486806, infoturismo@prodetur.es, turismosevilla.org
41004 **Sevilla**, Plaza San Francisco 19, Edificio Laredo, Fon 955471232, laredo.turismo@sevilla.org, turismo.sevilla.org
41002 **Sevilla**, Calle Bécquer 1, Basílica de la Macarena, Fon 954901896, macarena.turismo@sevilla.org, sevilla.org
04200 **Tabernas**, Carretera Nacional 340, km 464, Fon 950525030, Fax 950165046
11380 **Tarifa**, Paseo de la Alameda, Fon 956680993, turismo@aytotarifa.com, aytotarifa.com/Turismo/index.htm
29740 **Torre del Mar**, Paseo de Larios, Fon 952541104, Fax 952543331
23290 **Torre del Vinagre**, Santiago-Pontones, Carretera A 319 km 45, Fon 953713017
23400 **Úbeda**, Calle Baja del Marqués 4, Fon 953779204, otubeda@andalucia.org
11150 **Ubrique**, Calle Moreno de Mora 19, Fon 956464900, Fax 956922644, turismodeubrique@hotmail.com, sierradeubrique.com
11150 **Vejer de la Frontera**, Calle Marqués de Tamarón 10, Fon 956451736, Fax 956451620, info@turismovejer.com, turismovejer.com
04620 **Vera**, Plaza Mayor 1, Fon 950393142, Fax 950393144, alcadera@cajamar.es
11688 **Zahara de la Sierra**, Plaza de Zahara 3, Fon/Fax 956123114
14870 **Zuheros**, Carretera Zuheros-Baena, km 1,5, Fon 957090033, turismodezuheros@hotmail.com, http://turismodezuheros.blogspot.com

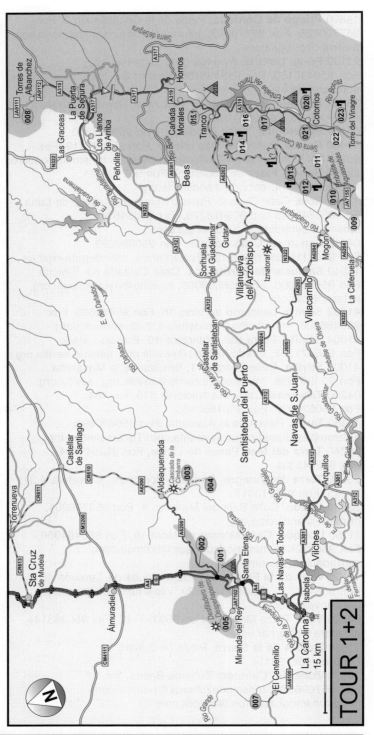

TOUR 1 (230 km / 4 – 5 Tage)

Desfiladero de Despeñaperros – Aldeaquemada – Miranda del Rey –Santa Elena – El Centenillo – La Carolina – Villacarrillo – Cueva de Peinero

Freie Übernachtung:	Collado de los Jardines, Aldeaquemada-Cimbarra, Miranda del Rey, El Centenillo, Torres de Albánchez, Las Villas, Embalse de Aguascebas, La Fresnedilla, Campamento de Gil Cobo, Cueva de Peinero
Ver- und Entsorgung:	Campingplatz
Trinkwasser:	Despeñaperros, Miranda del Rey, Torres de Albánchez, Collado de Pocico, La Peraleja, Cueva de Peinero
Campingplatz:	Santa Elena
Baden:	Embalse de Aguascebas
Besichtigen :	Cascada Cimbarra, La Carolina, Villacarrillo, Iznatoraf
Wandern:	El Centenillo, Cerro de Castillo, Cueva de los Munecos, Cascada Cimbarra, Miranda del Rey: Molino de Batán und Calzada Romana, Embalse de Aguascebas, Refugio Cueva de Peinero
Essen:	Hotel el Meson de Despeñaperros, Santa Elena

Von Madrid kommend haben wir die kastilische *La Mancha* auf der A4 / E 5 durchquert und nähern uns **Andalusien**. Wenn Sie die wunderschönen **Wasserfälle von Cimbarra** besuchen wollen, sollten Sie schon kurz hinter VALDEPEÑAS, in STA. CRUZ DE MUDELA (AS 214), die Autobahn verlassen und einen Schlenker nach Osten machen: auf CR613 über TORRENUEVA und CR611 CASTELLAR DE SANTIAGO, schließlich auf der A6200 nach ALDEAQUEMADA. Diese 43 km lange Strecke ist gegenüber der steilen Bergstrecke von STA. ELENA aus <u>für Womos einigermaßen moderat</u>. Das „Tor zu Andalusien", den **Desfiladero de Despeñaperros,** verpassen Sie dann allerdings und können ihn auf der Rückreise bewundern. Die Zufahrt von ALDEAQUEMADA zum Pass ist leider geschlossen worden, so dass man nur noch nach STA. ELENA herunter fahren kann.

Ansonsten bleiben wir auf der A4/E5 und überschreiten die Provinzgrenze am Pass *Desfiladero de Despeñaperros*. An der Ausfahrt bei Km 246 legen wir am Restaurant „El Jardin Despeñaperros" eine Pause ein.

Auf dem Parkplatz [**001:** GPS N38° 24' 01.8" W3° 30' 12.5"] plätschert munter Wasser aus dem Brunnenrohr, von dem

Das Tor zu Andalusien: Desfiladero de Despeñaperros

Einheimische Flaschen und Kanister füllen. Dann muss es gut sein! Ein Schild weist allerdings auf das Gegenteil hin...

Von der Terrasse des Restaurants haben wir eine atemberaubende Aussicht auf die gewaltige Schlucht **Desfiladero de Despeñaperros**, was in etwa bedeutet „Schlucht der hinabgestürzten Hunde". Wie entstand dieser grausliche Name? Im 13. Jahrhundert waren die christlichen Heere von Norden auf dem Vormarsch, um das seit einem halben Jahrtausend unter arabischer Herrschaft stehende *Al-Andalus* – der maurische Name für Andalusien – zurückzuerobern. In der blutigen Schlacht bei **Navas de Tolosa** (1212 n. Chr.) wurden die islamischen Verteidiger vernichtend geschlagen, der erste durchschlagende Erfolg in der *Reconquista* (Rückeroberung). In ihrem Siegestaumel warfen die grausamen Christen die gefangenen Feinde einfach in die tiefe Schlucht. Im Restaurant kann man Produkte der Region und die üblichen Souvenirs erstehen. In einem kleinen Kiosk daneben soll es touristisches Informationsmaterial geben, wenn es denn geöffnet hat. Die in der 1. Auflage angebotene Wanderung zum *Barranco de Valdeazores* können wir nicht mehr empfehlen, weil der Weg teilweise gesperrt ist.

Die Autobahn A4 teilt sich hier in zwei immer weiter voneinander entfernte Trassen, die sich erst wieder bei SANTA ELENA vereinigen sollen. In flotter Fahrt genießen wir die Schönheit der Landschaft. An der Schlucht selbst gibt es weiter unten auf der <u>linken</u> Seite einen winzigen Parkplatz mit einer **Aussichtsplattform**. Kurz danach käme die Ausfahrt nach ALDEAQUEMADA, wenn man sie nicht dicht gemacht hätte. Der alte Picknickplatz existiert auch nicht mehr, man hat ihn kurzerhand zugeschüttet. Um unser Wanderziel *„Cerro de Castillo y Cueva de los Munecos"* zu erreichen, müssen wir das Sträßchen A6200 von SANTA ELENA aus über ALDEAQUEMADA zum **Collado des Jardines** hoch- und dann wieder herunterfahren. (Achtung: Wer den Abzweig von STA. CRUZ DE MUDELA genutzt hat, fährt genau entgegengesetzt.) Die 23 km Serpentinen auf der schmalen A6200 haben es in sich, also nichts für „Dickschiffe". Die Piste ist aber gut asphaltiert und meist mit Leitplanken versehen. Ab und zu kommen uns 2,5 m breite Betonmischer entgegen, die vor den engen Kurven laut und vernehmlich hupen. Ich schließe mich dieser Sitte an und kann meine Dreiklanghörner (Weihnachtsgeschenk!) sicherheitsrelevant einsetzen. Bei Km 3,9 kommt ein Aussichtspunkt mit einem Schattenbaum, wo wir eine ausgedehnte Fahrpause mit Vesper einlegen. Der Fernblick in die tiefe Schlucht, durch die sich die A4 schlängelt, ist überwältigend. Auf 935 m Höhe erreichen wir den Pass *„Puerto de los Jardines"* mit einem schmucken Flachbau, Parknischen und Beleuchtung. Wie wir dem Türschild entnehmen können, ist hier ein Landwirtschaftsmuseum untergebracht.

(002) WOMO-Wanderparkplatz: Collado des Jardines

GPS: N38° 23' 24.9" W3° 29' 40.2" an A6200; **max. WOMOs:** 3 - 4
Ausstattung/Lage: Mülleimer, Bänke, Wandertafel / außerorts
Zufahrt: von Sta Elena WW nach Aldeaquemada (A6200) folgen

Wanderung *„Cerro de Castillo y Cueva de los Munecos"* **Schlossberg Höhle der Puppen (4 km / 1 Std.)**
Rechts neben dem Museum steht eine Kartenwand mit Erklärungen für diese beiden kurzen Wanderungen. Hier liegt die Mitte der Gesamtstrecke. Zuerst gehen wir den Weg nach oben, der hinter dem Neubau beginnt und sich anfangs leicht nach links neigt, durch weiße Steine markiert. Die 100 Höhenmeter sind schnell erklommen; oben ist von einer Burg zwar nichts zu sehen, dafür haben wir auf einem kleinen Felsplateau einen fantastischen Rundblick. Nach dem Abstieg geht der Weg vor der Neubauruine rechts (von oben kommend) weiter und führt deutlich nach unten. Kleine Holzpfähle mit weißen Pfeilen weisen uns den Weg, auch wenn dieser durch Erdarbeiten anfangs nicht gut

Cueva de los Munecos

zu erkennen ist. Es geht erst auf gleicher Höhe durch Buschwerk und niedrigen Baumbestand voran, dann durch Hochwald sanft bergab, streckenweise sehr stark, so dass **gutes Schuhwerk** erforderlich ist. Wir sind auf dem gut erkennbaren Weg nach 15 Minuten unterhalb eines schroffen Felsüberhanges am Höhleneingang, der aber mit einem Stahlgitter – wie enttäuschend – fest verschlossen ist! Auf dem gleichen Wege steigen wir, natürlich erheblich langsamer, wieder nach oben zum Parkplatz.

Nach der schweißtreibenden Kletterpartie bergauf und bergab sehnen wir uns nach den **Wasserfällen von *Cimbarra***! Vielleicht ist ein Bad im kühlen Nass angesagt!? Noch haben wir 17 kurvenreiche Kilometer vor uns.

Endlich in dem ruhigen Ort ALDEAQUEMADA angekommen, weist uns ein freundlicher Landpolizist der *Guardia Civil* den Weg: Die erste Straße rechts ab, am Ende wieder rechts, es seien „nur" 3 km. Nach einem mickrigen Brückchen beginnt eine Holperpiste, die 800 m weiter zunächst an einer Gabelung endet, an der lackempfindliche und **große Womos die Fahrt beenden** und besser parken sollten (siehe Kasten).

Eine Zeit lang begleitet uns der ***Río Guarrizas*** mit seinen saftig grünen Auen. Ein Teppich von Milliarden weißer Blüten bedeckt das Wasser. Ein unendlich romantischer Anblick! Dieser Fluss wird wenige Kilometer weiter an steilen Felsen tosend in die Tiefe stürzen.

Nach weiteren 1100 m lockt aber ein schöner Wanderplatz. Wir fahren mutig weiter, Büsche und Bäume berühren an manchen Stellen schon ein wenig Seiten und Dach. Unsere Mühe wird jedoch belohnt: Ein großer Parkplatz erwartet uns am Eingang zu dem Naturwunder der *Cascada de la Cimbarra*. In der Mitte bietet sich ein großer Schattenbaum an, eine Wandertafel weist dem Besucher den Weg.

Wanderung zur Cascada de la Cimbarra (1,2 km / 1 Stunde)

Der Rundweg beginnt an der Wandertafel und ist eigentlich nur ein größerer Spaziergang, aber durch die Höhenunterschiede kommt man doch ganz schön ins Schwitzen. Nach einer Viertelstunde bereuen wir, dass wir nicht die vorhandenen <u>Wanderschuhe und -stöcke</u> benutzt haben, denn auf lehmigem Pfad lege ich mich glatt auf meinen Allerwertesten. An der ersten Gabelung gehen wir rechts und klettern über Felsen auf die halbe Höhe der Fälle. Ein toller Anblick! Wer ungeübt ist, sollte auf dem unteren Pfad bleiben, denn es gibt noch genug zu sehen. Zurück auf dem Weg biegen wir nach wenigen Metern wieder rechts ab und stehen dem Naturwunder genau gegenüber. Das natürliche Auffangbecken liegt fast schwarz unter uns und endet in einer großen Felsenhöhle, um scheinbar dem *Río Guarrizas* die aus 40 m

Höhe stürzenden Wassermassen unterirdisch wieder zurückzuliefern. Wir steigen wieder zum Hauptweg, von dem rechts ab ein stufiger Pfad ziemlich steil zu der **Plaza de Armas**, einem felsigen Hochplateau, führt, von dem wir eine unvergessliche Aussicht auf den vom Wasser eingefressenen Canyon des **Río Guarrizas** haben. Eine große Bildtafel erklärt die geologische Struktur dieser wildromantischen Natur. Doch plötzlich ist es mit der Beschaulichkeit vorbei. Eine Schülergruppe mit 40 – 50 lärmenden Teenies taucht auf. Da die beiden Lehrer nach wenigen Minuten „Landschaftgucken" zum Aufbruch mahnen, kehrt wieder Stille ein. Der Rückweg führt nach rechts, damit sich der Kreis schließt.

WOMO-Wanderparkplätze: Cascada de la Cimbarra

(003) GPS: N38° 23' 58.5" W3° 22' 03.6"   **max. WOMOs:** 1-2
(004) GPS: N38° 23' 28.4" W3° 22' 12.5"   **max. WOMOs:** 2-3
Ausstattung/Lage: schattig, Wandertafel / außerorts
Zufahrt: hinter Ortseingang 1. Str. rechts, wieder rechts, Brücke, noch 700 m bis WP 003; von hier aus 1100 m bis WP 004

Das Schild „*Area Recreativa Arroyo de Martín Pérez 500 m*" können wir getrost ignorieren, denn mit dem WOMO kommt man nicht hin, bestenfalls zu Fuß oder mit einem Offroader. Am Nachmittag kehren wir nach ALDEAQUEMADA zurück und

fahren bis zur Ortsmitte, wo ein Wegweiser zum Naturpark *„Cimbarra 3 km"* steht. Ein hübscher Marktplatz mit Rathaus und Kirche lädt zum Ausruhen ein. Die Schülergruppe ist schon vor uns da, ein Kramladen verkauft an sie Unmengen Eis am Stiel. Mit Glück ergattern wir die letzten zwei kalten Köstlichkeiten und bleiben noch bei einem Espresso sitzen.

Die Straße A6200 führt weiter in die Berge, wir müssen also dieselbe Strecke zurückfahren, um wieder nach STA ELENA, zu kommen. Nach ca. 23,3 km sind wir wieder in dem Ort, durchfahren ihn und überqueren die Autobahn auf einer nagelneuen Brücke, um auf die westliche Seite der Trasse zu kommen. nach 3,6 km erreichen wir MIRANDA DEL REY, wo mitten in dem beschaulichen Dörfchen die Asphaltstraße aufhört. Hier plätschert wieder munter eine Wasserquelle, die man vor vier Jahren abgestellt hatte. 200 m weiter folgt eine Weggabelung mit Wandertafeln.

(005) WOMO-Wanderparkplatz: Miranda del Rey

GPS: N38° 21' 27.4" W3° 34' 50.9"   **max. WOMOs:** 1-2
Ausstattung/Lage: Wandertafel, Wasserhahn in Dorfmitte / Ortsrand
Zufahrt: A4/E5 AS 257, rechts auf JA7102, 3,6 km

Von hier aus gehen zwei gekennzeichnete Wanderwege ab: geradeaus zur *„Molino del Batán"* (Mühle von Batán – 4 km) und rechts zur *„Calzada Romana"* (Römische Straße – 10 km). Der geradeaus führende Schotterweg ist zwar noch 1700 m befahrbar, endet jedoch an dem Heim *„Las Nogueras",* wo keine Parkmöglichkeit ist. Weil es schon spät ist, fahren wir den selben Weg zurück, überqueren die A4 und gelangen nach SANTA ELENA, um dort den ausgeschilderten Campingplatz anzusteuern, denn Ent- und Versorgung sind angesagt.

(006) WOMO-Campingplatz-Tipp: Despeñaperros

GPS: N38° 20' 35.8" W3° 31' 57.3"; C. Infanta Elena **offen:** ganzjährig
Ausstattung: gut, PK1, schattig; Laden/Gaststätte/Pool nur HS; Ver- und Entsorgung; Fon/Fax 953 664 192; campingdespenaperros.com, info@campingdespenaperros.com; FCA
Zufahrt: A4/E5 AS 257, ausgeschildert.

Ganz in der Nähe speisen wir im Restaurant „Hotel el Meson de Despeñaperros" in sehr angenehmer Atmosphäre recht gut. Das Preis-Leistungs-Verhältnis ist in Ordnung.
In der **Tourist Info** (*Centro de Visitantes Puerta de Andalucia*) wollen wir uns am nächsten Morgen Wanderkarten besorgen, es ist aber geschlossen, obwohl nach dem Türschild offen sein müsste: 10 - 14 / 16-18/20 Uhr. Es ist Nachsaison!
Wir suchen heute ein ruhiges Plätzchen im Nationalpark **Coto Nacional de Contadero**. Also entern wir wieder die A4 in Richtung BAILÈN, verlassen sie in LA CAROLINA (AS 266/268) und steuern das *„Centro"* an.
Das Bergarbeiterstädtchen bietet außer der Kirche **San Juan de la Cruz,** dem **Denkmal zur Schlacht von Navas de Tolosa** (2 km nordöstlich) und dem **Rathaus** wenig Sehenswertes, auch Stellplätze können wir nicht ausspähen. Am Ende

einer Allee, augenscheinlich die Hauptstraße, biegen wir nach rechts ab – links geht es wieder zur A4 – und folgen den Wegweisern nach LOS GUINDOS und EL CENTENILLO auf der JA6100.

Wir rollen durch eine abwechslungsreiche Hügellandschaft mit Steineichen und Olivenbäumen, bis der Abzweig rechts nach LOS GUINDOS kommt. Hier legen wir eine Rast ein, denn es ist ein herrliches Fleckchen Erde. An der Gabelung hat man einen **knallbunten Grubenzug** als Denkmal aufgestellt. Ins Dorf hineinzufahren, lohnt kaum, außerdem ist die Stichstraße dorthin sehr holperig. Also ziehen wir weiter. Die schmale Straße führt durch eine satte Vegetation bis EL CENTENILLO. Am Ortseingang wirbt das einzige Restaurant mit preiswerten Menüs. Doch wo soll man parken?

Bei der Weiterfahrt durch den stillen Ort vermissen wir jegliche Art von Wegweisung. Ein alter Mann, schwer beladen mit Feldfrüchten, zeigt uns den Weg zum kleinen See. Wir folgen rechts ab dem Schild „*Camiones*", an der Gabelung links, nach 600 m wieder rechts. Wenig weiter glitzert vor uns ein wildromantischer kleiner See in der Mittagssonne. Leider ist er neuerdings komplett eingezäunt. Wir fahren um den See (gegen den Uhrzeigersinn) und finden gegenüber ein einzelnes, bewohntes Haus mit einem kleinen, aber schrägen Parkplatz daneben, zum Übernachten völlig ungeeignet.

(007) WOMO-Wanderparkplatz: El Centenillo

GPS: N38° 20' 29.3" W3° 44' 05.3";
an JA6100   **max. WOMOs:** 1-2
Ausstattung/Lage: keine / außerorts
Zufahrt: A4 AS 266 oder 268, auf JA6100, im Ort WW Camiones rechts, dann links, wieder rechts

Wir stellen fest, dass die asphaltierte Straße nach ein paar hundert Metern sich im sprichwörtlichen Sand verliert, obwohl die Michelinkarte eine durchgehende Straße dokumentiert. Ein deutsches Paar, mit einem Leihwagen unterwegs, hat denselben Plan wie wir, muss aber angesichts der schlechten Wegverhältnisse auch aufgeben. Also bleiben wir an dem kleinen, einsamen See und wandern ein paar Stunden durch die reizvolle Natur. Dabei treffen wir auf ein erstaunliches Naturgebilde von einem **ausgewaschenen, runden Felsen**. Gegenüber liegt eine verfallene Bergarbeitersiedlung aus dem 18. Jahrhundert, als hier silberhaltige Bleierze abgebaut wurden. Zurück am WOMO, wagen wir nicht, ins kühle Nass zu hüpfen, obwohl es warm genug ist, aber das Seeufer ist stark

El Centenillo - verfallene Bergarbeitersiedlung

bewachsen. Der Abend klingt mit einem bescheidenen Mahl aus der Bordküche und einem guten Glas Rotwein aus.

Unser nächstes Tagesziel ist der Nationalpark **Parque Natural de Cazorla, Segura y las Villas**, eines der beliebtesten Wandergebiete Spaniens. Dafür haben wir uns eine besonders schöne Wegstrecke ausgesucht. Wir fahren zurück nach LA CAROLINA, kreuzen die A4 und nehmen die A 301 in Richtung VILCHES. Die hügelige Landschaft ist vom Olivenanbau geprägt. Eine riesige Brücke überspannt den großen Stausee **Embalse de la Fernandina.** Wir suchen erfolglos nach Stell-

Embalse de la Fernandina

plätzen. Wenig später überqueren wir auf einer flachen Brücke den **Río Guadalén,** der in den gleichnamigen Stausee, mündet. Auch hier gibt's keine Stichstraßen zum Ufer. In dem freundlichen Dorf ARQUILLOS wechseln wir auf die gut ausgebaute A312 über. Die Landschaft ändert kaum ihr Bild, allerdings sehen wir hier mehr Wiesen. In dem idyllischen SANTISTEBAN DEL PUERTO sollte man nicht versuchen, ins *Centro* zu gelangen, es ist für WOMOs zu eng. Wir verfolgen die Hauptstraße und biegen noch vor dem Ortsende beim Wegweiser VILLACARRILLO nach rechts in das Sträßchen JV6024 ab. Jetzt wird die Gegend abwechslungsreicher: Berge, Wälder, Wiesen und Olivenhaine, zwi-

Villacarillo mit Kathedrale La Asuncíon

schendurch immer wieder schöne Aussichtspunkte. Den *Río Guadalimar* überqueren wir auf einer uralten Steinbrücke (A6203) und schauen beidseitig auf romantische Flussauen. Wir nähern uns der Stadt VILLACARRILLO, deren gewaltige **Kathedrale *La Asuncíon*** (16. Jahrhundert) alles überragt. Das goldfarbene Dach blinkt in der Vormittagssonne. Leider erweist sich das Gassengewirr der Innenstadt für Reisemobile als unpraktisch, und wir finden in der Nähe der Kirche keinen Parkplatz. Wer die sehenswerte Kathedrale, die laut Baedeker **eines der größten Renaissancebauwerke** der Provinz Jaén darstellt, nicht auslassen möchte, findet 1000 m weiter nördlich mehr Parkraum, denn nach Durchquerung der Innenstadt werden die Straßen breiter.

Jetzt dürfen wir den braunen Wegweiser *Sierra Las Villas* nicht übersehen, ein weiteres Schild zeigt uns den Weg nach MOGÓN und SANTO TOMÉ an. **Genau hier trennen sich die Wege der sicherheitsbewussten von den risikofreudigen Womofahrern.** Die Fahrzeuge über 6 m müssen sowieso auf der N322 geradeaus in Richtung ALBACETE weiterfahren, um nach 9,5 km rechts in die A6202 nach TRANCO abzubiegen.

Kurz vorher lohnt sich ein kleiner Abstecher in das 1200-Seelen-Bergdorf IZNATORAF mit einer sehenswerten **Renaissancekirche** von 1602. Bekannt ist das Örtchen auch wegen seiner farbenfrohen Umzüge in der Karwoche (*Semana Santa*) und der pittoresken Gassen und Höfe, die von den Einwohnern stets liebevoll mit Blumen geschmückt werden. Hinzu kommt von dem kegelförmigen Berg der überwältigende Rundblick auf die ländliche Umgebung.

Über TORRES DE ALBÁNCHEZ führt eine weitere, lohnende Alternativstrecke (Umweg: 92 km), denn hier haben wir einen gut ausgestatteten Picknickplatz entdeckt.

(008) WOMO-Picknickplatz: Torres de Albánchez

GPS: N38° 26' 19.9" W2° 41' 11.6"; an JA9111.　　**max. WOMOs:** 4

Ausstattung/Lage: Tische, Bänke, Frischwasser, Grillplatz, Müllcontainer / außerorts

Zufahrt: N322 bis Puente de Génave, rechts A317/A310 über La Puerta de Segura (6 km) – im Ort links haltend – 9 km bis Abzweigung, links JA9112 nach Torres de Albánchez; 5 km weiter auf JA9111 die „Area Recreativa La Ermita del Campo".

Um auf unsere spätere Hauptroute **Carretera del Tranco** zu treffen, müssen wir auf A317 und A319 wieder nach Süden rollen. Ein kleiner Abstecher – weiter auf der A317 – über HÓRNOS DE SEGURA ist ratsam, denn von dem auf einem steilen Felsen errichteten Dorf hat man eine zauberhafte Aussicht auf die Seenlandschaft.

Zurück nach VILLACARRILLO. Wir „Kleinen und Mutigen" biegen von der N322 nach rechts in die A6204 in Richtung MOGÓN ein, braune Schilder weisen immer wieder auf die **Sierra las Villas.** Die Landschaft wird immer schöner, die bizarren Felswände der *Sierra* sind zum Greifen nahe. Die Vorfreude auf die schöne Berglandschaft wächst.

Die raue Bergwelt der Sierra Cazorla y Sierra las Villas

Eingang zum Naturpark

Im Ausgangsort für unsere Bergtour, MOGÓN, ist es nicht so einfach, die richtige Abzweigung zu finden. Wir rollen die Hauptstraße weiter und lassen die Ortschaft links liegen. Das Schild *„Río Guadalquivir"* weist nach links auf die Steinbrücke, die hier das noch idyllische Flüsschen überspannt, welches später als gewaltiger Strom ganz Andalusien durchzieht, um an der *Doñana* in den Atlantik zu münden. Vor der Brücke finden wir zwei weitere Schilder *„Refugio Cueva del Peinero 36 km"* und *„Camping Llanos de Soto"*, die den Reisenden verlocken sollen, hier links einzubiegen, um das Abenteuer einer der schönsten, aber auch anstrengendsten Bergtouren zu beginnen. Das braune Schild *Sierra las Villas* wiederholt sich.

Die schmale, asphaltierte Straße hat jetzt die Nummer JH7155 erhalten, während man sich früher an den weiß-gelben Kilometersteinen mit schlecht lesbaren Zahlen, über denen die Buchstaben „AMA" stehen, orientieren musste. Als Wanderkarte empfehlen wir Editorial Alpina „Sierra de Segura II Las Villas"/ ISBN 84-8090-005-9.

Wir raten dringend, sich wegen der fehlenden Leitplanken oder sonstigen Streckensicherungen beim Fahren voll auf die Straße zu konzentrieren, dafür häufiger anzuhalten, um die berauschende Landschaft zu bewundern. Planen Sie für diese Strecke **mindestens einen ganzen Tag** ein oder besser noch: Übernachten Sie auf dem schönen Platz am Fuße des Berges, auf dem die Berghütte *Cueva del Peinero* steht, etwa auf der Mitte der Route. Der schwierigste, aber auch schönste Teil ist das letzte Drittel. Diese Bergstraße ist wenig befahren und liegt abseits der Touristenrouten, wie zum Beispiel der *„Carretera del Tranco"* (A319), die durch das lange Tal am gleichnamigen Stausee entlang führt. Hin und wieder begegnet man Geländewagen, die sich Touristen geliehen haben.

Die kurvige Straße führt uns zu vielen herrlichen Aussichtspunkten, die man gar nicht alle aufzählen kann! Wunderschöne Vögel in gelbem, rotem, grünem Federkleid überfliegen unseren Weg.

Bei Km 15,5 finden wir in einer Linkskurve einen brauchbaren **Stellplatz [009**: N38° 00' 59.4" W2° 58' 22.1"] unter hohen Bäumen, der sich auch ganz gut zum Übernachten eignet:

Embalse de Aguacebas

3000 m weiter steht rechts an einer Wegeinmündung eine Wandertafel vor, die zu einem Marsch rund um den Stausee **Embalse de Aguacebas** (5,5 km – 1 ½ Stunden) einlädt. Der Schotterweg führt zu einer großen Wiese, auf der man parken kann, wenn sie denn trocken ist.

Wir fahren auf der Hauptstraße wenige hundert Meter weiter, bis sich die Straße gabelt: Links geht es zu einer Feriensiedlung und rechts zum Staudamm (*Presa*) bzw. zu dem wunderschönen Bergsee **Embalse de Aguacebas**. Einen Steinwurf weiter bietet sich unter Schatten spendenden Pinien ein geräumiger Parkplatz mit einer herrlichen Aussicht auf den großen See an. Es ist früher Nachmittag und ein Bad im eiskalten Bergsee in 1000 m über NN könnte mächtig erfrischen, aber die Einstiegsmöglichkeiten sind nicht so berauschend. Ein Schluck aus der Mineralwasserflasche kühlt meist auch.

(010) WOMO-Wanderparkplatz: Embalse de Aguascebas

GPS: N38° 02' 26.6"
W2° 57' 12.3"
an JH7155
max. WOMOs: 4 - 5
Ausstattung/Lage:
MC / außerorts
Zufahrt: JH7155 bei Km 18,6

Hinter dem Staudamm (Km 19) halten wir rechts, um das herrliche Bergseepanorama zu genießen. Gegenüber ist ein großer **Picknickplatz**, der aber mit dem WOMO nicht befahrbar ist. Ein größeres Tor ist hermetisch verschlossen.

Hinter dem Stausee geht die Straße steil bergauf und kurvenreich weiter. Ab hier dürfen Fahrzeuge über 10 t nicht mehr fahren. (Wer wird auf dieser schmalen Straße so etwas wagen?) Hin und wieder kommen uns Geländefahrzeuge entgegen. Ein Jeep mit zwei jungen Frauen überholt uns an einer

breiteren Stelle. Bei Km 22 treffen wir auf einige einzelne Häuser, die zum Forsthaus *Casa forestal la Fresnedilla* gehören. Im Laufe der Jahre hat sich hier einiges verändert. Der frühere Picknickplatz ist einem Parkplatz für das neu erbaute Restaurant gewichen. Von hier aus kann man auch schöne Wanderungen unternehmen, zum Beispiel zur *Casa de la Nava del Milano* auf ca. 1348 m über NN.

(011) WOMO-Stellplatz: Casa Forestal la Fresnedilla

GPS: N38° 03' 40.0" W2° 56' 39.8" an JH7155
max. WOMOs: 2
Ausstattung/Lage: Müllcontainer, Frischwasser am Forsthaus oder Restaurant erfragen / außerorts
Zufahrt: JH7155 bei Km 22.

Das Sträßchen entwickelt sich zu einer romantischen Allee. Bei Km 24 erreichen wir in 1260 m Höhe an einer Hausruine den Pass *Collado del Lobo*.

Auf dem 1350 m hohen *Collado Pocico* ist bei Km 26 eine **Quelle [011.1 GPS: N38° 04' 36.4" W2° 55' 17.4"]** mit dem Verkehrszeichen, was wir in den WOMO-Büchern dafür verwenden. Leider kommt heute kein Wasser aus dem Rohr. Dafür haben wir von hier aus einen fantastischen Blick auf die farb-

lich einmalig gemusterten Steilwände von *El Agrión*. Bei Km 27, immer noch auf 1360 m Höhe, geht es wieder abwärts über ein Brückchen, das über das Flüsschen *Río Aguacebas Gil Cobo* führt.

In einem kleinen Seitental sehen wir links einen nett angelegten **Zeltplatz**, der von Wanderern kostenlos genutzt werden kann *(Campamento de Gil Cobo)*. Ein Holzgebäude zur Versorgung ist auch da. Rechts neuerdings ein frisch angelegter Parkplatz, etwas tiefer Tische und Bänke.

---

(012) WOMO-Picknickplatz: Campamento de Gil Cobo

GPS: N38° 04' 49.4" W2° 53' 54.8"; an JH7155;   **max. WOMOs:** 4
Ausstattung/Lage: Tisch & Bank, Frischwasser, Mülleimer / außerorts
Zufahrt: JH7155 bei Km 29

Wieder geht es steil bergauf und anschließend bergab, die Piste hat die Asphaltoberschicht verloren, aber der Unterbau aus grobem Schotter genügt auch fürs sichere Fahren; allerdings rappelt die Kiste ganz schön.
Endlich erreichen wir bei Km 34,2 den schattigen Parkplatz des *Refugio Cueva del Peinero*, der uns in MOGÓN angekündigt wurde.

---

(013) WOMO-Picknickplatz: Cueva del Peinero

GPS: N38° 06' 10.5" W2° 52' 05.8"; an JH7155   **max. WOMOs:** 5
Ausstattung/Lage: Frischwasser, Mülleimer, Tische, Bänke / außerorts
Zufahrt: JH7155 bei Km 34,2.
Sonstiges: ideale Wanderbasis, u. a. zum Refugio Cueva Peinero

---

Etwas abseits liegt die ziemlich altersschwache Picknickeinrichtung. Aber auf dem schönen Platz überrascht uns eine sprudelnde Quelle mit köstlichem Gebirgswasser. Den steilen Weg zu der verlassenen Berghütte nehmen wir als Abendspaziergang. Nach gut fünf Minuten erklimmen wir die Terrasse des massiven Steinhauses, wo man notfalls auch übernachten könnte. Von hier oben haben wir in der untergehenden Sonne einen grandiosen Blick nach Westen auf die tiefe Schlucht des **Arroyo de las Aguascebas Grande** mit dem kleinen Wasserfall **Cascada del Molino de Carrales** und auf die hoch aufragenden, schroffen Felsen der *Sierra*.

Blick von der Hütte Cueva del Peinero

Hohlweg in der Nähe der Cueva del Peinero

Ein Blick auf die Karte zeigt, dass wir erst knapp die Hälfte dieser – gelinde gesagt – abenteuerlichen Straße hinter uns haben. Wird der Rest noch schwieriger?

Sierra de Cazorla – Tranco – Torre del Vinagre – Río Borosa

Freie Übernachtung:	Mirador del Topaero, Los Casares, La Huerta Vieja, Las Golondrinas, 2x Coto Rios, Torre Vinagre, Río Borosa
Ver-/Entsorgung:	Campingplätze
Trinkwasserstellen:	Fuente del Topaero, Fuente los Cerezos, Coto Rios, La Huerta Vieja, Rio Borosa
Campingplätze:	Hornos de Segura; 3x Coto Rios
Wandern:	Sierra de Cazorla, Río Borosa
Essen:	Biergarten am Río Guadalquivir, Nähe Torre Vinagre

Am nächsten Morgen rumpeln wir auf dem Bergsträßchen nach 800 m durch zwei senkrechte, hohe Steilwände, wo wir förmlich Angst haben müssen, sie würden zusammenfallen und unser Fahrzeug begraben (s. S.33). Von der anschließenden Allee auf einem Damm gibt es an vielen Punkten fantastische Ausblicke auf die traumhaft schöne Gebirgslandschaft.

Zwei Kilometer weiter öffnen sich an einem Bachlauf große Naturwiesen in saftigem Grün. Bei Km 40 kommt der Pass **Collado del Ojuelo** (1120 m) mit einem Berghof, auf dem ein Mädchen eine Schafherde hütet. Welch ein friedliches Bild!

Collado del Ojuelo

Eine munter sprudelnde *Quelle* lädt zum Tankfüllen ein[GPS: N38° 07' 32.2" W2° 53' 14.2"].

Ab Km 43 kommen aus dem holperigen Grobschotter wieder Ansätze von Asphalt zum Vorschein, aber zum Schnellfahren reicht er nicht; wir kommen etwa 10 km pro Stunde voran. Das mag natürlich auch an den vielen Fotostopps liegen, aber

wir fahren ja keine Bergrallye. 1300 m weiter passieren wir das auf der Michelin-karte vermerkte Forsthaus *Casa Forestal de Carrales.* Bei Km 46,8 ist wieder ein ganz tolles Bergpanorama zu bewundern, hoch oben eine Art riesige Felshöhle in vielen Farben. 1300 m weiter kommt der wohl letzte Pass, der *Collado Agua de los Perros,* auf 1200 m Höhe, gefolgt von einem der schönsten Aussichtspunkte des Naturparks, dem *Mirador del Topaero* (oder „Tabadero") an der Kante einer schwindelerregenden Felswand, die allerdings durch Geländer geschützt ist. Andächtig schauen wir auf das traumhaft schöne Panorama. Beinahe hätte ich vor lauter Ergriffenheit vergessen, Fotos für dieses Buch zu schießen.

Auf der kleinen Rundschleife kann ein Womo ganz gut parken, ja auch übernachten. Wir sind hier weit und breit die einzigen menschlichen Wesen, deshalb würde eine Übernachtung niemand stören. Wer will, kann auch hier wenden und zurückfahren.

(014) WOMO-Stellplatz:
Mirador del Topaero

GPS: N38° 10' 02.6" W2° 52' 03.5"; an JH7155;
max. WOMOs: 1

Ausstattung/Lage: Wasser 200 m (Fuente del Topaero) / außerorts
Zufahrt: JH7155 bei Km 48,3
Hinweis: letzte Wendemöglichkeit!

Nachdem wir uns an dieser fantastischen Aussicht sattgesehen haben, wagen wir uns an die Abfahrt. Die Quelle *Fuente los Cerezos* bei Km 53,2 ist nützlich **[014.1 GPS:** N38° 09' 45.0" W2° 50' 52.1"]. Hier könnten wir Wasser abfüllen, aber wir sind noch gut versorgt. Jetzt geht die Fahrt in äußerst engen Serpentinen mit zehn Spitzkehren nur noch abwärts, immer eine tolle Berglandschaft vor Augen, aber nur für die Beifahrer, denn der Fah-

rer muss sich nun voll auf die schmale Straße konzentrieren. Schritttempo sei angeraten! Wir haben höchstens den zweiten Gang drin, manchmal sogar den ersten. Ausgerechnet hier kommt uns ein verdutzter Bergbau-

er mit seinem Traktor entgegen, aber das Ausweichmanöver mit dem erfahrenen Einheimischen klappt ganz gut.

Der junge Río Guadalquivir

Bevor wir nach 60 km schwieriger Bergfahrt die breitere Landstraße A6202 erreichen, überqueren wir auf einer schmalen Brücke den hier noch kleinen **Río Guadalquivir** und biegen

rechts ab. Wir schauen zurück: Die Einfahrt in die kleine Bergstraße JH7155 ist völlig unauffällig beschildert: *„Charco del Aceite"*, ein kleiner Badesee in der Nähe. 3,4 km weiter östlich finden wir an der Straße auf der rechten Seite den Aussichtspunkt

Mirador Fuente Negra [**014.2:** N38° 10' 59.8" W2° 48' 26.3"], von dem aus wir einen grandiosen Ausblick auf den Stausee *Embalse del Tranco* haben.

In wenigen Minuten sind wir an der Staumauer des *Embalse del Tranco*. In dem Örtchen TRANCO gibt es einige Touristenläden und Restaurants. Hier treffen wir auf die A319, die bekannte *Carretera del Tranco*. Gegen-

Staumauer des *Embalse del Tranco*

über dem Seekiosk mit einer herrlichen Terrasse wurde ein neuer Parkplatz gebaut, auf dem ein bis zwei Womos stehen können. Oben schimmert ein Restaurant durch die Bäume.

(015.1) WOMO-Stellplatz: Tranco

GPS: N38° 10' 30.5" W2° 47' 34.8"
gegenüber dem Seecafé an A319
max. WOMOs: 1 - 2
Ausstattung/Lage : MC, Café, Restaurant / außerorts
Zufahrt: A4, La Carolina AS266, A301 bis Arquillos, A312 bis Navas S.J., JA8100/A6203 bis Villacarillo, N322 n. 9,5 km rechts auf A6202/319

Wir lassen uns auf der Caféterrasse nieder und genießen das herrliche Panorama des großen Sees *Embalse del Tranco*.

Links geht es zu dem pittoresken Städtchen HORNOS, nach knapp 5 km bietet ein Campingplatz seine Dienste an.

(015) WOMO-Campingplatz-Tipp: Hornos (Montillana)

GPS: N38° 11' 10.4" W2° 46' 22.8"; an A319, km 78,5; **offen:** 1.4. - 30.9.
Ausstattung: PK 1; Laden; Gaststätte; Pool; E&V; sehr ruhig; nächster Ort: 10 km; Fon 953 126 194; cmontillana@eresmas.com
Zufahrt: wie 015.1, 5 km nordöstlich

In TRANCO stoßen die großen Womos wieder auf unsere Route. Wir halten uns rechts in Richtung CAZORLA und rollen über die einspurige Straße auf der *Presa* (Staumauer) auf die andere Uferseite, wo die A 319 bei Km 74 fortgesetzt wird. Quellwasser gibt es an dieser Straße sehr häufig, so zum Beispiel bei Km 64,6.
Einen km weiter liegt auf der linken Seite ein uriger Laden, der Produkte der Gegend anbietet. Der Parkplatz daneben lädt zu einer Pause oder auch zu mehr ein.

(016) WOMO-Stellplatz: Los Casares (Tranco)

GPS: N38° 07' 23.1" W2° 47' 46.9"; A319 bei Km 65,8.
max. WOMOs: 1 - 2
Ausstattung/Lage : keine / außerorts
Zufahrt: wie 015.1, rechts ab auf A319, bei km 65,8

Nach 1600 m folgt ein Zeltplatz auf der rechten Seite, der jetzt auch mit einem Womo angefahren werden kann.

(017) WOMO-Picknickplatz: La Huerta Vieja

GPS: N38° 07' 03.6" W2° 48' 23.9"; A319 bei Km 64 **max. WOMOS:** 1-2
Ausstattung/Lage: MC, Tische, Bänke, Wasser, Grill / außerorts
Zufahrt: wie 016, 1,8 km südlich

Auf der *Carretera del Tranco* (A319) gibt es zahlreiche Campingplätze. Der erste kommt nach 9 km in COTO RIOS:

(018) WOMO-Campingplatz-Tipp: Fuente de la Pascuala

GPS: N38° 03' 31.6" W2° 50' 02.0"; an A319, km 55 **offen:** 1.3. - 9.12.
Ausstattung: urig, PK 1, schattig; Laden; Gaststätte; Pool; E&V; einfache, saubere Sani; nächster Ort: 1,6 km; Fon/Fax 953 713 028
Web: campinglapascuala.com **Zufahrt:** wie 017, ca. 9 km südlich

Embalse del Tranco

Nach der anstrengenden Bergtour von MOGÓN nach TRAN-
CO haben wir uns einen Ruhetag verordnet. Dafür wird die
Gegend per Fahrrad erkundet. Auf der A319 strampeln wir in
Richtung CAZORLA und finden nach 1200 m die *Area recrati-
va las Golondrinas* direkt am Guadalquivir.

(020) WOMO-Picknickplatz: Las Golondrinas

GPS: N38° 03' 09.8" W2° 50' 35.1"; A319 Km 53,8; **max. WOMOs:** 1-2
Ausstattung/Lage: Tisch & Bank, Frischwasser, Müllcontainer, Restaurant in der Nähe / außerorts   **Zufahrt:** wie 018, 1,2 km südlich

Am anderen Flussufer liegt der nächste Campingplatz, der
einen ordentlichen Eindruck macht und über ein gemütliches
Restaurant mit zivilen Preisen verfügt.

(019) WOMO-Campingplatz-Tipp: Llanos de Arance

GPS: N38° 03' 09.4" W2° 50' 24.4"; an A319, km 53,8; **offen:** ganzj.
Ausstattung: PK 1, schattig; Laden; Gaststätte; Pool; E&V; einfache
Sani; nächster Ort 1,6 km; Fon 953 713139 Fax 953 713036
llanosdearance.com, arancell@inicia.es   **Zufahrt:** wie 020

100 m weiter radeln wir an dem einzeln stehenden Restaurant
„La Golondrina" vorbei, es hat aber keinen Parkplatz für WO-
MOs. Bei Km 53,2 rauscht rechts ein kleiner Wasserfall, gegenüber lockt die Einfahrt zu dem Dorf COTO RÍOS und zum
„Camping Chopera de Coto Rios": PK 1, Pool, ganzjährig offen; Fon/Fax 953 713005, campingchopera.es, reserva@...
[020.1: GPS N38° 02' 53.1" W2° 51' 04.3"].

Eine flache Brücke führt über den **Guadalquivir,** kurz dahinter finden wir rechts am Ufer noch einen schönen Stellplatz:

(021) WOMO-Picknickplatz: Coto Ríos

GPS: N38° 02' 51.5" W2° 51' 01.4"; A319 Km 53,2; **max. WOMOs:** 3 - 4
Ausstattung/Lage: Steintische und -bänke, Müllcontainer, Imbiss, Baden im Río Guadalquivir möglich / außerorts **Zufahrt:** wie 020.1

Im Dorf selbst kommt nach der Rechtskurve das Restaurant *„Los 11 Hermanos"*. Gegenüber können wir gut parken.
Zurück auf der Hauptstraße folgt bei Km 51,1 wieder ein Picknickplatz [**021.1** N38° 02' 09.7" W2° 51' 58.4"], ausgerechnet vor den zwei Restaurants *„El Pinar"* und *„Mirasierra"*, wo man auch trefflich speisen kann. Viel Raum für Womos gibt es allerdings nicht mehr. Wer hier zum Essen im Restaurant parken will, der wird sicher toleriert.
Ein paar hundert Meter weiter schließt sich der nächste Gourmettempel *„San Fernando"* mit Swimming Pool und allerhand Tamtam an. Und so geht das weiter, obwohl die Gegend immer noch sehr rustikal wirkt.
Endlich – nach einer anstrengenden Berg- und Talfahrt von 7 km auf dem Fahrrad – erscheint bei Km 48,2 das imposante Gebäude der Touristeninformation **Torre Vinagre** (Essigturm), die von der Firma „Quercus" geführt wird und neben dem Verkauf von Karten und Souvenirs ein kleines Museum unterhält. Öffnungszeiten: 10.30 – 14 Uhr und 16 – 19.30 Uhr, in der Nebensaison nimmt man es mit diesen Zeiten nicht so genau. Die Wanderkarten der Marke „Editorial Alpina" im Maßstab 1 : 40.000 sind hervorragend. Es gibt deren drei, jeweils mit Begleitheft über Offroad-Touren (auf spanisch „4x4") und Wanderwege, allerdings eines nur in englischer (ISBN 84-8090-065-2), die beiden anderen in spanischer Sprache (ISBN 84-8090-005-9). Es soll aber alle drei auch in deutsch geben, nur vorrätig sind sie hier und heute nicht. Zuhause wird man die Kar-

Besucherzentrum Torre Vinagre

ten in jeder Buchhandlung bestellen können.

Hier bietet ein großer Parkplatz auch Raum für etliche Womos an, zwei deutsche stehen schon da.

(022) WOMO-Stellplatz: Torre del Vinagre

GPS: N38° 00' 47.9" W2° 52' 22.3" A319
max. WOMOs: 5-10
Ausstattung/Lage: Mülleimer, Tourist Info, lauter Parkplatz, nur für den Notfall / außerorts
Zufahrt: A319 bei Km 48,3

Genau gegenüber dem ***Torre del Vinagre*** geht die Straße ab zum ***„Río Borosa"***, unser Wanderziel für morgen. Die Wegweiser lauten auf *„Central Electrica"* und *„Lomo de Mariangela"*. Wir testen die Strecke schon mal per Fahrrad an. In einer scharfen Linkskehre liegt nach 300 m eine Art **Biergarten** mit preisgünstiger Vollverpflegung, der aber gerade zur Gänze von

lärmenden Schulklassen okkupiert ist. Daneben schließt sich ein Picknickplatz an, allerdings ohne Parkmöglichkeit. Eine geländerlose Brücke führt über den *Río Guadalquivir* zu einem Reitstall und später zur ***Piscifactoria*** (Fischzuchtbetrieb), wo Fo-

rellen bis zur Schlachtreife „produziert" werden. Dahinter radeln wir an den rauschenden Wasserbecken vorbei, nicht ohne
kurz vorher den großen Parkplatz am *Centro de Interpretación Fluvial Río Borosa* zu inspizieren, auf dem bequem viele
Reisemobile Platz haben. Als „Parkplatzwache" fungieren zwei
Pferde und ein Esel. Bei späteren Besuchen haben wir die
treuen Tiere allerdings nicht mehr gesehen.

WOMO-Wanderparkplätze: Río Borosa

023:   N38° 00' 54.3" W2° 51' 56.6"; an JF7096; **max. WOMOs:** 20
023.1: N38° 00' 56.1" W2° 51' 45.0" hinter dem Fischbetrieb, 280 m
Ausstattung/Lage: Müllcontainer, ruhig, Biergarten 1000 m, „Centro de
Interpretación Fluvial Río Borosa", Wasserquelle / außerorts
Zufahrt: A 319 bei Km 48,2 links ab WW „Central Electrica", 1300 m .
Sonstiges: Der hintere Teil des Parkplatzes 023 ist schattig und ruhiger.

Hinter der Forellenproduktion fließt der **Río Borosa**, den wir
überqueren. Rechts finden wir einen weiteren, allerdings kleineren Parkplatz vor, der notfalls auch als **Stellplatz** zu verwenden ist. An Wochenenden werden dort freilich viele PKW
stehen, vor allem bei schönem Wetter, denn die hier begin-
nende Wanderstrecke gilt zu Recht als eine der beliebtesten
in der *Sierra de Cazorla*, wenn nicht gar von ganz Spanien.
In aller Frühe wechseln wir mit unserem Womo zu diesem
Tagesparkplatz über, der um diese Zeit noch fast leer ist. Wir
freuen uns auf einen der schönsten Wanderwege Andalusiens, einen sogenannten „Klassiker". Die morgendliche Kühle
ist uns gerade recht, denn so werden wir gut vorwärts kommen. Der für Autos mit einer Kette gesperrte Weg beginnt am
Ende des Parkplatzes. Ein paar Angler haben schon ihre
Schnüre über die Mauer in den *Río Borosa* geworfen.

Wanderung zur Laguna de Valdeazores (22 km / 7 Std.)

Unsere **Ausrüstung** haben wir sorgfältig zusammengestellt: Wanderstiefel und -stöcke, Tagesproviant, Trinkflasche (wird gleich mit Quellwasser gefüllt), Regenzeug, Ersatzwäsche, Pullover, Taschenlampe, Trillerpfeife und Handy für den SOS-Fall, Wanderkarte und Kompass.

Nach 300 m füllen wir unsere Trinkflaschen an der *Fuente de los Astilleros* mit köstlichem Quellwasser auf. Der breite Fahrweg führt nach 22 Minuten über eine Steinbrücke, hinter der wir nach links schwenken und folgen dem hölzernen Wegweiser „*Laguna de Valdeazores* 3½ horas". (Rechts beginnt der Europaweg 4 / GR 7.)

Nach einer Viertelstunde folgt der Abzweig zur **Cerrada de Elias,** dem ersten Höhepunkt der Wanderung. Hier muss man aufpassen, denn der **verwitterte Holzwegweiser** steht etwas verdeckt und ist leicht zu übersehen. Die *Cerrada de Elias* ist eine malerische Schlucht, durch die der *Río Borosa* rauscht, manchmal durch kleine Felseninseln unterbrochen, auf denen wir uns beim Rückweg ausruhen und die Füße im Wasser baumeln

lassen wollen. Wir überqueren den idyllischen Fluss mehrmals auf schmalen Brückchen, bis wir zum schönsten Teil des Weges kommen. Ein Holzsteg, der an den senkrechten Felswänden angebracht ist, führt uns durch den zerklüfteten Engpass. Direkt unter uns braust gurgelnd das kalte Wasser des *Rìo Boroza.* Dieses einmalige Schauspiel können wir einige hundert Meter lang genießen, bis wir über sechs abwärts führende Steinstufen wieder auf den breiten Schotterweg stoßen, der jetzt stärker ansteigt und uns wenig später an einer riesigen, grünen Wiese vorbeiführt.

Bisher ist der Río noch ruhig, wird aber zunehmend wilder. Die klobigen Felsen im Bett schaffen immer wieder neue Eindrücke. Forellen springen die Felsstufen hoch, um zu ihrem Laichgebiet zu kommen. Der Fluss wird mehrmals überquert, die berauschende Landschaft wechselt ebenfalls häufig ihren Charakter. Man kann die Schönheit nur durch Bilder darstellen.

Nach 1 ½ Stunden Wanderzeit erreichen wir am alten Elektrizitätswerk *„Central Electrica" das* Ende der Offroadpiste. Hier gibt es wieder frisches Quellwasser – das letzte Mal vor der *Laguna de Valdeazores.* Wir lassen das Gebäude links liegen und stoßen auf einen alpinen Pfad, der nach oben führt. Wir sehen im mehrere hundert Meter hohen Steilhang die dicken Rohre, die die Wassermassen in die Turbinen des Elektrizitätswerkes leiten.

Jetzt ist Schluss mit lustig, denn der Steig geht vor dem **Picón del Haza** (1504 m) steil aufwärts. Wir passieren die Wasserfälle **Salto de los Órganos**, die aber zur Zeit unter Wassermangel leiden und nur dünne Rinnsale zeigen (2 Stunden).

Der Weg hinauf zu dem **Tunneleingang** wird immer anstrengender. Von unten können wir schon die Felsenfenster in der gigantischen Steilwand erkennen, die etwas Licht in den dunklen Stollen bringen sollen. Nach einer halben Stunde erreichen wir schwitzend und schnaufend den Eingang der Röhre. Drin-

nen läuft ein kleiner, aber rasant fließender Kanal neben dem schmalen Pfad entlang. An einigen Stellen ist stockdunkle Nacht, so dass wir die Taschenlampe hervorholen müssen.

Zwei spanische Bergsteiger kommen uns auf dem engen Weg entgegen. Sie warnen uns davor, im Dunkeln den Kopf an den niedrigen Felswänden zu stoßen. Sie empfehlen uns, nach dem zweiten

Laguna de Valdeazores

Tunnel am Stausee rechts über die *Presa* (Staumauer) zu gehen, um zur **Laguna de Valdeazores** zu kommen. Kurz darauf stoße ich mir – trotz Taschenlampe – den Kopf an dem Felsen in der 250 m langen Röhre.

In gleißendem Sonnenschein verlassen wir den Tunnel, den reißenden Wasserkanal immer noch neben uns. Wenig später folgt der zweite, allerdings wesentlich kürzere Tunnel, in dem es aber auch finster ist. Kurz vor zwölf erreichen wir den ersten Stausee **Embalse de los Órganos**, der auch **Nacimiento de Aguas Negras** genannt wird – wegen des schwarz erscheinenden Wassers. Ein wunderschönes Bild der Ruhe! Nach 1200 m auf einem breiten, fast ebenen Weg sind wir am Ziel, der **Laguna de Valdeazores**. (3 ¼ Std.) Der stille See, auf dem sich allerlei Entenarten vergnügen, ist von einem breiten Schilfgürtel eingerahmt. Große Pause! Alle Sachen sind schweißnass, weshalb Wäschewechsel angesagt ist. Beim Aufbruch treffen wir auf ein Berliner Wanderpaar, auch Wohnmobilfahrer, die auf dem gleichen Stellplatz wie wir übernachten wollen.

Der Rückweg ist identisch mit dem Hinweg und geht naturgemäß schneller vonstatten. Statt dem breiten Weg zu folgen, gehen wir geradeaus die sechs Steinstufen hinauf und können noch einmal die **Cerrada de Elias** genießen. Inzwischen ist es in der Klamm etwas belebter geworden; Familien lagern auf den kleinen Inseln, Kinder planschen in ruhigen Wasserstellen. Der schmale Pfad führt uns wieder auf den breiten Schotterweg. In einer Dreiviertelstunde sind wir am Parkplatz, der inzwischen wohl gefüllt ist. (7 Stunden)

Wir wechseln den Standort zum Stellplatz 023, der 400 m vor dem Wanderausgangspunkt liegt. Dieser Parkplatz ist erheblich größer und bietet Schatten. Auch das Berliner Lehrerehepaar, das wir an der *Laguna de Valdeazores* kennen gelernt haben, gesellt sich später dazu und richtet sich auch für die Nacht ein. Da wir zu müde zum Kochen sind, radeln wir zu

Die romantische Sierra de Cazorla: Río Borosa

dem Gartenlokal 1000 m zurück und genießen ein Zickleingulasch. Später setzen wir uns mit den Berlinern zusammen und lassen plaudernd den anstrengenden Tag ausklingen. Unsere Gesprächspartner erzählen, wie sie kürzlich Opfer von Dieben geworden sind. In Madrid hatten sie ihren VW-Bully in Bahnhofsnähe geparkt und den Parkschein hinter die Frontscheibe gelegt. Als sie nach drei Stunden zurückkehrten, war das Fahrzeug vollständig ausgeraubt. Das war mehr als ärgerlich, aber mit dem Parkschein hatte man es den Spitzbuben sehr leicht gemacht, denn er verriet ihnen schließlich genau die (geplante) Rückkehr der Besitzer. Deshalb raten wir, **das Reisemobil in Großstädten nicht längere Zeit unbewacht abzustellen.** Von den Stadt-Campingplätzen gibt es meist gute Bus- oder S-Bahnverbindungen in die City.

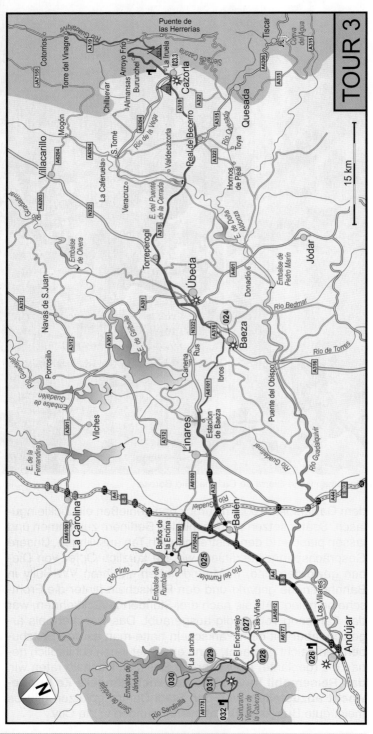

TOUR 3 (196 km / 3 - 4 Tage)

Cazorla – Úbeda – Baeza – Baños de la Encina – Embalse del Rumblar – Andújar – Embalse del Jándula – Santuario de la Cabeza

Freie Übernachtung:	Cazorla, Baeza, Embalse del Rumblar, Andújar, Las Viñas, Río Jándula, Embalse de El Encinarejo, El Jabali, Santuario Virgen de la Cabeza
Ver-/Entsorgung:	Campingplätze
Trinkwasserstellen:	Andújar, an A319 bei Iruela
Campingplätze:	Puente de las Herrerías, Cazorla
Baden:	Embalse del Rumblar, Embalse de El Encinarejo
Besichtigen:	Cazorla, Úbeda, Baeza, Baños de la Encina, Andújar, Santuario Virgen de la Cabeza.
Wandern:	El Jabali, Santuario Virgen de la Cabeza.
Essen:	„El Tropezon", Andujar; „La Tienda de Miguel", Las Viñas

Heutiges Ziel ist CAZORLA. Die Fahrt nach Süden auf der *Carretera del Tranco* (A319) geht zunächst flott voran. Je mehr wir uns der „Hauptstadt" nähern, um so touristischer zeigt sich die *Sierra Cazorla*. Offenbar ist heute, am 1. Mai, Eröffnung der Zelt- und Wandersaison, denn es kommen uns viele Fahrzeuge mit Campinggepäck entgegen. Stellplätze in der Nähe der Straße gibt es so gut wie nicht mehr, denn die Polizei verscheucht – wie wir hören – alle Reisemobilisten. Bei Km 45,2 folgt die einzige Tankstelle an dieser Straße. 4000 m weiter überqueren wir den *Río Guadalquivir* wieder einmal, hier ein zahmes Flüsschen noch.

Die A 319 wird jetzt etwas enger, so dass Begegnungen mit Bussen und Trucks schon die Wachsamkeit des Fahrers erfordern. Besonders reizvoll wirkt die *Carretera del Tranco* an den Stellen, wo sie als Allee angelegt ist. In den kleinen Orten wird der berühmte **Cazorla-Schinken** angeboten, der angeblich genauso gut wie der aus *Jabugo*, dafür aber billiger ist. Es folgt ein typischer Urlaubsort: ARROYO FRÍO. Das muntere Treiben erinnert stark an die österreichischen Wanderorte. An der Gabelung bei Km 32 geht es links zum Campingplatz *Puente de las Herrerías* an der JF-7092 (für Womos bis 6 m), 3 km südlich von VADILLO CASTRIL, von wo herrliche Wanderwege in die Bergwelt der *Cerrada del Utrero* (s. Dumler Nr. 29) sowie mehrere Mountainbikepisten abgehen. Hier ist die wahre Ruhe zu finden. Im Fluss kann man baden. PK 1

Bergcamping [**023.2:** N37° 54' 22.7" W2° 56' 08.7"]

Wir biegen aber der Hauptstraße folgend nach rechts ab. Bei Km 28,2 kommen wir auf den 1183 m hohen Pass *Puerto de las Palomas,* wo die einst verbrannte Waldfläche inzwischen wieder aufgeforstet ist. Auf der gegenüberliegenden Seite des Passes haben wir von einem kleinen Rastplatz aus einen herrlichen Weitblick auf die Berge mit Olivenhainen, so weit das Auge reicht.

Ab BURUNCHEL, wo wir beim Tanken unsere Berliner Freunde treffen, wird die Straße breiter, bis CAZORLA in Sicht kommt. 2 km davor liegt LA IRUELA mit der Burgruine auf dem spitzen Felsen, ein schönes Bild! Eine **Quelle** gibt es an der A 319 bei Km 18,3.

In CAZORLA, etwas außerhalb des Naturparks gelegen, geraten wir in einen dicken Stau. Nichts geht mehr, weil ein Trauerzug mitten durch die Innenstadt zieht. An Parken ist in dem engen Zentrum gar nicht zu denken, denn alles ist total verstopft. Um das hübsche Städtchen dennoch besichtigen zu

La Iruela

Cazorla - Blick von Westen

können, finden wir am westlichen Rand der 8000-Seelen-Gemeinde überraschenderweise einen riesigen Parkplatz, der wohl erst vor kurzem angelegt wurde, vermutlich für Märkte und Festivals, von denen die bekanntesten das *Festival Internacional de Blues* und das Theaterfest sind.

(023.3) WOMO-Stellplatz: Cazorla

GPS: N37° 54' 39.2" W3° 00' 21.9"
Calle Río Cerezuelo;
max. WOMOs: 20
Ausstattung/Lage: Müllcontainer, Läden, Restaurants / im Ort
Zufahrt: A319 bis zum Ortszentrum (Plaza de la Constitución), rechts ab in C. Cronista Lorenzo Polaino, nach 360 m rechts
Wichtig: Den Platz nie vor Feiertagen / Wochenenden anfahren!

Von hier aus haben wir einen grandiosen Blick auf die Berge der **Peña de los Halcones**, von denen mit 1847 m der **Gilillo** der höchste ist und in der tief stehenden Abendsonne herrlich rot leuchtet. Gudrun kocht etwas Schönes, und wir freuen uns auf einen ruhigen Abend. Aber es soll anders kommen! Wir parken vor einigen flachen Gebäuden an der rechten Seite des Platzes. Wir hören zunehmend Stimmen um uns herum. Ein Blick aus dem Fenster zeigt, dass gerade die gesamte Ortsjugend hier wohl ein Treffen organisiert hat. Dann werden Ghetto-Blasters mit Heavy-Metal-Musik eingeschaltet und immer lauter gedreht. Wir flüchten mit dem Womo auf die entgegengesetzte Seite des Areals. Es kommen immer mehr

Cazorla und die Peña de los Halcones

junge Leute, PKW mit geöffneten Türen blöken wummernd Popmusik in die Nacht. Komasaufen ist angesagt! Erst gegen drei Uhr morgens verzieht sich die Menge langsam. Was wir nicht wissen: Am nächsten Tag ist der spanische Nationalfeiertag „*Día de la Hispanidad*", an dem alle ausschlafen können. Aber der ist ja nur einmal im Jahr am 12. Oktober, der Tag, an dem 1492 Christoph Kolumbus die Bahamas erreichte. **Fazit:** Nie vor Feiertagen und Wochenenden anreisen und übernachten.

Den Campingplatz von CAZORLA, 1400 m südwestlich, wollen wir wieder aufsuchen. Eine rührige Holländerin leitet ihn jetzt. Durch neue Stellflächen können trotz der steilen Zufahrt auch Womos den äußerst preiswerten Platz anfahren.

(023.4) WOMO-Campingplatz-Tipp: San Isicio

GPS: N37° 54' 18.6" W3° 00' 49.5"; Camino San Isicio; **offen:** 1.3.-1.11.
Ausstattung: einfach, PK1, schattig; Pool, Laden; E&V; <u>Fußweg zur Stadt</u>;
Fon 953721280; campingcortijo.com; campingcortijo@hotmail.com
Zufahrt: A319 Richtung Peal d.B., 900 m links ab auf A322, beschildert
Nicht vom Navi leiten lassen, denn dann geht's durch engste Gassen!

Neben einigen Kirchen aus dem 17. Jahrhundert und anderen sehenswerten Barock- und Renaissancebauten sowie der pittoresken *Plaza Santa María* sollte man im Süden der Stadt die gut erhaltene Festung *La Yedra* (9. / 14. Jh.), in der das *Museo del Alto Guadalquivir* untergebracht ist, nicht versäumen. 800 m südlich (Luftlinie) liegen weitere Burgen von CAZORLA, die *Castillos de Cinco Esquinas* und *Salvatierra*, auf einem 1178 m hohen Berg, der erwandert werden muss. Die OTs und *„Quercus"* (Seite 12 - 15) vermitteln geführte Touren und erteilen Auskünfte an der *Plaza de la Constitución*. Selbst eine Stierkampfarena gibt es in diesem Städtchen.

Von hier aus wäre ein interessanter Abstecher möglich: Über A322/A315 nach QUESADA, dann auf der A6206 bis TISCAR, rechts zur *Cueva del Agua*. [023.5 N37° 45' 54.6" W3° 01' 12.5"] Ein sehenswertes Naturschauspiel: Tosende Wassermassen donnern durch die Höhlen.

Wir verlassen schon bald CAZORLA und gelangen über die A319, A315 und N322 in einer knappen Stunde nach **ÚBEDA**, einer der Hochburgen andalusischer Renaissance. Wir nehmen von der N322 die <u>erste</u> Zufahrt .

Úbeda: Sacra Capilla del Salvador

Fast alle Sehenswürdigkeiten sind im Südosten von ÚBEDA rund um die **Plaza Vázquez de Molina** angeordnet. Wir finden im Süden der Innenstadt einen etwas schrägen Parkplatz in der *Prior Monteagudo*, nachdem wir den Wegweisern „*Centro*" und „*Oficina de Turismo*" gefolgt sind. Einige Schritte bergauf und wir können die Prachtbauten spanischer Baukunst

bewundern: Die Kirchen **Sacra Capilla del Salvador, Santa María de los Alcázares**, die Paläste **Las Cadenas, Francisco de los Cobos, Parador Nacional Condestable Dávalos** und **Marqués de Mancera**. In ÚBEDA kann man je nach Kunstinteresse viele Stunden mit Besichtigungen verbringen. Aus Platzgründen verzichten wir auf die detaillierte Beschreibung der zahlreichen Sehenswürdigkeiten. Die empfohlenen Reiseführer (s. „Literatur") würden hier beispielsweise gute Dienste leisten. Zweite Renaissance-Hochburg ist das benachbarte **BAEZA**, auf der A316 nur 9 km westlich von ÚBEDA. Wir nehmen die erste Abfahrt und biegen vor der Altstadt nach links in die *Avenida de Baldomero Rubio* ab und parken unter jungen Bäumen an der **Plaza de Toros**. Der Platz vor der Stierkampfarena ist zum Übernachten geeignet, obwohl sich ab und an hier junge Leute abends zum Musizieren und Plaudern treffen.

(024) WOMO-Stellplatz: Baeza (Plaza de Toros)

GPS: N37° 59' 39.3" W3° 27' 40.4"; C. Andrés Segovia;**max. WOMOs:** 2
Ausstattung/Lage: Müllcontainer; Altstadt mit vielen Restaurants zu Fuß
erreichbar; Wochenmarkt stört früh. / im Ort
Zufahrt: A316, AS Baeza-Este, nach 4 km links auf C. Pons Sorolla,
100 m rechts, 200 m links Av. de Baldomero Rubio

Parken in der Innenstadt ist wochentags auf dem *Paseo de la Constitución / Plaza de España* möglich. Von dieser gepflegten Grünanlage im Zentrum der Stadt beginnen wir unseren Rundgang durch eine Wunderwelt der Gotik und Renaissance.

Baeza: Plaza del Pópulo

Wie in ÚBEDA können hier kunsthistorisch Interessierte tagelang Besichtigungen machen. Begnügen wir uns mit den Highlights: Auf der viel fotografierten *Plaza del Pópulo*, die sich südlich dem *Paseo de la Constitución* anschließt, finden wir die *Fuente de los Leones* (Löwenbrunnen), die *Antigua Carnicería* (Alte Fleischerei), vor Kopf die *Casa del Pópulo* (Gericht, heute **Tourist Info**) und die *Puerta de Jaén* mit dem *Arco de Villalar.* Wir

gehen links des Gerichts durch die Gasse *Romanones* zur **Plaza Santa Cruz**, die von mächtigen Prachtbauten umgeben ist: dem **Universitätsgebäude (1542)**, dem *Palacio de Jabalquinto* (15. Jh.) und der spätromanischen Kirche **Santa Cruz.** Ein paar Schritte weiter schließt sich die **Plaza Santa María** mit der gewaltigen maurisch-gotischen **Kathedrale** gleichen Namens (13. / 16. Jh.) an, davor plätschert der Brunnen **Fuente de Santa María**, der wie ein kleiner Triumphbogen aussieht. Es gäbe noch viel zu sehen, aber für heute ist unser Hunger nach Historie erst einmal gedeckt, denn unser Magen meldet sich. Nachdem wir in einem der vielen Straßenrestaurants gut und preiswert gegessen haben, wandern wir durch die *Calle de San Pablo* zu unserem Stellplatz und verbringen eine (fast) ungestörte Nacht.

Unser nächstes Ziel ist BAÑOS DE LA ENCINA, ein mittelalterliches Städtchen, in dem die Zeit stehen geblieben scheint. Wir orientieren uns auf A6101 über IBROS zur N322, umgehen die Bergbaustadt LINARES und gelangen auf die A32. Schon nach 8 km wechseln wir auf die A 44, die in die A4 mündet, in die wir in Richtung MADRID einbiegen. Nach 4 km verlassen wir die Autobahn bei AS 288 und rollen auf der JA4100 unserem Tagesziel entgegen. Auf der 6 km langen Zufahrtsstraße halten wir immer wieder an, weil der Fernblick auf diese kleine Festungsstadt mit der mächtigen Burgruine auf der Spitze uns fasziniert. Rechts der Straße fährt ein Bauer gerade die erste Getreideernte des Jahres ein, zur Linken hackt ein anderer den Boden der Obstplantage locker.

In **BAÑOS DE LA ENCINA** angekommen, fahren wir durch das Gassengewirr mit unserem schlanken Reisemobil frech

Baños de la Encina

Baños de la Encina: Festung Burgalimar

bis vor die Burg, indem wir uns immer nach dem Wegweiser *„Castello"* richten. Die Eigner größerer Fahrzeuge halten an der Bushaltestelle auf einem geräumigen **Parkplatz:** [**024.1** N38° 10' 17.5" W3° 46' 31.8"]. Während wir etwas

ratlos vor der mächtigen maurischen Burgruine stehen, hören wir einen schrillen Pfiff aus einer Ecke der Vorplatzes und entdecken einen alten Mann, der mit einem dicken Schlüsselbund in der Hand klingelt. Wir signalisieren Zustimmung und schon wird das große Burgtor mit einem riesigen Schlüssel für uns geöffnet. (Mittlerweile bietet man dienstags bis freitags halbstündlich Führungen an.) Der Wächter erklärt uns auf spanisch: Die gigantische Burganlage mit 14 Tür-

Schlüsselübergabe

men ist über 1000 Jahre alt. Wir lesen später nach sie wurde von dem maurischen Fürsten El Hakim 957 – 967 n. Chr. gebaut. Mit erstaunlicher Behändigkeit wieselt der Alte die geländerlosen Treppen hinauf und animiert uns, es ihm gleich zu tun. Wir turnen ein wenig auf den Treppen und Wehrgängen im Inneren der **Festung *Burgalimar*** herum, da entdekke ich eine Treppe im Hauptturm ***Torre de Homenaje***. Da Gudrun öfter klaustrophobische Anwandlungen hat, schnaufe

Baños de la Encina: Innenhof Festung Burgalimar

ich allein die stockdunkle Wendeltreppe hinauf. Von der Plattform auf der Spitze habe ich einen traumhaften Rundblick und lasse den Auslöser der neuen Digitalkamera rattern. Im Norden – zum Greifen nahe – liegt der tief-

Blick vom Torre de Homenaje zum Stausee

blaue Stausee **Embalse de Rumblar**, umgeben von einer wilden Wald- und Karstlandschaft. In der quälenden Mittagshitze klickt es sofort bei mir: Zu diesem See müssen wir unbedingt hin!

Wieder unten angekommen, erzählt uns der alte Burgwächter von einer schönen *„Playa".* Wir wundern uns ein wenig darüber, denn vom Meer sind wir sehr weit entfernt. Schließlich stellt sich heraus, dass er den „Dorfstrand" am Stausee meint, den ich soeben sehnsüchtig von oben bestaunt hatte. Er erklärt uns noch den Weg dorthin, und wir verabschieden uns von ihm, nicht ohne ein dickes Trinkgeld zu hinterlassen.

Wir fahren zu dem erwähnten Parkplatz am Busstop gegenüber dem Hotel *„Mirasierra"* und verfolgen die leicht bergauf

Embalse del Rumblar

führende *Avenida José Louis Messia* – Wegweiser „*Consultorio Medico*". Nach 850 m biegen wir an der Gabelung links ab. Es geht leicht bergab, und nach 1700 m zweigt in einer Rechtskurve ein Fahrweg links in den Wald hinein ab. Fährt man auf der Teerstraße weiter, so kommt man an den „Dorfbadeplatz", der sich wegen Schräglage nicht als WOMO-Stellplatz eignet.

Wir rumpeln also auf dem Waldweg etwa 550 m weiter und erreichen in einer Art Spitzkehre eine vom See umgebene, schmale Landzunge, auf der schon ein Wohnmobil „Marke Eigenbau" mit Schweizer Kennzeichen residiert. Wir kommen mit den Bewohnern, einem deutschen Paar, schnell ins Gespräch und erfahren, dass die beiden „Eremiten" mit ihrem Schäferhund hier schon seit mehreren Monaten kampieren, um dem nasskalten deutschen Wetter zu entfliehen. Die beiden haben sich alles praktisch eingerichtet, eine große Grillstelle ist auch da. Wir haben die Wahl, hier oben auf der Halbinsel zu bleiben oder weiter unterhalb, der Spitzkehre des Weges folgend, in kleinen Nischen im Wald zu stehen.

(025) WOMO-Badeplatz: Embalse del Rumblar

GPS: N38° 10' 36.6" W3° 47' 55.3"
Camino de los Llanes
max. WOMOs: 2
Ausstattung/Lage: Müllcontainer, Bademöglichkeit / außerorts
Zufahrt: A4 AS 288, A6100, Baños de la E. (Busparkplatz) links bergauf in die Av. J. L. Messia, nach 800 m links ab, nach 1700 m links auf Fahrweg, 500 m

Wir entschließen uns für oben. Es ist ein paradiesischer Fleck. Der See liegt wie ein stahlblauer Spiegel ein paar Meter unter uns, und die Sonne strahlt heiß vom Himmel. Bevor unser Gefährt richtig steht, haben wir Badezeug an und klettern den seichten Abhang hinunter zum See. Das Wasser ist warm und glasklar; kein Wunder, denn es handelt sich ja um einen Trinkwasserstausee. Wir liegen anschließend noch eine ganze Weile auf den warmen, dunklen Steinen der Böschung.

Unsere Nachbarn schicken sich an, das Feuer unter dem Grill anzuzünden, denn Brotbacken steht heute auf dem Programm. Unserem ungläubigen Blick folgend erklärt man uns , dass man hier in der Gegend häufig Brot über dem offenen Feuer backt. Wir sind gespannt.

Da unser Kühlschrank nichts Grillbares hergibt, fahren wir noch schnell die drei km mit dem Fahrrad in den Ort zum Einkaufen. Als wir zurückkommen, bäckt schon das flache Landbrot auf dem Rost. Das Brot wird zwar dunkel, vielleicht sehr dunkel, aber das Innere schmeckt köstlich, wie wir später feststellen. Der Schäferhund streicht ganz nervös um die Feuerstelle, denn er weiß ja, dass es bald etwas zu knacken gibt. Wir lassen unsere zarten Lammkoteletts gleich anschließend auf der Glut brutzeln und genießen sie bei süffigem spanischen Rotwein. Wir revanchieren uns für die Einladung zum Grillfeuer mit einigen Gläschen spanischem Brandy - nur zur Verdauung, versteht sich. Ich hole meine Mundharmonika heraus und versuche ein paar Fahrtenlieder. Die anderen summen leise mit. Muss auch mal sein...

Am nächsten Tag wird geschwommen, gelesen, gesonnt und gefaulenzt, bei 28,2 Grad Celsius sicherlich berechtigt.

Die *Sierra de Andújar* innerhalb der großen *Sierra Morena* ist nicht weit und verspricht uns Schönheiten, die der Massentourismus bisher nicht erreicht hat. Über die JA4100 sind wir schnell wieder auf der A4 / E 5, um nach Südwesten einzuschwenken.

Die Stadt **ANDÚJAR** ist in 20 Minuten erreicht. Am zweiten Kreisverkehr liegt ein Einkaufszentrum mit einem deutschen Discounter, wo wir unsere Vorräte auffüllen. Die Stadt selbst ist sehenswert, also suchen wir einen Halteplatz. In der verwinkelten Altstadt ist es fast aussichtslos, aber wir finden tatsächlich einen kleinen Parkplatz an der *Calle de Compostela,* in der Nähe der **Tourist Info** und der Kirche *Santa María la Mayor.* Diese Kirche ist berühmt, weil darin die Gemälde „**Christus am Ölberg"** von **El Greco** und „**Die unbefleckte Jungfrau"** von **Pacheco** zu bestaunen sind. Weitere Parkplätze gibt es an der *Plaza de Abastos* (500 m nördlich) am *Parque S. Eufrasio –* etwa 1000 m nordöstlich. Auf der *Plaza de España* findet vor der malerischen Kulisse der Kirche *San Miguel* gerade eine Hochzeit statt, und Kutschen mit prächtig geschmückten Pferden warten auf das Brautpaar und die Gäste. Gudrun kann sich von

Andújar: Kirche San Miguel

dem Anblick kaum losreißen! An der Nordseite des Platzes leuchtet in rosa und gelb ein prächtiges Torhaus, hinter dem sich die parkähnliche *Plaza de la Constitución* verbirgt.
Ein Übernachtungsplatz muss her! Campingplätze gibt es in der ganzen Gegend nicht. Wir fahren zum Kreisverkehr am Einkaufszentrum zurück und biegen in die Straße A6177 in Richtung *„Santuario Virgen de la Cabeza"* ein. Nach 2,5 km finden wir linker Hand das Restaurant *„El Tropezon"* mit einem großen, schattigen Parkplatz vor. Wir kehren ein, lassen uns bei einem Krug Sangría eine leckere Grillplatte zu moderaten Preisen schmecken. Man hat nichts gegen eine Übernachtung und so fallen wir gegen Mitternacht zufrieden in unsere Betten.

(026) Gasthaus-Stellplatz: El Tropezon

GPS: N38° 03' 14.6" W4° 01' 02.7"; an A6177;   **max. WOMOs:** 2
Ausstattung/Lage: Wasser, Müllcontainer, schattig / Ortsnähe.
Zufahrt: A4/E5, AS 321, A6177 WW Virgen de la Cabeza, bei km 3,0
Sonstiges: Wegen Parkverkehr erst ab Mitternacht ruhig.

8 km weiter gibt es noch eine Übernachtungsmöglichkeit:

(027) Gasthaus-Stellplatz: La Tienda de Miguel

GPS: N38° 07' 41.7" W3° 57' 59.0"; an A6177;   **max. WOMOs:** 2
Ausstattung/Lage: schattig, Essen jetzt gegenüber / außerorts
Zufahrt: wie 026, 8 km weiter
Sonstiges: Der Parkplatz hinter dem Gasthaus ist sehr ruhig.

Am nächsten Morgen fahren wir auf der selben Straße weiter in Richtung *Santuario Virgen de la Cabeza.* Nach 12 km erreichen wir das Dörfchen LAS VIÑAS DE PEÑALLANA, in der die offizielle **Tourist Info** (*„Centro de Visitantes del Parque Natural"*) des Naturschutzgebietes *„Sierras de Andújar"* umfangreiches Prospektmaterial über das Gebiet, besonders Wanderwege, bereithält.
Bei Km 22,3 biegen wir hinter einem Brückchen nach rechts in einen Schotterweg ein. Hier beginnt einer der größten Picknickplätze unserer gesamten Südspanientour. In den romantischen Auen des *Río Jándula* gibt es auf einer Länge von einem halben Kilometer Steintische und -bänke sowie Grillstellen aus Granitblöcken. Familien und Freizeitgruppen verbringen hier bei herrlichstem Wetter den Tag oder das ganze Wochenende. Auch ein paar Zelte und WOMOs sind am Flussufer platziert. Eine Männergruppe lädt uns zum Essen ein.

WOMO-Picknickplätze: Río Jándula

(028) GPS: N38° 09' 10.5" W4° 00' 51.8"; an A6177 **max. WOMOs:** 5-6
(029) GPS: N38° 09' 52.1" W3° 59' 43.0"; an A6177 **max. WOMOs:** 1-2
Ausstattung/Lage: Tische, Bänke, Grills, Müllcontainer / außerorts
(028) Zufahrt: A6177 bei Km 22,3 rechts, Schotterweg, 100 - 600 m.
(029) Zufahrt: wie vor, jedoch 2 km weiter, bis zum Staudamm
Besonderes: An Wochenenden ist mit viel Betrieb zu rechnen.

2000 m weiter bietet sich ein weiterer Ruheplatz unter Bäumen am Staudamm des *Embalse de El Encinarejo* an. Weiter auf dem Schotterweg erreichen wir schnell die Staumauer des kleinen Stausees, der weiter nördlich in den *Embalse del Jándula* übergeht. (Picknickplatz Nr. 029) Ein Brückchen führt rechts über den Fluss nach EL ENCINAREJO.

Río Jándula

Unsere Neugier lässt uns den Fahrweg nach links weiter verfolgen, wobei wir wegen der tiefen Schlaglöcher schon an Umkehr denken. Aber nach 2000 m hat sich die kleine Tortur gelohnt, denn wir finden am **Embalse de El Encinarejo** einen herrlichen Sandstrand vor. Einige Kinder und Halbwüchsige vergnügen sich planschend im See. Eine Jugendgruppe baut geräuschvoll ein paar kleine Zelte auf. 150 m weiter liegt oberhalb des Sees ein großer, ebener Parkplatz, auf dem wir ganz allein stehen. Der bernsteinfarbene Strand breitet sich direkt unter uns aus. Der Badenachmittag kann beginnen!

(030) WOMO-Badeplatz: Embalse de El Encinarejo

GPS: N38° 10' 13.0" W3° 59' 28.6"; an A6177;   **max. WOMOs:** 5-6
Ausstattung/Lage : Müllcontainer, schattig, Badestrand / außerorts
Zufahrt: von (029) 2 km bis Staudamm, links ab, 2000 m Holperstrecke
Besonderes: Manchmal kontrolliert die Parkaufsicht und „meckert"

Langsam rollen wir die 3800 m zur Hauptstraße zurück, nicht

ohne bei unseren Gastgebern von vorhin nochmals Hallo zu sagen. Es wird noch emsig gegrillt, gebrutzelt und Sangría getrunken. Appetit und Durst scheinen endlos zu sein...
Wir biegen rechts in die A6177 ein. Schon nach 5,2 km folgt links ein weiterer Picknickplatz, den man schon von Weitem an dem lustigen Denkmal aus Felsbrocken, auf denen ein Schweinchen thront, erken-

nen kann. Leider kann der Platz mit dem WOMO nicht mehr angefahren werden. Gegenüber geht nach rechts ein Sträßchen zur **Virgen Doña Rosa**. Bei Km 30,5 folgt links der kleine Wanderparkplatz *„El Jabali"*. Eine Schautafel beschreibt eine dreieinhalbstündige Streckenwanderung, die über 6 km zum **Embalse de El Encinarejo** und durch die Auen des **Río Jándula** führt. Ein 2 km langer Fußweg zum Heiligtum **Santuario Virgen de la Cabeza** startet ebenfalls hier.

---

(031) WOMO-Wanderparkplatz: El Jabali

GPS: N38° 11' 17.0" W4° 02' 11.9"; an A6178;   **max. WOMOs:** 2 - 3
Ausstattung/Lage: Müllcontainer, Wandertafel, schattig / außerorts
Zufahrt: A6177, dann A6178, bei Km 30,5, links
Sonstiges: Fußweg zum Heiligtum

Da dieses Mal unsere Wanderlust nicht allzu groß ist, bevorzugen wir die Motorkraft, um in wenigen Minuten an dem **Heiligtum von *Cabeza*** einzutreffen.

Als wir diesen Platz entdeckten, war hier himmlische Ruhe und die Sonne schien. Bei unserem zweiten Besuch gerieten wir in die *„Romería de la Cabeza"* und es regnete auf dem gigantischen Zeltplatz in Strömen. **Am letzten April-Wochenende** pilgern nämlich hierher Zig-Tausende von Gläubigen zur **Nuestra Señora de la Cabeza** und übernachten im Freien.

Santuario (Heiligtum) Virgen de la Cabeza

(032) WOMO-Stellplatz: Santuario Virgen de la Cabeza

GPS: N38° 10' 54.1" W4° 02' 24.2"
an A6178;
max. WOMOs: 10 - 20
Ausstattung/Lage: Müllcontainer, WC und Wasser (Saison) am Sanitär-Haus / außerorts
Zufahrt: JA6178 bei Km 31 links, dann noch ca 2 km.
Hinweis: Nicht am letzten April-Wochenende besuchen. Romería!

Damals kletterten wir den Berg zu den Heiligtümern hoch und hatten von hier aus einen zauberhaften Panoramablick über die herrliche Landschaft. Eine moderne, etwa 15 m hohe Madonnenstatue ziert den Vorplatz am Ende der breiten, steilen Treppe. In der Kapelle des im Bürgerkrieg zerstörten ehemaligen Klosters aus dem 13. Jahrhundert sind an den Wänden eines tunnelartigen Raumes zahlreiche Überbleibsel von überstandenen Krankheiten und Gebrechen befestigt.

Der frühere Brunnen wurde leider entfernt. Während des Romería-Zeltlagers im April gibt es wohl eine Wasser- und Stromversorgung. Die meisten Restaurants sind nur in der Hauptsaison geöffnet, so dass wir damals das Abendessen selbst zubereiteten. Auf der rie-

Nuestra Señora de la Cabeza

sigen Wiese am Fuß des Kirchberges kommt man sich etwas verloren vor, aber bei einer **Romería** (Pilgerfahrt) lagern hier große Menschenmassen, die feiern und fröhlich sind. **Heute** wissen wir, wie eine solche Großveranstaltung abläuft. An Übernachten ist gar nicht zu denken, weil jeder Quadratmeter mit Zelten und Wohnwagen belegt ist. Wir flüchten zurück nach LAS VIÑAS, wo wir nach einem preiswerten Essen hinterm Gasthaus gut schlafen.

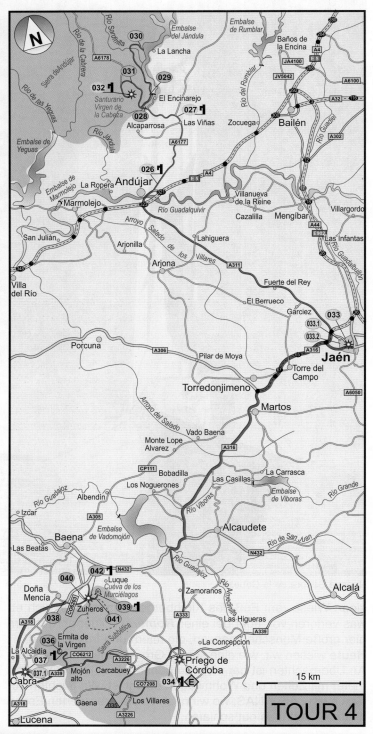

TOUR 4 (236 km / 5 - 6 Tage)

Jaén - Priego de Córdoba - Sierra Subbética - Cabra - Ermita Virgen de la Sierra - Zuheros

Freie Übernachtung:	Jaén, Priego de Córdoba, Cabra, Ermita Virgen de la Sierra, Doña Mencía, 4x Zuheros.
Ver-/Entsorgung:	Priego de Córdoba, CP Los Villares.
Trinkwasserstellen:	Priego de Córdoba, Ermita Virgen de la Sierra, Zuheros.
Campingplätze:	Los Villares.
Besichtigen:	Jaén, Priego de Córdoba, Cabra, Zuheros.
Wandern:	Sierra Subbética, Canyon des Río Bailón.
Essen:	Parador Nacional, Jaén; Los Palancos, Zuheros.

Es wird Zeit, dass wir der alten Provinzmetropole **JAÉN** einen Besuch abstatten. Auf der A6177 sind wir in einer knappen Stunde wieder in ANDÚJAR, orientieren uns nach JAÉN und gelangen auf der ländlichen A311 nach 45 km in die von Olivenhainen umgebene Hauptstadt, nachdem wir uns auf dem Autobahnring erst ein Stück nach Osten, dann nach Süden bewegt haben und den Schildern *„Centro"* gefolgt sind. Auf der Ausfallstraße *Avenida de Madrid* geht's bis zur *Avenida de Granada,* in die wir nach links einbiegen, 400 m weiter wieder links - WW *„Plaza de Toros"* und *„Convento de Bernardas".*

Jaén: Innenstadt mit Kathedrale Santa María

Neben dem kleinen Park *Alameda de Calvo Sotelo* ergattern wir einen Gratisparkplatz am Straßenrand. Am *Plaza del Obispo García* findet man an Werktagen eine Reihe **Stellplätze** [**033.2:** N37° 46' 04.3" W3° 46' 58.7"]. 400 m weiter östlich gibt es in der Nähe der *Av. de Granada,* vor dem Kreisverkehr rechts ab in der *Crta. de la Guardia*, weiteren **Stellplatz** [**033.1:** N37° 46' 06.8" W3° 46' 40.9"], der gut frequentiert wird. Auch südlich der Kathedrale haben wir Straßenparkplätze am *Camino de Fuente de la Peña* gesehen. Auf dem breiten *Paeso España* (Neubaugebiet)kann man es auch versuchen.

Von der *Alameda de Calvo Sotelo* brechen wir zu Fuß auf, um die geschichtsträchtige Stadt zu besichtigen. Als Erstes besorgen wir uns einen Stadtplan in der **Tourist Info** in der *Calle Maestra*, die als Fußgängerbereich direkt vor der Kathedrale beginnt. Auf dem Weg dorthin passieren wir das **Convento de Bernardas** (1627), die **Iglesia de San Ildefonso** (14. Jh.) sowie die **Palacios de los Vélez** und **de los Nicuesa.** Mittelpunkt des Interesses aber ist die gewaltige **Kathedrale Santa María**, die auf den Resten einer Moschee Anfang des 16. Jahr-

Kathedrale Santa María

hunderts begonnen und erst knapp 300 Jahre später fertig gestellt wurde. Das Innere der Renaissance-Kirche, in der auch gotische und barocke Elemente festzustellen sind, ist absolut sehenswert. Geöffnet täglich vormittags und am frühen Abend.

Unser Stadtrundgang führt durch die *Calle Maestra* zur **Plaza de la Audencia** mit dem **Arco de San Lorenzo**, weiter auf der *Avenida Martinez de Molina* zur **Capilla de San Andrés** (16. Jh.), um schließlich zur größten maurischen Badeanlage Spaniens, den **Baños Árabes de Jaén** (11. Jh.) unter dem **Palacio de Villadompardo** zu gelangen. Sehenswert! Es schließt sich das Kloster **Real Monasterio de Santo Domingo** an. Drei Straßen weiter folgt die älteste Kirche von JAÉN, die **Iglesia de la Magdalena**, nach der das Stadtviertel mit vielen pittoresken Gassen benannt wurde.

Das Wahrzeichen von JAÉN ist jedoch die gewaltige Burg **Castillo de Santa Catalina** auf der Spitze eines kegelförmigen Berges, der schon kilometerweit zu sehen ist. Die Wegweiser dorthinauf sind nicht immer eindeutig. Am besten folgt

man den Hinweisen zum **Parador Nacional**, dem in der Burg
untergebrachten 4-Sterne-Hotel. Nach einer 5 km langen, steilen Auffahrt gelangen wir direkt auf den Hotelparkplatz, auf
dem etliche Edelkarossen bereits abgestellt sind. Im Restaurant fragen wir, ob geöffnet ist und wir als Gäste vor dem Hotel parken dürfen, was man bejaht. Ein uniformierter Security-
Mann weist uns freundlich schräg gegenüber dem Hotelein-
gang einen schönen Platz an der Mauer an, von dem wir einen herrlichen Blick auf die Stadt und die gesamte Umgebung
haben. An der Art unseres Fahrzeugs nimmt er offenbar keinen Anstoß, auch nicht an der Frage, ob wir hier bis zum nächsten Morgen parken dürfen. Weiter hinten sind noch etliche
Parkplätze, von denen uns der Uniformierte jedoch abrät.

(033) WOMO-Restaurant-Stellplatz: Castillo de Santa Catalina

GPS: N37° 46' 04.0" W3° 48' 01.9"; an JV2221;   **max. WOMOs:** 1 – 2

Ausstattung/Lage: Müllcontai-
ner, Restaurant / Ortsrand
Zufahrt: WW „Castillo" folgen
Sonstiges: Parkplatz vor dem
Parador-Hotel ist nur für Cam-
pingbusse geeignet. Größere
WOMOs fahren weiter durch
oder finden Platz an der Auffahrt
in den Kehren, teilweise als
Picknickplätze ausgestattet.

Also machen wir uns stadtfein und lassen uns den Weg durch
lange Burgkorridore und Hallen zum Allerheiligsten des vor-
nehmen Hotels, dem Restaurant, erklären. Dort angekommen,
hat der *Chef de Rang* auf einmal keinen Tisch für uns frei,
obwohl wir vorher reserviert haben. Wir wandern also zurück
zum Empfang und beschweren uns dort. Man telefoniert mit
dem Restaurantchef, das Gespräch wird immer aufgeregter,
bis man sich gegenseitig lautstark die Meinung sagt. Der Emp-
fangschef bittet uns um Entschuldigung und lässt uns abermals
in den Gourmettempel geleiten.
Jetzt erhalten wir einen schönen
Tisch und genießen das Essen.
Der Abend wird zwar etwas teurer,
aber das Preisleistungsverhältnis
stimmt. Die Nacht auf dem Burg-
vorplatz verläuft störungsfrei.

Am nächsten Morgen schauen wir
uns das **Castillo de Santa Cata-**
lina an: eine richtig schöne alte Burg, allerdings größtenteils
Ruine! Öffnungszeiten: Di - So 10-14; 17-21 Uhr (15.5. - 15.10.)
bzw. 10-14; 15.30-19.30 Uhr (übrige Zeit).

Priego de Córdoba

Nach den vielen Stadtbesichtigungen zieht es uns wieder in die Natur. Dafür haben wir uns den *Parque Natural de la Sierra Subbética* vorgenommen, nur eine Stunde südwestlich von JAÉN entfernt. Wir ordnen uns auf dem etwas kompliziert erscheinenden Autobahnring in Richtung TORRE DEL CAMPO und CÓRDOBA auf die vierspurige A316 (später N432) ein. Nach 50 km, genau an der Grenze zur **Provinz Córdoba**, biegen wir nach „PRIEGO DE CÓRDOBA" ab. Wenige hundert Meter weiter kommen wir zum WOMO-Stellplatz im *Parque Niceto Alacalá Zamora* auf der linken Seite, einer der wenigen echten in Spanien.

(034) WOMO-Stellplatz: Priego de Córdoba

GPS: N37° 26' 37.1" W4° 12' 41.7"
Calle Infierno;   **max. WOMOs:** 10
Ausstattung/Lage: E&V,
Bodeneinlass, (meist) Frischwasser, Müllcontainer / im Ort
Zufahrt: A44 AS 36 auf A316, 47 km rechts auf N432, 3 km links auf A333, nach 20 km auf A339, 2. Ortszufahrt, nach 300 m links

Priego de Córdoba: Fuentes del Rey y de la Salud

Das sehenswerte Barockstädtchen möchten wir, allein schon wegen der berühmten **Fuentes del Rey** mit weit über 100 Fontänen und zahlreichen Statuen, nicht auslassen. Ein kleiner Stadtbummel lohnt sich wirklich, denn in der pittoresken Altstadt **Barrio de la Villa** scheint die Zeit des 17. und 18 Jahrhunderts still zu stehen. Auch das maurische **Castillo** sowie die Kirchen **Iglesia de la Asunción** (Spätgotik/Barock) mit Rokokokapelle und **Iglesia de la Aurora** (Barock) sind Ziel der wenigen Besucher. Die **Tourist Info** (Tel. 957700625) in der **Calle Río** hat montags geschlossen, ansonsten vormittags und am späten Nachmittag geöffnet.

Auf einer Schautafel vor dem feschen Rathaus machen wir ganz in der Nähe einen Campingplatz in LOS VILLARES aus. Der Weg dorthin ist aber nicht ganz einfach.

(035) Campingplatz-Tipp: Los Villares

GPS: N37° 24' 28.4" W4° 17' 38.2"; Casa Huerta;   **offen:** Sommer*
Ausstattung: PK 1; sehr einfacher, aber idyllischer Wanderzeltplatz; sehr primitive Sanitäreinrichtung, die ungepflegt sein kann; Ver- und Entsorgung notfalls möglich; Probleme mit Strom; nächster Ort: 6 km
Zufahrt: A339 Richtung Cabra, links ab auf CO7208, dann rechts ab auf A3226, 800 m rechts.   *Es gibt keine feste Regel!

Von hier aus kann man wunderschöne Wanderungen in der **Sierra de la Horconera** unternehmen. Wir schauen im Süden auf ein herrliches Bergpanorama, in dem **Pico Bermejo** (1474 m) und **La Tiñosa** (1568 m) wohl die höchsten Erhebungen sind. Auf dem Platz lernen wir einige Wanderer kennen, denen wir uns auf einer Tour nach RUTE am folgenden Morgen anschließen. Als Wanderkarte benutzen wir die *Mapa Guía „Parque Natural Sierras Subbéticas"*, die wir uns schon zu Hause besorgt haben.

Wanderung auf dem GR 7 nach Rute (17 km / 3 ¾ Stunden)

Auf der Landstraße A3226 gehen wir ca. 800 m nach Südosten bis zur Gabelung, dort nach rechts („Rute"), aber schon nach 400 m biegen wir in einen Weg nach links zum **Cortijo de los Arraiganes** ab, wo wir nach 700 m auf den Fernwanderweg **GR 7** (rot-weiß markiert) stoßen. Links führt dieser nach Priego de Córdoba (2 ¼ Stunden) und rechts nach Rute, also unser Weg. Auf der linken Seite erhebt sich eine steile Felswand, die wir durch die Bäume ab und zu sehen können. Auf dem Weg nach Südwesten achten wir immer auf die rot-weißen Markierungen und gelangen – vorbei am **Cortijo de Soto Bajo** – zum unbewohnten **Cortijo de Vichira**. (1 Stunde) Hier schwenken wir nach links und finden eine Wasserstelle auf der Rückseite des ehemaligen Bauernhofs. Dahinter führt ein schmaler Pfad nach rechts an einer Mauer und dann an einem Zaun entlang. Ein kleines Rinnsal wird überquert, danach müssen wir streng die Markierung beachten, weil der Pfad schwer auszumachen ist. Später führt er rechts vom Bach weg und wird durch die Steigung langsam etwas beschwerlich. Auf dem Berg schließlich treffen wir auf einen besser sichtbaren Weg, auf den wir nach rechts einbiegen. Zwischen den Olivenhainen und dem bergseitigen Pinienwald schlängelt sich nun der Weg, der auch schon mal durch Bachläufe und über Felsbrocken führt. Wichtig ist, dass wir immer am Rand des Kiefernwaldes bleiben und nicht in die Olivenplantagen geraten. Die GR-7-Markierung leitet

uns jetzt durch den ansteigenden Nadelwald. Hier und da haben wir schöne Ausblicke auf die unten liegende Landschaft, bis wir zu einem beschilderten *Mirador* (Panoramapunkt) gelangen. (2 ¾ Stunden) Die Aussicht ist einmalig, sogar die kleinen Städte im Norden sind zu erkennen. Wir gehen zurück zum Hauptweg und passieren beim Abwärtswandern bald einen

Picknickplatz und eine *Area Acampada* (Zeltplatz). Nach einer Gehzeit von insgesamt 3 ¾ Stunden wird das hübsche Städtchen **Rute** erreicht. Unsere Wanderfreunde hatten am Morgen ihren PKW hier deponiert, so dass wir nach einer Stärkung in einem der preiswerten Restaurants schnell wieder auf unserem Campingplatz in Los Villares sind. Die Rückfahrt mit öffentlichen Verkehrsmitteln ist ziemlich umständlich, wenn gar unmöglich.

Übrigens: Von diesem Wanderweg zweigt auch ein Pfad zum 1474 m hohen *Pico Bermejo* ab; wo genau, haben wir allerdings nicht erfahren. Der Campingplatzverwalter, der meistens nur stundenweise anwesend ist, gibt aber Auskunft.

Bevor wir CABRA ansteuern, wollen wir noch einen Abstecher zur *Ermita Virgen de la Sierra* machen. Rechts geht ein Sträßchen auf den 1210 m hohen Berg. Die kurvige 7 km lange Auffahrt zu der Pilgerstätte ist landschaftlich ein Hochgenuss. Dort oben finden wir einige kirchliche Bauten und einen schattigen, idyllischen Picknickplatz vor.

(036) WOMO-Picknickplatz: Ermita Virgen de la Sierra

GPS: N37° 29' 13.2" W4° 22' 49.4"; an CO6212;   **max. WOMOs:** 4
Ausstattung/Lage: Müllcontainer, Tische, Bänke, Wasser (ohne Normanschluss), Grillstellen, Waschbecken, WC / außerorts
Zufahrt: von 035 auf A3226 bis A339, links Richtung Cabra; WW Virgen de la Sierra nach rechts auf CO6212
Sonstiges: 50 m unterhalb der Gebäude ist noch ein gerader Parkplatz für größere WOMOs: **036.1** N37° 29' 18.9" W4° 22' 51.4"

Heute sind wir hier ganz allein. Außer dem märchenhaften Vogelgezwitscher herrscht wohltuende Stille. Am 3. Juni-Sonntag jedoch ist hier der Teufel los, wenn die *Romería de los Gitanos* von Tausenden von Sinti und Roma mit Tanz und

Ermita Virgen de la Sierra bei Cabra

Musik bis in die Nacht gefeiert wird. Und Anfang September läuft eine **feierliche Prozession** von hier aus nach CABRA. Die Aussicht von 1200 m Höhe in das umliegende Naturschutzgebiet ist herrlich. Ein paar Hundert Meter unterhalb kreuzt der Europawanderweg GR 7. Auch kann man von hier aus auf dem *Sendero* PRA 80 in einer Stunde nach CABRA wandern. Nach einer ausgiebigen Rast und Besichtigung der Kapelle treten wir den Rückweg zur A339 an und erreichen in wenigen Minuten die Römerstadt **CABRA** .

Wir passieren die *Plaza San Augustin* und biegen rechts in die *Calle Fuente* ein, die sich am Ende zu einem größeren Platz öffnet, auf dem teilweise Bauschutt lagert. Für eine Be-

Cabra: Santa Maria Ascensión

sichtigung der Kirche **San Juan Bautista** ist dies ein idealer Halteplatz. Wir sind gespannt auf eine der ältesten Kirchen Andalusiens, deren Ursprünge im 7. Jahrhundert liegen. Aber wir haben wieder einmal Pech. Das von alten Wohnhäusern eingeschlossene Gemäuer wird gerade innen restauriert, so dass wir unter den Kunststoffplanen nichts von den Schönheiten der römischen, westgotischen und maurischen Stilelemente erkennen können. Wir gehen zurück auf

die Hauptstraße und gelangen nach ein paar Hundert Metern stadteinwärts zu einem großen Park, in dessen Mitte einige Kioske Getränke und frische Garnelen anbieten, die wir uns natürlich im Schatten der hohen Bäume schmecken lassen. Wir wandern noch ein wenig durch das hübsche Städtchen, bestaunen unter Palmen die Renaissancekirche **Santa María Ascensión** und suchen nach einem Stellplatz, der auf einem großen Parkplatz am westlichen Ortsrand in Aussicht ist.

Um ihn zu erreichen, rollen wir parallel zur Altstadt auf einer Allee (*Cuesta de los Barreros*) nach Süden; die Straße macht vor einem größeren Platz einen Schwenk nach rechts, dann folgt links die Einfahrt zu dem großen Parkplatz.

Vor Jahren sind wir versehentlich mit dem Womo in das Gassengewirr der Altstadt geraten und hatten unsere liebe Not, wieder herauszukommen. Also: Vorsicht!

(037) WOMO-Stellplatz: Cabra

GPS: N37° 28' 27.8" W4° 26' 44.1"
Calle del los Barreros
max. WOMOs: 6
Ausstattung/Lage: MC, schattig, abends evtl. laut / im Ort
Zufahrt: s. Text
Im Osten der Stadt, der Calle Juanita de Larga, liegt mit **E&V**-Anlage ein **weiterer Stellplatz:**
037.1 N37° 27' 58.3" W4° 25' 26.0".

350 m nordöstlich vom Platz 037 gibt es nach dem Schild eine Entsorgungsstelle, die schwer zu finden ist. [**037.2 GPS:** N37° 28' 35.5" W4° 26' 31.9"]. Hier darf man aber nur maximal zwei Stunden parken. Nach einem ausgiebigen Bummel durch Cabras Altstadt machen

wir uns auf den Weg nach ZUHEROS, einem malerischen Dorf am Fuß eines steilen Felsens, auf dem die Almuhaden-burg **Castillo de Allende** seit dem 12. Jahrhundert thront. Am Abzweig von der A318 zur CO6203 – gegenüber geht es nach DOÑA MENCÍA – gibt es rechts einen großen Picknickplatz neben dem Gasthaus „Cantina".

(038) WOMO-Picknickplatz: Doña Mencía

GPS: N37° 32' 47.9" W4° 21' 05.7" an A318/CO6203;
max. WOMOs: 8
Ausstattung/Lage: Müllcontainer, Gasthaus / außerorts
Zufahrt: A318, am Abzweig nach Zuheros (CO6203)
Sonstiges: durch die A 318-Nähe nicht ganz ruhig, junge Bäume nehmen aber den Lärm zum Teil

Auf der schmalen CO6203 erreichen wir nach 2500 m eine Gabelung: Links über ein Brückchen geht es zu den **Cuevas de los Murciélagos (Fledermaushöhlen)** und geradeaus nach ZUHEROS. Wir wollen erst zu den berühmten Tropf-steinhöhlen. Eine kurvige Bergstraße führt steil nach oben, bis wir nach knapp 5 km vor der Höhle eintreffen. Ein paar Touristen stehen etwas ratlos davor. Wieder einmal Pech! Die Führungen sind nur an Wochenenden und Feiertagen: Vom

Blick von oben auf Zucheros

1.4. bis 30.9. um 11.00, 12.30, 14.00 18.00 und 19.30 Uhr, vom 1.10. bis 31.3. um 11.00, 12.30, 14.00, 16.00 und 17.30 Uhr. Gruppen ab zehn Personen können sich auch wochentags nach telefonischer Anmeldung (Fon 957 694545) durch die 800 m langen Höhlengänge führen lassen. 35.000 Jahre alte Felszeichnungen aus dem Paläolithikum, aus dem auch unser Neandertaler stammt, sind ein viel beachteter Höhepunkt. 700 Stufen wurden seit der Entdeckung der Höhle 1868 für Besucher geschlagen. Da es unten mit durchschnittlich 9 ° C recht frisch ist, sei passende Kleidung angeraten.

Bevor wir zum Ort zurückfahren, entdecken wir auf der früheren felsigen Wiese einen schmucken Picknickplatz mit einem Neubau, der die Tourist Info und Toiletten beherbergt. Tische und Bänke sowie eine Grillstelle laden zum Verweilen ein.

(039) WOMO-Picknickplatz: Zuheros I

GPS: N37° 32' 24.0 W4° 18' 22.7"
an CO6210;
max. WOMOs: 4 – 5
Ausstattung/Lage: Tische, Bänke, Grillstelle, WC (auch für Behinderte), Infostelle / außerorts
Zufahrt: A318, CO6203, CO6210 bei km 3,8
Sonstiges: Platz liegt einsam, dafür aber mit herrlicher Aussicht.

Wir kehren um und rollen die ganze Strecke zurück. Am anderen (südlichen) Ortsausgang liegt in einer Linkskurve ein betonierter Stellplatz, der aber nicht mehr so toll wie früher ist.

(040) WOMO-Picknickplatz: Zuheros II

GPS: N37° 32' 27.1" W4° 19' 02.0"
an CO6203
max. WOMOs: 4 - 5
Ausstattung/Lage: 30 m weiter Steintische und -bänke / außerorts
Zufahrt: s. Text
Sonstiges: <u>Beginn des alternativen Wanderweges in den Canyon des Río Bailén.</u> 50m weiter oben, kurz vor der Bebauung, wurde ein neuer Parkplatz angelegt, der aber leicht schräg ist.

Nach dem Reinfall an der Fledermaushöhle wollen wir heute noch ein Erfolgserlebnis. Wir steigen zur Burg hoch und können in dem kleinen *„Museo Arqueológico y Castillo"* den

Zuheros: Castillo de Allende (13. Jahrhundert)

Verwalter aufstöbern, der uns bereitwillig das Burgtor gegen einen kleinen Obolus öffnet und uns ermahnt, um 18 Uhr die alten Gemäuer wieder zu verlassen. Durch die Zinnen der Festung haben wir einen grandiosen Rundblick auf die abwechslungsreiche Landschaft, in der Olivenhaine dominieren, und auf den Ort mit den weißen Häusern. Pünktlich verlassen wir die Ruine und nehmen auf der nahen Terrasse des Restaurants *„Los Palancos"* Platz. Das Essen ist zwar gut, aber wider Erwarten etwas überteuert. Gesättigt bummeln wir durch das idyllische Dorf zu unserem Fahrzeug. Nachdem eine große Ziegenherde an unserem betonierten Stellplatz meckernd und blökend vorbeigezogen ist, haben wir eine ruhige Nacht. Wir stehen sehr früh auf, weil eine fünfstündige Rundwanderung auf dem Programm steht. Um das Gehen auf einer Asphaltstraße zu vermeiden, fahren wir mit dem WOMO wieder in Richtung der Fledermaushöhle. In einer Linkskurve bei Km 3,2 liegt rechts ein Wiesenparkplatz mit einem großen, aber inhaltslosen Schild auf drei Beinen.

(041) WOMO-Wanderparkplatz: Zuheros III

GPS: N37° 32' 07.6" W4° 18' 18.1" an CO6210 km 3,2; **max. WOMOs:** 2 **Ausstattung/Lage**: keine / außerorts **Zufahrt:** an der Gabelung in Richtung der Höhlen auf CO6210 bis Km 3,2

Wanderung durch das Tal des Río Bailón

Karte: Mapa Guía „Parque Natural Sierras Subbéticas". Von den zwei wegführenden Pfaden nehmen wir den rechten und gehen auf die Felsen zu. Noch weiter rechts ist ein schmaler, fast nicht mehr erkennbarer Pfad, der eine kleine Abkürzung bringt. Der Route ist leicht zu erkennen und wir erreichen nach 30 Minuten die Quelle **Fuente de la Zarza**, die den Weg überschwemmt hat, wodurch sich hier Schilf angesiedelt hat. Etwas abseits ist auch ein steinernes Überlaufbecken. An der nächsten Gabelung gehen wir rechts bergauf und lassen an einer Baumgruppe einen verfallenden Bauernhof links liegen. Wenige Hundert Meter weiter erreichen wir wieder den ursprünglichen Pfad. Auf dem Weg bergab blicken wir auf den **Cerro del Bramadero**, einen flachen, kegelförmigen, mit Steineichen bewachsenen Berg, neben dem landwirtschaftliche Gebäude auszumachen sind. Mitten in der rauen Natur hören wir helles Quieken, gemischt mit dumpfem Grunzen. Ein Schweinegehege mit einer Unzahl von niedlichen Fer-

kelchen! Wir passieren ein offenbar bewohntes Bauernhaus (*Cortijo de Peal*) zur Rechten (2 Std.) Hier und da gibt es rote Farbzeichen für die Route. 500 m weiter westlich stoßen wir auf die **Fuente de Fuenfría** mit zwei Wasserbecken. Links auf einer kleinen Anhöhe liegt eine kleine Ruine. Hier verlassen wir den breiten Weg und biegen scharf nach rechts ab, einem grünen Pfeil mit rotem „P" auf einem Felsbrocken am Rande des Bergrückens in nördlicher Richtung folgend, bis wir nach etwa 1000 m auf einen breiteren Pfad kommen, der uns zum **Río Bailón**

führt (2 ½ Stunden). Wir wandern auf einem meist bequemen Fußweg durch den unbeschreiblich schönen Canyon, in dem wir mehrmals das Flüsschen auf Steingeröll überqueren müssen. An einigen Stellen haben wir durch zwei steil aufragende Felsen einen wunderschönen Blick auf Zuheros. Überraschenderweise kommen wir genau an unserem gestrigen Stellplatz aus. (4 Stunden) Hätten wir das gewusst, dann wären wir die Wanderung aber anders herum gegangen! Zu unserem Wanderparkplatz an der Straße zur Fledermaushöhle müssen wir noch fast eine Stunde bergauf gehen.

Oben angekommen, treffen wir noch auf zwei Paare, die jetzt erst, nach 17 Uhr, loswandern wollen, und zwar die gleiche Strecke, wie wir sie gerade hinter uns haben.
Da es uns hier oben etwas zu einsam, aber auch zu windig ist,

(042) WOMO-Picknickplatz: Zuheros IV

GPS: N37° 32' 31.6" W4° 18' 45.6"; Calle Cruces; **max. WOMOs:** 5 - 6.

Ausstattung/Lage: Duschen*, WC*, Frischwasser*, neue Picknickmöbel (etwas tiefer gelegen), Müllcontainer, Info-Büro* / Ortsrand.

Zufahrt: CO6203/CO6210 in Richtung Cuevas de los Murciélagos bei km 0,4

*) Diese Anlagen sind nicht immer geöffnet und intakt. Keine festen Zeiten!

rollen wir mit dem Womo in den Ort zur **_„Area Recreativa Los Cruces"_**, die oberhalb des Dorfes liegt. Ein Steingebäude am Eingang des großen Parkplatzes beherbergt in der Hauptsaison ein Informationsbüro über den **Parque Natural Sierras Subbéticas**. Die Aussicht ins Tal ist überwältigend. Auf einem steilen, schmalen Pfad gehen wir bei untergehender Sonne in den Ort zum Abendessen im _„Los Palancos"_.

Blick aus der Schlucht des Río Bailón auf Zuheros

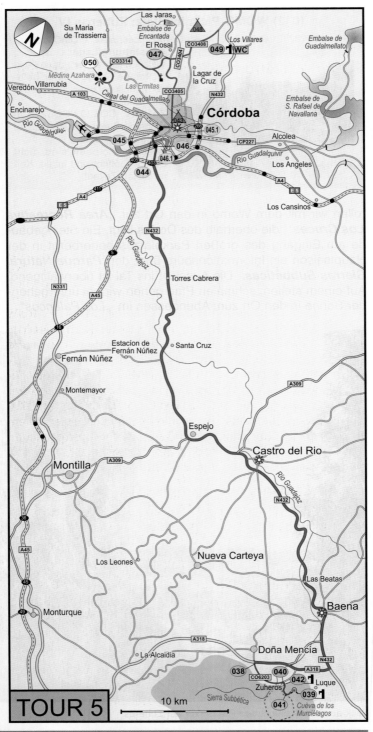

TOUR 5 (115 km / 2 - 4 Tage)

Baena – Castro del Río – Espejo – Córdoba – Medina Azahara

Freie Übernachtung:	Córdoba, Lagar de la Cruz, Los Villares
Ver-/Entsorgung:	Campingplätze
Trinkwasserstellen:	Los Villares
Campingplätze:	Córdoba, Los Villares
Besichtigen:	Baena, Castro del Río, Córdoba, Medina Azahara
Essen:	Meson del Toro, Córdoba

Wir verlassen das verträumte ZUHEROS nur ungern, aber die „**Route des Kalifats**" lockt! Wie kommen wir hin? Sie verbindet die beiden bedeutendsten Städte der spanisch-maurischen Epoche, **Córdoba** und **Granada**, und ist „gepflastert" mit grandioser Architektur in zahlreichen Städten wie **Alcalá la Real, Alcaudete, Luque, Zuheros, Baena, Castro del Río, Espejo, Fernán Núñez, Montemayor, Montilla, Aguilar de Frontera, Cabra** und **Priego de Córdoba**.

Auf A318/N432 sind wir schnell in BAENA, weltbekannt für grandioses Olivenöl. Am Ortseingang verlockt ein deutscher Discounter wieder einmal, die Vorräte preisgünstig aufzufüllen. Die weißen Häuser des quirligen Städtchens liegen am Hang unterhalb der maurischen Burgruine und der gotischen Kirche *Santa María*. Wir parken vor der Innenstadt und machen einen interessanten Rundgang.

Die Olivenölstadt Baena

Weiter geht die Reise auf der N432, vorbei an dem fast 4000 Jahre alten Städtchen CASTRO DEL RÍO mit einer gewaltigen Festung, auf die wir von der Landstraße aus einen prächtigen Blick haben. Es folgt das malerische Dorf ESPEJO.

Espejo

An dem dichter werdenden Verkehr erkennen wir, dass wir uns der Provinzmetropole **CÓRDOBA** am *Guadalquivir* nähern. Manche Leute sagen, sie sei die heimliche Hauptstadt Andalusiens. Für den Südspanien-Reisenden ist diese fantastische Stadt ein Muss, denn kaum woanders kann man die interessante, wechselvolle **Geschichte** und vielfältige Kultur des Landes so konzentriert kennen lernen:

Nachdem die Römer bereits im 2. Jh. v. Chr. das Land besetzten, mussten sie 572 n. Chr. den Westgoten weichen, die aber schon nach 140 Jahren den anstürmenden Arabern – damals nannte man sie Mauren – den Platz für ganze 525 Jahre überlassen mussten. Diese lange Zeit prägte das Gesicht und die Kultur dieser Stadt und – wenn man so will – ganz Andalusiens. Den Höhepunkt der maurischen Lebensform bildete die Zeit des **Kalifats von Córdoba** von 929 bis 1031. Nirgendwo in Spanien gibt es so viele, gut erhaltene Baudenkmäler der arabischen Welt wie in CÓRDOBA. Deshalb lohnt sich ein mehrtägiger Besuch allemal.

Eine kostenlose Broschüre mit mehreren Vorschlägen für Rundgänge durch die historische Stadt besorgt man tunlichst schon zu Hause bei den Spanischen Fremdenverkehrsämtern („Turespaña") in Berlin, Düsseldorf, Frankfurt, München oder Wien.

Wir fahren in CÓRDOBA bis in die Innenstadt und folgen im turbulenten Straßenverkehr mit großer Aufmerksamkeit den Wegweisern zum Hotel *„Parador"*, denn ganz in dessen Nähe liegt der vorgesehene Campingplatz *„El Brillante"*. Es gibt aber auch einige Schilder für den Campingplatz.

---

(043) WOMO-Campingplatz-Tipp: El Brillante

GPS: N37° 54' 02.0" W4° 47' 14.5"; Av. del Brillante 50; **offen:** ganzjährig
Ausstattung: „1. Kategorie", PK 3, Sanitäranlagen akzeptabel, E & V, Restaurant, Bar, Supermarkt, Pool, gute Busverbindungen zur Innenstadt. Fon 957403836, Fax 957282165; campingelbrillante.com;
eMail: elbrillante@campings.net
Zufahrt: A4/E5 AS 398, nach 1,9 km links, dann halb rechts, ca. 4 km nach W
Besonderes: Obwohl der einzige Platz in Córdoba häufig stark belegt ist, besonders im Frühjahr und Herbst, in der Karwoche (*Semana Santa*) und Ende Mai zur Kirmes *(Feria de Mayo)*, werden <u>keine Reservierungen angenommen</u>. Also: Platz möglichst vormittags anfahren oder anrufen, ob noch etwas frei ist. Bezahlung **nur** in bar möglich.

Aus Sicherheitsgründen raten wir dazu, in spanischen Großstädten die Campingplätze anzufahren, obwohl es auch in
CÓRDOBA einige freie Stellplätze zu vermerken gibt:

WOMO-Stellplätze in Córdoba

(044) Zoo (Av. del Linneo)

GPS: N37° 52' 07.8" W4° 47' 13.7"; Av. del Linneo; **max. WOMOs:** 5
Ausstattung/Lage: Müllcontainer, WC, nachts beleuchtet / im Ort

Zufahrt: A4 / E 5 AS 403, dann
N432 (Av. de Granada) Richtung
Centro auf Puente San Rafael den
Guadalquivir überqueren, im
Kreisverkehr dritte Ausfahrt
(links), Avenida del Linneo ; nach
ca. 400 m am Ende der Zoomau-
er, Ecke Calle Escritor Castilla
Aguayo / Av. del Zoológico
Sonstiges: Die große Freifläche
wird als Busparkplatz genutzt. Leser berichteten, dass nachts alkoholi-
sierte Jugendliche randalieren könnten.

(045) Parque Cruz Conde

GPS: N37° 52' 26.1" W4° 47' 31.7"; C. Pintor Espinosa; **max. WOMOs:** 10
Ausstattung/Lage: Müllcontainer, gegenüber
Park / im Ort
Zufahrt: wie (044), C. Escritor Castilla
Aguayo, nach 400 m Av. M. Pidal kreuzen,
nach 300 m rechts auf Calle Pintor Espino-
sa, 250 m links.
Sonstiges: Freitags ist hier Wochenmarkt.
Keine Chance für WOMOs.

(045.1) Av. de Mendendez Pidal

GPS: N37° 52' 27.9" W4° 47' 12.3"
Ausstattung/Lage: gebührenpflichtiger Parkplatz, eingezäunt / im Ort
Zufahrt: ca. 300 m hinter der Brücke Puente de San Rafael

(046) Am Guadalquivir (Av. De Fray Albino)

GPS: N37° 52' 19.0" W4° 46' 48.3"; Av. de Fray Albino; **max. WOMOs:** 3
Ausstattung/Lage: Müllcontainer, sehr laut / im Ort
Zufahrt: wie (044), jedoch unmittelbar **vor** der Brücke Puente San Rafa-
el rechts ab; Parkstreifen am Guadalquivir; auch Busparkplatz

(046.1) Nuevo Estadio del Arcángel

GPS: N37° 52' 26.2" W4° 45' 59.1" Calle de El Infierno **max. WOMOs:** 10
Ausstattung/Lage: großer Parkplatz am Stadion / im Ort
Zufahrt: WW „Estadio" folgen (hinter dem Knie des Guadalquivir)

Wir steigen zur Stadtbesichtigung vor dem Campingplatz in
die Buslinien Nr. 10 oder 11. In der Nähe der *Plaza de Colon*
steigen wir aus und beginnen am *Torre de la Malmuerta* unseren **Rundgang IV** der Córdoba-Broschüre, die sich als sehr

Córdoba: Convento de la Merced

wertvoll und informativ erweist. Wir ersparen uns die detaillierte Beschreibung dieses wunderschönen Weges, auf dem wir unter anderem die Kirchen **San Nicolas de la Villa, San Hipólito, San Pablo** und **Santa Marina** sowie die Klöster **Santa Marta, La Merced** und sonstige Prachtbauten sehen können. Hierfür haben wir einen halben Tag gebraucht.

An der Rezeption des Campingplatzes erhalten wir abends

Córdoba: Iglesia Conventual del Santo Angel (Kapuzinerkloster)

einen Lageplan der Stadt, in dem auch einige Restaurants vermerkt sind. Wir finden eines mit Straßenterrasse nach fünf Minuten Fußmarsch in südlicher Richtung: *Meson del Toro, C. Fuente de los Picadores.*

Der nächste Tag ist zur Gänze einer ausgiebigen Stadtbesichtigung gewidmet. Diesmal lassen wir uns mit dem Bus bis in die Nähe der **Kathedrale „Mezquita"** chauffieren. Links neben der maurisch-christlichen Kathedrale, im *Torrijos* 10, können Sie in der **Oficina de Turismo**

Córdoba: Kathedrale - Mezquita

Stadtplan und Rundgangbroschüre holen. Hier beginnen wir den **Rundgang I**: Allein in der fantastischen Kathedrale, eine geniale Mischung maurischer und christlicher Baukunst, verbringen wir mehrere Stunden, weil wir uns an der Schönheit vergangener Zeiten einfach nicht satt sehen können. Geöffnet Mo – Sa 10 – 19 Uhr, So 14 –19 Uhr. Während der Gottesdienste (werktags 8.30 – 10 Uhr bzw. sonntags vor 14 Uhr) fällt kein Eintrittgeld an, jedoch darf man dann nicht umherwandern und mit Blitz fotografieren.

Nach der anstrengenden, aber hinreißenden Wanderung durch das gigantische Gotteshaus lassen wir uns in einer kleinen Bar in der Gasse hinter der *Mezquita* erst einmal auf die Hocker am Tresen fallen und genießen ein paar *Tapas* zum Bier.

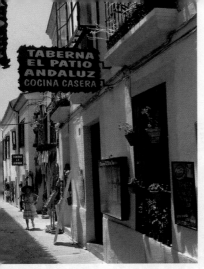

Weiter schlendern wir durch das pittoreske Judenviertel *Judería*, vorbei an der *Puerta de Almodóvar,* am Stierkampfmuseum *Museo Taurino,* durch das Kunsthandwerksmuseum *Zoco*, vorbei an der mittelalterlichen **Synagoge** und den **Arabischen Bädern.** Wir passieren die *Casa del Indiano,* die *Casa de las Hoces,* eine Moschee mit Minarett, dem *Palacio de Marqués de la Fuensanta*, um den schönen Weg in der

Murallas árabes, Puerta de Almodóvar, Synagoge

malerischen Blumengasse *Calleja de las Flores* zu beenden. Die weiteren wichtigen Sehenswürdigkeiten liegen fast alle in Altstadtnähe: *Alcázar de los Reyes Cristianos, Museo Arqueológico, Museo Provincial de Bellas Artes, Museo Julio Romero de Torres, Plaza del Potro, Plaza de la Corredera* und nicht zuletzt die wunderschöne maurisch-christliche Kirche *San Pablo* (13. Jh.)

In der Altstadt fallen uns viele hübsche junge Frauen auf, die – in lange Rüschenkleider gehüllt – entweder zu Fuß oder als „Sozia" hoch zu Ross zur anderen Seite des *Guadalquivir* streben. Wir folgen ihnen und gehen über die alte Römerbrücke **Puente Romano,** vorbei am **Torre de la Calahorra** (1369) in den

Eingang Recinto Ferial „El Arenal"

Stadtteil *Barrio de Miraflores*, den wir in südöstlicher Richtung durchqueren, um auf der nächsten Brücke *Puente Arenal* den großen Fluss abermals zu überschreiten. Hier streckt sich zur Rechten ein riesiges Jahrmarktgelände aus, auf dem gerade das große Volksfest **Feria de Mayo** stattfindet. Pferdenärrin

Gudrun kommt hier voll auf Ihre Kosten, denn in der großen Zeltstadt wimmelt es nur so von stolzen Reitern und Kutschen in allen denkbaren Varianten, auf denen prächtig herausgeputzte Damen und Caballeros repräsentieren. Unter den vielen Pferden fällt eines auf, das offenbar deutlich lacht.

In vielen Zelten und Innenhöfen wird von konkurrierenden Gruppen junger Mädchen, die stolz fantasievolle, farbenfrohe Kleider tragen, **Flamenco** zu heißer Gitarrenmusik in Formation getanzt. Auf offenem Feuer grillt

man Unmengen von Fleischstücken, so dass der Rauch in den Augen schmerzt. Der Grillmeister ist in dem Dunst zeitweilig nicht zu sehen. Nur direkt kaufen kann man hier nicht, man muss bestellen.

So leicht können wir uns hier nicht losreißen, bis wir – schon bei Dunkelheit – recht preiswert per Taxi zum Campingplatz zurückfahren.

Wenn wir in CÓRDOBA alles sehen wollten, müssten wir noch ein paar Tage dranhängen. Da es in der Stadt aber schon sehr heiß ist, drängt es uns am nächsten Morgen nach Abkühlung. Im Norden der Stadt, in LAGAR DE LA CRUZ gibt es das schön angelegte Freibad „*Piscina Assuan*", das aber zu unserem Erstaunen erst im Juli seine Tore öffnet, obwohl Temperaturen von nahezu 40° Celsius herrschen. Eintritt: 9 bzw 6 €!!

(047) WOMO-Badeplatz: Lagar de la Cruz

GPS: N37° 56' 23.5" W4° 49' 31.6"; an CO3405;   **max. WOMOs:** 1 – 2
Ausstattung/Lage: Müllcontainer, Freibad, Laden, Kneipe / außerorts

Zufahrt: vom Campingplatz „El Brillante" die Av. del Brillante nach Norden, wird zur CO3405, bei Km 9,5 am Abzweig zum *Parque Naturale Forestal Los Villares..* (*Achtung:* Einen solchen Abzweig gibt es schon viel früher von der *Crta. del Brillante,* der aber nicht zum Freibad führt!)

Sonstiges: Vor dem Badeingang gibt es einen kleinen Parkplatz; links davon, auf der anderen Straßenseite, ist ein neuer Parkplatz entstanden, der aber offenbar nur während der Saison genutzt werden kann.

Wir biegen hinter dem Bad nach rechts in die CO3404, nach 2 km links in die CO 3408 ab und folgen den Wegweisern zum Naturpark LOS VILLARES. 1000 m weiter sehen wir die Einfahrt zu einem Campingplatz und dem *Centro de Interpretación de la Naturaleza.* Davor gibt es einen großen parzellierten Parkplatz, der das Herz eines WOMO-Fahrers höher schlagen lässt. Zuerst wollen wir uns in dem Naturparkzentrum informieren. Kaum sind wir in dem offenen Gebäude mit allerlei Schautafeln und Ausstellungsstücken, da malträtiert eine Alarmanlage unsere Trommelfelle. Schon kommt jemand aus dem benachbarten Campingplatz angelaufen und fragt misstrauisch nach unserem Begehr. Über Nacht Parken ist hier nicht erlaubt, dafür sei die *Area de Acampanada* schließlich da. Wir schauen uns die kleine, aber feine Anlage an. Auf dem hügeligen, mit Mischwald bestandenem Gelände kann man auch mit einem Wohnmobil stehen und kurze Wanderungen unternehmen.

Wir finden aber etwas Besseres für die Nacht: Vorbei an einem Golfclub erreichen wir nach 3 km die **Area Recreativa** mit Parkplätzen auf beiden Seiten der Straße. Nach einem ausgiebigen Spaziergang durch die alten Wälder und dem Genuss von gegrilltem Fleisch haben wir eine ruhige, aber auch etwas einsame Nacht.

Mit CÓRDOBA sind wir aber noch nicht ganz fertig, weil wir noch die prächtige maurische Ruinenstadt **Medina Azahara** (in arabisch: **Madinat al-Zahra**) besuchen wollen. Wir fahren wieder zum Schwimmbad „Assuan" zurück, überqueren dort die Hauptstraße leicht nach links versetzt und rollen auf dem Sträßchen CO3314 unserem Ziel entgegen. Nach 2,8 km machen wir links einen Abstecher zur Einsiedelei **Las Ermitas**, auf einem steilen Berg mit einer wundervollen Aussicht auf die *Guadalquivir*-Ebene und die im Sonnenlicht strahlende Großstadt CÓRDOBA. Offen: Sommer 10 - 13.30 Uhr und 17 - 19.45 Uhr; Winter 16.30 - 19.45 Uhr bzw. Sonnenuntergang; Info telefonisch unter 957266607.

Las Ermitas de Córdoba

Medina Azahara bei Córdoba

Wir verfolgen wieder die CO3314 in Richtung STA. MARIA DE TRASIERRA. An einer Tankstelle verfolgen wir scharf links die gleiche Straße und sind, den Wegweisern folgend, bald in **Medina Azahara**. Der beschrankte Parkplatz ist nicht mehr nutzbar, der Eintritt zu der Ruinenstadt ist nur noch über das neu gebaute **Informationszentrum** mit Museum, das 2,2 km südöstlich liegt, möglich. Auf dem großen Gratisparkplatz können Womos aber <u>nicht</u> übernachten. Für EU-Bürger ist der Eintritt in das sehenswerte UNESCO-Kulturerbe kostenlos, lediglich der Shuttlebus kostet eine kleine Gebühr.

Parkplatz: (050) N37° 52' 50.4" W4° 51' 07.8"**;** an CO3314
Zufahrt: A4/E5, in Córdoba Süd bei AS 405 auf N437, nach 4,1 km auf A431, nach 4,3 km rechts CO3314 nach Medina Azahara, beschildert

Medina Azahara: Historische Festungstore (Alcázar)

Der Bummel durch die seit 1911 ausgegrabene Ruinenstadt versetzt uns in ein Märchen aus Tausendundeiner Nacht. Die Ausrufung des **Kalifenreiches _Al-Andalus_**

Medina Azahara: Säulengang (um 940 n. Chr.)

im Jahr 929 n. Chr. brachte eine Reihe politischer, wirtschaftlicher und städtebaulicher Maßnahmen mit sich, welche die Macht der neuen Staatsform verstärkten. Der sehr mächtige und beliebte **Kalif Abd al-Rahman III.** baute von 936 bis 940 n. Chr. diese repräsentative Königsstadt wie aus der Retorte, fast rechteckig 1500 x 750 m, in leichten Terrassen am Berg angelegt. Leider verfiel die prächtige Kalifenresidenz sehr schnell, denn schon unter dem zweiten Nachfolger von Abd al-Rahman III., **Hisam II.**, begann 1010 bis 1013 die Zerstörung aufgrund interner Kämpfe, die den Niedergang des **Omaijaden-Kalifats** zu Folge hatte.

Besichtigen kann man heute etwa ein Zehntel der ursprünglichen Stadtfläche, denn der Rest muss noch mit sehr großem Aufwand ausgegraben werden.

Das neue Besucherzentrum enthält ein unterirdisches Archäologiemuseum mit interessanten Exponaten und Videovorführungen - ca. 1 Stunde.

Offen: 1.5. - 15.9. di - sa 10 - 20.30 h, so 10 - 14 h; 16.9. - 30.4. di - sa 10 - 18.30 h, so 10 - 14 h; montags Ruhetag.

Medina Azahara: Blick auf den Kalifenpalast

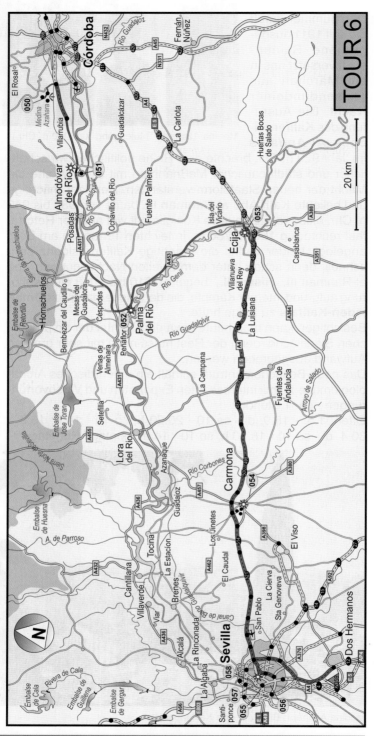

TOUR 6 (173 km / 3 - 5 Tage)

Almodóvar del Río – Palma del Río – Écija – Carmona – Sevilla

Freie Übernachtung:	Almodóvar, Palma, Écija; Carmona, Sevilla
Campingplätze:	Dos Hermanas
Ver-/Entsorgung:	Campingplätze
Besichtigen:	Almodóvar, Palma, Écija, Carmona, Sevilla

Wollen Sie einmal ein richtiges Märchenschloss sehen? Dann fahren Sie von MEDINA AZAHARA auf der CO3314 etwa 3 km nach Süden zur vierspurigen A431, um dort nach etwa 17 km links nach **ALMODÓVAR DEL RÍO** einzubiegen.

Almodóvar del Río: Castillo

Die mächtige Burg ist schon von weitem zu erkennen. Umgekehrt haben die Mauren seit dem 8. Jahrhundert die Schifffahrt auf dem breiten *Guadalquivir* überwachen können. Wir nehmen die 3. Zufahrt nach ALMODÓVAR DEL RÍO, denn die erste führt uns mitten durch das enge Städtchen. Am Fuß des Burgberges finden wir einen geräumigen Parkplatz vor, der sich als einfacher Stellplatz eignet, nachts aber etwas unruhig werden kann, weil sich die Jugend des Ortes hier häufig trifft, um mit Mopedvorführungen den Dorfschönen zu imponieren.

(051) WOMO-Stellplatz: Almodóvar del Río

GPS: N37° 48' 35.3" W5° 01' 29.9"; Calle del Castillo;
max. WOMOs: 5 – 6
Ausstattung/Lage: Müllcontainer, Sitzbänke, Restaurants / Ortsrand
Zufahrt: A4/E5, AS 405 zur A431, bei Km 24,3 (3. Zufahrt)

Almodóvar del Río: hoch oben auf der Burg

Wir wagen es, das steile, einspurige Sträßchen zur Burg hoch-
zufahren und finden oben einige – allerdings sehr schräge –
Parkplätze. Lassen Sie Ihr Womo lieber unten, denn es führt
auch ein Fußweg hinauf zum **Castillo**, dessen maurische Ursprünge schon im 8. Jahrhundert liegen. Nach einer vierjähri-
gen Belagerung eroberte 1240 Ferdinand III. die „Plage der
Christen", wie die Trutzburg damals genannt wurde. Gegen
Eintrittsgeld können wir den größten Teil der in Privatbesitz
befindlichen Burganlage besichtigen. Schautafeln erklären uns,
dass die ziemlich verfallene Burg um 1900 von einem reichen
Bürger aus Sevilla aufgekauft und in jahrzehntelanger Arbeit
liebevoll zur heutigen Form restauriert wurde. Der Weitblick
durch die vielen Zinnen und Türmchen auf die Senke des *Guadalquivir* ist einfach grandios. Wir können auf allen Wehrgängen entlangspazieren, Kinder sollten aber an die Hand genommen werden, weil nicht überall Sicherungen vorhanden
sind. Im Sommer ist im Innenhof eine Art Biergarten geöffnet.

Die nächste Station ist **PALMA DEL RÍO**. Nach 30 km auf der
A431 biegen wir nach links in die A 453 in Richtung ÉCIJA ab.

Über eine uralte Brü-
cke gelangen wir in
das wunderhübsche
Städtchen, das sel-
ten ein Reiseführer
erwähnt. Man gibt
sich aber jede Mühe,
in den Reigen der se-
henswerten Städte
Andalusiens aufge-
nommen zu werden.

Palma del Río: Convento de San Francisco

Am O.T. an der *Plaza Andalucía* („*Centro*") holen wir uns einen Gratisstadtplan mit Erläuterungen aller Sehenswürdigkeiten. Am bekanntesten ist hier das Kloster **Convento de San Francisco** aus dem 15. Jahrhundert, in dem jetzt ein fesches Hotel untergebracht ist. Einen Stellplatz gibt es im Südwesten der Stadt, Nähe *Jardines Reina Victoria*.

(052) WOMO-Stellplatz: Palma del Río

GPS: N37° 41' 32.7" W5° 17' 04.7"; Callejón del Junco; **max. WOMOs:** 10
Ausstattung/Lage: Freibad im Río Genil, MC, Spielplatz / Ortsrand
Zufahrt: A431, nach 30 km links auf A453, im Ort auf Westtangente bleiben, WW „Piscina" folgen, an scharfer Linkskurve geradeaus

Nach zwei Stunden eindrucksvoller Stadtbesichtigung finden wir wegen der neuen Umgehung etwas umständlich die A453 und rollen nach Südosten, den *Río Genil* immer in Sichtweite. **ÉCIJA**, die „Stadt der Türme" folgt nach 29 km. Da sie am Fluss in einer Senke liegt, ist es hier im Sommer unerträglich heiß, weshalb sie auch den Beinamen „Bratpfanne Andalusiens" trägt. Wir finden einen nicht ganz ruhigen Übernachtungsplatz im Nordwesten der Stadt.

(053) WOMO-Stellplatz: Écija

GPS: N37° 32' 51.3" W5° 05' 21.9"; Calle de Córdoba;   **max. WOMOs:** 3
Ausstattung/Lage: Müllcontainer, schattig, bis 5,5 m* / im Ort
Zufahrt: A453, 1. Stadtzufahrt, Camino del Puente de Hierro, Ctra. Circunvalación, Kreisel 3. Ausfahrt in Calle Córdoba
* für größere Womos: Calle Ciprés **053.1** N37° 32' 53.1" W5° 05' 19.8"

Der Vorzeigeplatz **Plaza de España** mit vielen Prachtbauten ist inzwischen auf einem untererirdisches Parkhaus als Fußgängerzone fertiggestellt. Im Rathaus gibt es ein römisches

Mosaik aus dem 3. Jahrhundert zu bewundern. Das übrige Stadtbild mit vielen Palästen und Kirchen, darunter die schöne *Iglesia de Santa Cruz*, ist auch sehenswert. An der *Plaza de España* nehmen wir in einem Straßencafé ein preiswertes Abendessen ein, während die Dunkelheit hereinbricht. Wir machen uns auf den „Heimweg" zu unserem Womo an der *Calle de Córdoba*, vorbei an den beleuchteten Kirchtürmen.

Der nächste Tag beschert uns wiederum ein Schatzkästchen andalusischer Baukunst: **CARMONA**. Wir erreichen diese

Carmona: Puerta de Córdoba

Stadt schnell nach flotter Fahrt in westlicher Richtung auf der A4 / E 5. Der größte Teil der Sehenswürdigkeiten befindet sich in der Oberstadt. Wir finden einen Parkplatz in der Unterstadt nahe bei der Kirche **San Pedro**, wo wir unseren Rundgang beginnen. Den registrierten Stellplatz entdecken wir aber zu Fuß vor dem prächtigen Stadttor **Puerta de Córdoba.**

(054) WOMO-Stellplatz: Carmona

GPS: N37° 28' 35.6" W5° 37' 57.4"; Calle Dol. Quintanilla
max. WOMOs: 2
Ausstattung/Lage: Müllcontainer; nicht immer ruhig / Ortsrand
Zufahrt: von A4 AS 504 (1. Zufahrt Carmona/Marchena), 1. Straße rechts bergauf (alte N IV)
Sonstiges: Platz ist gut für eine Stadtbesichtigung, notfalls auch Übernachtung. Es können dort auch Busse parken.

In der Unterstadt gibt es neben der hübschen Barockkirche **San Pedro** kaum sehenswertes; gegenüber ist die wuchtige **Puerta de Sevilla,** Eingang zur Oberstadt. In dem Torbau befindet sich die **Tourist Info**, wo Stadtplan und Broschüren zu

bekommen sind. Mit dem Plan in der Hand durchstreifen wir die wunderschöne Altstadt und geraten dabei mitten in eine kirchliche Prozession, bei der offenbar die gesamte Bevölkerung beteiligt ist. An der höchsten Stelle thront das Kastell, der **Alcazar del Rey Don Pedro**, in dem, wie in anderen andalusischen Städten auch, ein vornehmes Parador-Hotel untergebracht ist. Nördlich davon durchschreiten wir die **Puerta de Córdoba**, wo wir den Stellplatz finden, aber unser Womo nicht extra dort platzieren.

Carmona: Römische Nekropolen

Archäologisches Highlight von CARMONA sind im Westen der Stadt die sehenswerten **Römischen Nekropolen** aus dem 1. und 2. Jahrhundert. Wir orientieren uns hierzu in Richtung SEVILLA und fragen uns durch. Der Eintritt ist für EU-Bürger frei, es finden fachkundig geleitete Führungen statt. Geöffnet im Sommer di – fr 8.30 – 14 Uhr, sa 10 – 14 Uhr; im Winter di – fr 9 bis 14 Uhr, sa – so 10 – 14 Uhr. Am Eingang erhalten wir eine deutsche Beschreibung der interessanten Ausgrabungen.

Nach flotter Fahrt auf der A4 / E 5 in westlicher Richtung gelangen wir an den Stadtrand von **SEVILLA**, eines der absoluten Highlight Andalusiens. In Höhe des Flughafens wollen Wegweiser uns zum Campingplatz locken, aber <u>dieser existiert seit 2007 nicht mehr.</u> Also steuern wir vorerst einen unserer Stellplätze in der Stadt (s. Übersicht S. 99) an, von wo aus wir mit unseren Besichtigungen beginnen.

Die andalusische Metropole bietet dem Besucher unendlich viele Sehenswürdigkeiten, so dass wir allein damit zehn Seiten dieses Buchs füllen könnten. Die Broschüre von *Turespaña* mit acht Stadtrundgängen zu 77 Objekten sollten Sie sich schon zu Hause besorgen oder einen der einschlägigen Reiseführer zu Rate ziehen. **Tourist Infos** gibt es in der Stadt mehrere; die Zentrale liegt in der *Avenida de la Constitución* 21 B.

Sevilla: Kathedrale Santa María de la Sede

Was Sie in SEVILLA keinesfalls versäumen sollten: **Catedral de Santa María de la Sede** mit dem Wahrzeichen der Stadt, dem Turm **Giralda,** dem **Patio de los Naranjos,**

Kathedrale Santa María: Retablo

der **Capilla Mayor,** dem weltberühmten **Retablo,** der **Capilla Real, Sacristía Mayor** und dem **Christoph-Columbus-Grab**. Das frühere Judenviertel **Barrio de Santa Cruz** mit der **Casa Pilatos,** einem Gassengewirr und kleinen Parks – mit einmaligem Flair! Die Festung **Reales Alcázares** mit dem **Palast Pedro des Grausamen, Gobelins im Palast Karls V.** sowie die berühmten **Gärten des Alcázar; Parkanlagen** am **Paseo Cristóbal Colón**, **Torre del Oro** am Ufer des **Río Guadalquivir.**

Das **Museo de Bellas Artes** mit einer unermesslich kostbaren Gemäldesammlung, den **Parque de María Luisa** mit der wunderschönen **Plaza de España.** Hier können Sie mit den Kindern Boot fahren. Die **Festlichkeiten während der Karwoche (Semana Santa)** sind hier besonders eindrucks-

Kathedrale Santa María: Capilla Real

voll. Die Stadt ist dann voll von Touristen, die aus ganz Spanien und aller Welt anreisen. In dieser Zeit sind die meisten Hotels zu Höchstpreisen ausgebucht, weshalb eine Reservierung auch auf dem Campingplatz unbedingt anzuraten ist.
Im Süden der Hauptstadt gibt es in dem 17 km entfernten Vorort DOS HERMANAS nur noch einen Campingplatz, der einzige in der Region Sevilla.

---

(059) WOMO-Campingplatz-Tipp:
Dos Hermanas (Villsom)

GPS: N37° 16' 39.3" W5° 56' 12.3"; Ctra. de la Isla;   **offen:** 9.1.-23.12.
Ausstattung: zufriedenstellend, PK 1, deutschsprachiger Empfang; nicht ganz ruhig, da nur 100 m von der alten N IV; Restaurants ca. 500 m, Cafetería, Pool, Ent- /Versorgung. Reservierung ist sinnvoll: Fon & Fax 954720828, eMail: campingvillsom@hotmail.com

Zufahrt: A4 (im Westen) AS 8, SE 687, ca. 4 km nach Osten.
Oder: A4/A66 (im Süden), Ausfahrt Bellavista, alte N IV, Río Guadaira überqueren, 8,5 km, AS 554,8, links halten, 250 m.
Besonderes: Bus-Stop nach Sevilla 250 m. Da der Bus nicht so häufig fährt, sollte man sich sofort an der Rezeption erkundigen.

Mit freien Stellplätzen ist es in SEVILLA jetzt schwierig. Der laute Platz am _Torneo_ ist zum Beispiel kaum zu gebrauchen. Die Bus-Parkstraße an den _Jardines de San Telmo_ ist nunmehr für Womos gänzlich gesperrt, der große Parkplatz am _Parque del Alamillo_ wird um 22 Uhr geschlossen. Am _Torre de Triana_ ist es für Womos ganz schlecht, weil er voll PKW gestellt ist.

WOMO-Stadtparkplätze: Sevilla

(055) Torre de Triana
GPS: N37° 23' 30.7" W6° 00' 34.2" Calle Descubrimientos **max. WOMOs:** 5
Ausstattung/Lage: Mülleimer, Parkgebühr, max. 6 m, Platz ist tagsüber brechend voll mit PKW, also abends anfahren / im Ort
Zufahrt: Autobahnring West, Verteiler A66/A49 auf SE 30 AS17 Richtung Zentrum (Calle Odiel), vor der 2. Brücke links ab in die Calle Inca Garcilaso, dann 3. Straße rechts, Nähe Torre de Triana „Schindlerturm"

(055.1) Womo-Halle (Nähe Flughafen)
GPS: N37° 24' 38.1" W5° 56' 25.8" neben der A4/E5 **max. WOMOs:** 5
Ausstattung/Lage: Wasser, Strom, E&V, Fon 691670976, 2012: 6 € pro Tag, Bus nach Sevilla / Stadtrand - 5 km vom Zentrum
Zufahrt: A4 AS 535, nach 270 m links halten, 2,2 km parallel zur A4, an Bahnlinie rechts ab, gegenüber Supermarkt „Carrefour"

(056) Bahnhof Santa Justa
GPS: N37° 23' 30.4" W5° 58' 25.1" Av. de Kansas City **max. WOMOs:** 5
Ausstattung/Lage: eingezäunter Busparkplatz, gebührenpflichtig / im Ort
Zufahrt: A5 AS 537 geradeaus weiter, nach 2,5 km rechter Hand

(057) Isla Mágica
GPS: N37° 24' 18.4" W6° 00' 00.5"; C. M. Rey Pastor&Castro **max. WOMOs:** 5
Ausstattung/Lage: gebührenpfl., Zentrum 20-30 min. zu Fuß / Ortsrand
Zufahrt: Sevilla Centro, am Guadalquivir über die Brücke *Puente de la Barqueta, sofort* links ab, 50 m auf der linken Seite

(058) Parque del Alamillo
GPS: N37° 24' 52.2" W5° 59' 33.9";
Av. A. Alonso Barba;
max. WOMOs: 12
Ausstattung/Lage: Mülleimer, ruhig; Parkgebühr möglich / Ortsrand
Zufahrt: A66 AS18 SE30 AS21 WW „Parque de Alamillo" (vor der 2. Brücke), erst rechts, vor dem Kreisverkehr wieder rechts, Hauptstraße unterqueren, am Kreisverkehr 3. Ausfahrt

Sonstiges: Der Parkplatz kann lt. Hinweisschild nur von 7.30 – 22 Uhr genutzt werden. Vor dem Platz gibt es keine Einschränkungen, aber es gibt nur Parkraum für 1 - 2 Womos.

Wir begeben uns über die futuristische Brücke **Puente de la Barqueta** auf eine Insel im *Río Guadalquivir* und entdecken das ehemalige Gelände der Weltausstellung von 1992, die **Isla Cartuja** mit

Sevilla: Plaza de España

dem Kartäuserkloster **Santa María de la Cuevas**, in dem auch das „Andalusische Zentrum für Zeitgenössische Kunst" untergebracht ist. (Fußgängerbrücke *Pasarela La Cartuja!*)

Der nach der Expo 1992 geplante Forschungs- und Technologiepark **Parque de los Descubrimientos** ist wohl ein Flop geworden, weshalb die Sevillaner es mit einem riesigen Vergnügungspark erfolgreicher versuchten: Die **„Isla Mágica"** ist eine Art spanisches Disneyland mit Fahrgeschäften und Piratenromantik. Hier gibt es natürlich viel ungenutzten Parkraum, nur der Fußweg zur Innenstadt ist etwas beschwerlich. Ein kleiner Parkplatz liegt jedoch ganz in Brückennähe. Nördlich des Expo-Geländes gibt es großzügige Parkanlagen, den **Parque del Alamillo,** angelegt zur Weltausstellung. Auch hier gibt es einige Stellmöglichkeiten, u. a. Stellplatz 058.

In SEVILLA kann man locker eine ganze Woche mit Besichtigungen verbringen, aber auch das attraktive Nachtleben auf der Vergnügungsmeile zwischen der *Puente de la Barqueta*

und dem *Teatro Central Hispano* ist besonders im Sommer nicht nur bei ausländischen Besuchern sehr beliebt. Um den Hunger zu stillen, gibt es natürlich unzählige Restaurants. Jetzt geht es mit dem Bus zum Camping nach DOS HERMANAS.

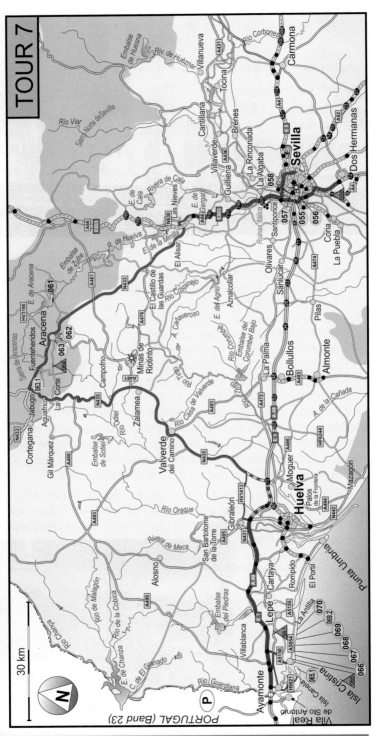

TOUR 7 (270 km / 2 - 4 Tage)

Las Nieves – Aracena – Fuenteheridos – Jabugo – Ayamonte – Isla Canela – Isla Cristina

Freie Übernachtung: Aracena, Fuenteheridos, Isla Cristina, La Redondela

Ver-/Entsorgung: Campingplätze

Campingplätze: Aracena, Fuenteheridos, 3x Isla Cristina

Besichtigen: Itálica, Aracena: Gruta de las Maravillas

Wandern: Sierra Aracena

Nach so viel Pracht und Glamour in SEVILLA wollen wir zurück zur Natur und planen einen weiten Sprung nach Nordwesten in die *Sierra de Aracena*.

Auf dem Autobahnring der Hauptstadt orientieren wir uns auf die A66 / E803 und machen schon nach 10 km bei AS 805 einen kleinen Abstecher zur **Ruinenstadt *Itálica***, nahe der Ortschaft SANTIPONCE. Schon von weitem erhebt sich vor uns die mächtige Klosterfestung ***Monasterio San Isidoro,*** die aber leider nicht zu besichtigen ist, weil dort ein Heim für Behinderte oder ähnliches untergebracht ist. Am Eingang zur römischen Ruinenstadt angekommen, erleben wir die zweite Pleite: Es ist Montag und die Museumswärter haben frei.

Römische Ruinenstadt Itálica

Also müssen wir uns mit einem ausgiebigen Blick von außen auf die 2200 Jahre alte Römerstadt begnügen. Für Hobbyarchäologen ist sie ein Leckerbissen. Geöffnet April bis September di – sa 8.30 – 20.30 Uhr, so 9 –15 Uhr; übrige Zeit di – sa 9 – 17.30 Uhr, so 10 –16 Uhr. Eintritt für EU-Bürger frei.

Wieder auf der A66 biegen wir bei LAS NIEVES auf die N433 in Richtung ARACENA ab. Die Fahrt durch die zauberhafte *Sierra Morena* wird zu einem Erlebnis. Der nordwestliche Teil nennt sich *Sierra Aracena y Picos de Aroche*, ein herrliches Wandergebiet mit gut gezeichnetem Wegenetz. Die Region bemüht sich sehr um ausländische Gäste, denn es gibt reichlich Informationsmaterial zum Beispiel in deutscher Sprache – zu erhalten beim O.T. in ARACENA, *Calle Pozo de la Nieve* (Fon 959 128825).

4 km vor der Stadt liegt rechts ein vor Jahren verlassener Campingplatz. Auf der Wiese davor steht eine riesige Pappel, die reichlich Schatten spendet.

(061) WOMO-Picknickplatz: Marimateo

GPS: N37° 52' 52.7" W6° 31' 16.0"; an HU8129
max. WOMOS: 4
Ausstattung/Lage: Müllcontainer, Tische, Bänke, Grills / außerorts
Zufahrt: N433, bei Km 83,3 rechts auf HU8129, Marimateo, vor dem geschlossenen Campingplatz

In **ARACENA** finden wir zwei brauchbare Stellplätze:

WOMO-Stellplätze: Aracena

(062) Los Olivos

GPS: N37° 53' 16.4" W6° 33' 28.3" Calle José Andrés Vázques;
max. WOMOs: 1 - 2, max. 5,5 m
Ausstattung/Lage: Mülleimer, Restaurant „Los Olivos" / Ortsrand
Zufahrt: N433, im Kreisverkehr 2. Ausfahrt, an der Gabelung rechts, nach 80 m PP-Einfahrt links

(063) Centre Equestre

GPS: N37° 53' 16.2" W6° 33' 51.4"; C. de las Colmenitas **max. WOMOs:** 2
Ausstattung/Lage: keine / Ortsrand
Zufahrt: wie 062, an der Gabelung <u>links</u> (A479), nach ca. 500 m links, etwas bergab, auf dem Parkplatz des Centre Equestre
Erweiterung: Wenn man an der Mauer rechts weiter fährt, ergibt sich ein **zweiter Stellplatz: 063.3** N37° 53' 10.2" W6° 33' 46.6"

Aracena: Burgruine mit Kirche

Stellplatz hinter dem Reitstall

Der Hauptanziehungspunkt von ARACENA ist die berühmte Tropfsteinhöhle *Gruta de las Maravillas* im Inneren des Berges, auf dessen Gipfel die Ruinen des **maurischen Kastells** eine Kirche aus dem 12. Jahrhundert umschließen. Wir haben einige Mühe, bei einer

Aracena: Gruta de las Maravillas

Aracena: Gruta de las Maravillas

der nächsten gebührenpflichtigen Führungen durch die „Höhle der Wunder" mitzukommen, denn es ist fast alles ausgebucht. (Anmeldung unter Fon 959 128355; geöffnet 10.30 – 18 Uhr;) Fotografieren – vor allem mit Blitzlicht – sowie Videoaufnahmen sind verboten, schließlich möchte die Stadt eigene Bildträger selber verkaufen. Doch wir erhalten eine Ausnahmegenehmigung. Wir holen schnell ein paar warme Sachen aus dem WOMO, denn in der Höhle ist es winters wie sommers mit ca. 16° C recht kühl. Bei musikalischer Untermalung wird die einstündige Wanderung durch eine Wunderwelt der Formen und Farben zum unvergesslichen Erlebnis. Riesige Hallen, bis zu 40 m hoch, kleine und größere Seen, in denen sich die bizarren Stalaktiten und Stalagmiten spiegeln, sowie Flüsschen wechseln sich ab. Ein wenig benommen kehren wir wie verzaubert ans Tageslicht zurück.

Nach einem Bummel durch das hübsche Städtchen wollen wir die **Sierra de Aracena** weiter erkunden und kommen auf der N433 nach 10 km weiter westlich in das entzückende Dorf FUENTEHERIDOS, gegründet im 13. Jahrhundert. Den Namen hat der Ort von seinem Reichtum an Quellwasser, wel-

Fuenteheridos

ches auf dem Dorf-
platz in armdicken
Strahlen aus zwölf
Rohren rauscht.
Mit einer Gießkan-
ne lassen sich hier
die **Wasservorrä-
te auffüllen.** Eine
schmucke Barock-
kirche mit schlan-
kem *Campanario*

Fuenteheridos: 12 Quellrohre

beherrscht das Ortsbild. Endlich wurde hier ein größerer Parkplatz nahe der Ortsmitte gebaut.

(063.1) WOMO-Stellplatz: Fuenteheridos

GPS: N37° 54' 18.0" W6° 39' 37.0"
Ctra. de Galaroza
max. WOMOS: 3
Ausstattung/Lage: beleuchtet /
im Ort
Zufahrt: A66/E803 AS 782 auf

N433, nach 65 km links auf HU8120,
nach 430 m rechts, etwas enge Zu-
fahrtstraße
Eine zusätzliche Möglichkeit ist
gegeben auf dem Parkplatz des
Gasthauses „La Capellania" am
Kreisverkehr N433/HU8120, gut 500
m nordöstlich von 063.2 entfernt:
Restaurantstellplatz 063.2:
GPS N37° 54' 28.3" W6° 39' 27.2"

Zurück im Ort sehen wir den Wegweiser zum Campingplatz.

(064) WOMO-Campingplatz-Tipp: El Madroñal

GPS: N37° 54' 11.8" W6° 40' 19.3"
an HU8114;
offen: ganzjährig
Ausstattung: ländlich einfach, PK
1, sehr ruhig und familiär, kleines
Restaurant, Pool, Ent- /Versor-
gung. campingelmadronal.com,
Fon 959501201 und 669434637
Zufahrt: von 063.2 auf HU8114
Richtung Castaño del Robledo,
nach ca. 1 km rechts

Jabugo: Lufttrockener Schinken

Wir fahren auf der N433 16 km weiter nach Westen in die Schinkenstadt **JABUGO**. Der Weg lohnt sich kaum, es ist nämlich eine kleine Industriestadt, die ganz Spanien und halb Europa mit hervorragendem, luftgetrocknetem Schinken versorgt. Man kann ihn – bei Abnahme einer ganzen Schweinebacke – schon recht preiswert bekommen. Der ganze Ort riecht nach Schinken.

Das Wetter vermiest uns die Wanderlust und so entscheiden wir uns *ad hoc* für die **Costa de la Luz.** Wir rollen ca. 4 km auf der N433 zurück und biegen in die N435 in Richtung HUELVA, also nach Süden ab.

Von der abwechslungsreichen Landschaft bekommen wir nicht allzu viel mit, denn es will nicht aufhören zu regnen. Auf der

wenig befahrenen Landstraße kommt uns eine Zigeunersippe auf Maultieren und Karren entgegen.

Nach 44 km machen wir über die A461 einen Abstecher zur

La Comarca Minera de Riotinto, wo die älteste Kupfermine der Welt zu bestaunen ist. Der Hauptort der Region ist das Bergarbeiterstädtchen MINAS DE RIOTINTO. Gigantische, tiefe Löcher sind durch den jahrhundertelan-

Gibraleón

gen Abbau entstanden und zerklüften die Region, die an manchen Stellen wie eine Mondlandschaft wirkt. Es gibt auch ein interessantes Museum, täglich geöffnet 10.30 - 15 Uhr und 16 - 19/20 Uhr, Eintritt 4,00/3,00 €.

Zurück zur N435! Wir freuen uns schon auf die schönen Sandstrände zwischen der portugiesischen Grenze und HUELVA. Eine reizvolle Abkürzung ist es, indem man bei TRIGUEROS die Nationalstraße verlässt und auf der HV1413 über GIBRALEÓN auf die mautfreie Autobahn A49/E1 stößt. Unterwegs erleben wir zwischen schier unendlichen Sonnenblumenfeldern eine dramatische Gewitterstimmung, die natürlich von der Kamera eingefangen werden muss.

Bleibt man auf der schnellen N435, folgt nach 54 km (seit RIOTINTO) die A49/E1, die uns schnell nach AYAMONTE über die N447 führt. Dieses Städtchen war früher ein wichtiger Fährhafen nach Portugal, bevor 1991 die Autobahnbrücke über die Mündung des *Río Guadiana* in Betrieb genommen wurde. Interessant für Wanderer und Radfahrer: Es gibt eine stillgelegte Bahnstrecke von AYAMONTE nach GIBRALEÓN, die **Via Verde del Litoral**, auf deren alter Trasse Sie sich 45 km lang sportlich betätigen können. Diese „Grüne Straße der Küste" beginnt am östlichen Stadtrand gegenüber der *Guardia Civil*. Leider hat man die Strecke etwas verkommen lassen, weshalb sie mit dem Fahrrad kaum noch befahrbar ist.

Endlich sind wir auf der atlantischen Seite Spaniens, an der **Costa de la Luz**, der Küste des Lichts. Sie trägt diesen Namen wegen ihres Lichts, das die See wie ein Spiegel reflektiert. Mit Ausnahme von ein paar felsigen Abschnitten besteht dieses Gestade aus einer Kette feinsandiger Strände, umgeben von Pinienwäldern und Marschland. Hier ist die Geschichte

Isla Canela (Punta de Moral): Blick über den Guadiana auf Isla Cristina

allgegenwärtig: Phönizier, Griechen, Römer und Araber landeten hier an und hinterließen ihre Kulturen. Columbus startete von hier aus seine Entdeckungsreisen nach Amerika.

Von AYAMONTE gelangen wir über die H9022 und H9021 in den neuerdings beliebten Badeort **ISLA CANELA**, der mit Hotel- und Appartementbauten vollgestopft ist. Einen brauchbaren **Badeplatz** finden wir am östlichen Ortsende (Punta del Moral) wobei zu testen wäre, wie lange man dort Reisemobile duldet, denn man ist stets von Pauschaltouristen umzingelt.

(065.1) WOMO-Badeplatz: Punta del Moral

GPS: N37° 11' 14.0" W7° 20' 12.0"
Calle de Caño Franco
max. WOMOs: 2
Ausstattung/Lage: Sandstrand
400 m / Ortsrand
Zufahrt: A49/E1 AS 131 N447, in Ayamonte auf H9022/H9021 nach Isla Canela, Isla Canela nach Osten ganz durchfahren

Da wir uns im Osten mehr versprechen, verlassen wir schon bald den Badeort. In AYAMONTE halten wir uns rechts zur N431, biegen nach 7,5 km rechts in die A5150 in Richtung **ISLA CRISTINA** ab.

Dies ist eine mittlere Stadt mit Fischindustrie, aber auch Badeort mit herrlichen Stränden, die hauptsächlich von Spaniern besucht werden. Gleich hinter der Brücke links könnte man bei einem deutschen Discounter seine Vorräte auffüllen. Wir durchqueren den Ortskern in Richtung LA ANTILLA, nach 200 m auf der A5054 kommt der erste Campingplatz.

(065) WOMO-Campingplatz-Tipp: Giralda

GPS: N37° 12' 00.0" W7° 18' 03.5"; an A5054; **offen:** ganzjährig
Ausstattung: gut, PK 3, E&V, Pool, Fon/Fax 959343318, **FCA**, eMail recepcion@campinggiralda.com, Web: campinggiralda.com; Fußweg zum Strand ca. 350 m; nächster Ort: 1 km
Zufahrt: A49/E1 AS 122 auf A5150, nach 5 km auf A5054, 200 m
Weitere Campingplätze an der A5054 (Isla Cristina – La Antilla):
Playa Taray [069.1 N37° 12' 17.7" W7° 15' 55.1"] PK 2; Fon 959341102;
Luz PK 2; Fon 959341142, Fax 959486454; sieht ordentlich aus.

An der Strandstraße A5054 gibt es zahlreiche Stellmöglichkeiten, von denen wir nur einige beispielhaft nennen, weil sich hier dauernd etwas ändern kann. Mal räumt die Polizei komplett, manchmal werden alle WOMOs geduldet, ein andermal nur Campingbusse. Feste Kriterien scheint es nicht zu geben. Verbotsschilder gibt es fast überall, aber es kommt immer darauf an, ob die Reisemobile unangenehm auffallen.

WOMO-Badeplätze: Isla Cristina (Sandstrand)

(066) Playa del Hoyo
GPS: N37° 11' 59.7" W7° 17' 47.1" an A5054; **max. WOMOs:** 10
Ausstattung/Lage: schattig, MC, Grills, Tische, Wasser, gute Gaststätte / Ortsrand
Zufahrt: A5054 500 m hinter Camping Giralda

(067) Playa Azul
GPS: N37° 12' 03.1" W7° 17' 37.4" an A5054; **max. WOMOs:** 6
Ausstattung/Lage: MC, Tische, Bänke, Kinderspielplatz, Parkboxen unter Bäumen / Ortsrand - strenges Womoverbot
Zufahrt: A5054, 400 m hinter Badeplatz 066

(068) Eukalyptushain
GPS: N37° 12' 13.1" W7° 16' 32.5" an A5054; **max. WOMOs:** 5
Ausstattung/Lage: MC, schattig, Surferparadies, 2. Parkplatz Dünen / Ortsrand - strenges Womoverbot
Zufahrt: A5054, 1600 m hinter Badeplatz 067

Besonders gefallen hat uns beim letzten Besuch die Hoyo-Strandkneipe der beiden Brüder Francisco und José Antonio, die uns noch spät abends etwas Leckeres serviert haben,

Isla Cristina: Dünen und Sandstrand

obwohl die Gaststätte nur tagsüber geöffnet ist. Beide sprechen ganz gut deutsch, weil sie früher im fernen Alemania jahrelang gearbeitet haben.

Irgendwann hört ISLA CRISTINA auf, aber es gibt fast ununterbrochen Ferienanlagen und Bebauung, was die Spanier „Urbanización" nennen. Am Abzweig nach LA REDONDELA liegt gegenüber dem Campingplatz „Playa Taray" ein sehr schöner Badeplatz mit Picknickcharakter, wenige Minuten später in der Touristensiedlung Santa Isabel ein großer Strandparkplatz, der auch von WOMOs eifrig genutzt wird. Immer wieder Verbotsschilder...

Isla Cristina: Playa de la Casita Azul

WOMO-Badeplätze: La Redondela

(069) Playa Taray

GPS: N37° 12' 16.7" W7° 16' 01.0";
an A5054;   **max. WOMOs:** 6
Ausstattung/Lage: Müllcontainer,
Picknickmöbel, Strandcafé, Surferparadies / Ortsrand
Zufahrt: A-5054, 900 m hinter Badeplatz 068, schräg gegenüber vom
Campingplatz Playa Taray (069.1);
in Hauptsaison etwas laut

(069.2) Playa del Brizo

GPS: N37° 12' 15.2" W7° 15' 37.2";
an A5054;
max. WOMOs: 5
Ausstattung/Lage: Müllcontainer,
Strandgaststätte / Ortsrand
Zufahrt: A5054, 600 m hinter Badeplatz 069

(070) Santa Isabel

GPS: N37° 12' 15.0" W7° 14' 40.7"
Paseo de Poniente;
max. WOMOs: 2-3
Ausstattung/Lage: keine / im Ort
Zufahrt: A5054, 2 km östlich hinter
Badeplatz 069 meerwärts über Pa-
seo de la Vera bis zum Strand,
rechts größerer Parkplatz.

Uns gefällt es am besten auf dem Platz *Playa del Hoyo*, wo
wir am nahen Strand noch etwas Sonne, Wasser und in dem
Chiringuito (Strandkneipe) von Francisco und José einen *ensa-
lada de mariscos* (Meerensfrüchtesalat) genießen und bei ro-
mantischem Abendrot den Tag ausklingen lassen.

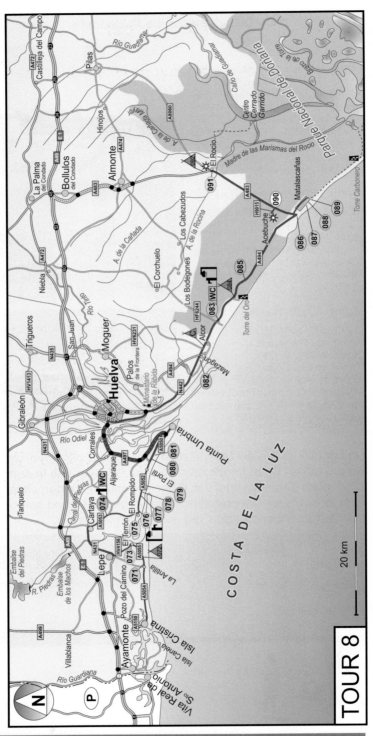

TOUR 8

TOUR 8 (152 km / 3 - 4 Tage)

La Antilla – Huelva – Mazagón – Matalascañas – Doñana – El Acebuche – El Rocío

Freie Übernachtung:	La Antilla, El Terrón, El Rompido, Punta Umbria, El Portil, Mazagón, Cuesta Manelí, Matalascañas, El Rocío
Ver-/Entsorgung:	Campingplätze
Trinkwasserstellen:	El Rompido, Mazagón
Campingplätze:	La Antilla, Mazagón, El Rocío
Besichtigen:	Monasterio de la Rábida, Doñana (El Acebuche), El Rocío
Wandern:	Mazagón, Matalascañas, El Acebuche, El Rocío
Essen:	Meson La Aldea, El Rocío

Wer jetzt auf Baden und Sonnen steht, kommt hier an den kilometerlangen Sandstränden der **Costa de la Luz** voll auf seine Kosten. Gleich im nächsten Badeort, LA ANTILLA, finden wir trotz der vielen Ferienwohnungen am östlichen Ortsende einen Parkplatz für eine Badepause. Die Wasserqualität ist hier ganz hervorragend und wurde zum wiederholten Male mit der „Blauen Flagge" ausgezeichnet.

La Antilla: Strandpromenade am Atlantik

Der örtliche Campingplatz ist etwa 2 km weiter östlich anzu-treffen, liegt aber ziemlich strandfern:

Hinter dem Ort macht die Straße wegen einer Flussmündung und großen Sümpfen einen Knick landeinwärts, und wir lan-den in dem idyllischen Fischerdorf EL TERRÓN. Vor dem Orts-eingang führt eine fürchterliche Holperpiste auf die sandige Halbinsel **Barra de el Rompido**. Es ist ein paradiesisches Dünengelände, aber von hier aus leider nur zu Fuß erreich-bar, wie wir schmerzlich feststellen müssen, weil unser WOMO auf einem steilen Brückchen beinahe „abgeseift" wäre. Aber vor der Einfahrt zum Paradies gibt es jetzt einen ebenen Park-platz, um auf die traumhaft schöne Lagune *per pedes* oder Drahtesel zu gelangen. Bis zum Strand sind es etwa 1860 m.

Östlich der Feuchtgebiete um den *Río Piedras* liegt der Ferien- und Hafenort **EL ROMPIDO**. Hier beginnt ein 16 km langer Sandstrand, der erst in der Touristenhochburg PUNTA UMBRÍA endet. Kurz vor EL ROMPIDO (4,5 km) passieren wir zur Linken eine Gokartrennbahn, wo sonntags häufig Motörchen knattern. Gegenüber liegt ein großer Picknickplatz.

(074) WOMO-Picknickplatz: El Rompido (San Isidro)

GPS: N37° 15' 52.4" W7° 07' 49.8" an A5053, Pradera San Isidro;
max. WOMOs: 8 – 10
Ausstattung/Lage:
Mülleimer, WC, Wasser
Tische, Bänke, Grills,
Restaurant (Sommer) /
außerorts - Kann an
Wochenenden voll werden.
Zufahrt: auf HU3301
nach Lepe (3,7km),
rechts auf N431 nach
Cartaya (8,1 km) rechts
auf A4106, nach 1100
m im Kreisel 2. Ausfahrt

Im Bereich von EL ROMPIDO haben wir noch weitere fünf Stellplätze anzubieten:

WOMO-Bade- und Stellplätze: El Rompido

(075) Hafen

GPS: N37° 13' 02.6" W7° 07' 34.2";
Calle Puerto;   **max. WOMOs:** 3
Ausstattung/Lage: Mülleimer, Restaurant / im Ort - max. 6 m Länge
Besonderes: Schiffsanleger zur
Barra de El Rompido (FKK-Lagune) (2012: 4,00 € pro Person)
Zufahrt: von Cartaya auf A5053/
A5052 am OE, 2. Kreisel 1. Ausf.

(076) Ortseingang

GPS: N37° 13' 06.8" W7° 07' 21.6"
Av. de las Playas de Cartaya
max. WOMOs: 3
Ausstattung/Lage: Mülleimer, Restaurants, Läden / im Ort
Zufahrt: wie 075, 2. Kreisel 2. Ausfahrt, 200 m links, sofort rechts

(077) Playa de Cartaya (Los Pinos)

GPS: N37° 12' 56.7" W7° 06' 03.4";
Calle Neptuno; **max. WOMOs:** 10
Ausstattung/Lage: Mülleimer, Sandstrand, Wasser, Duschen / Ortsrand
Zufahrt: wie 076, 2. Kreisel 2. Ausfahrt, nach 2100 m links ab

(078) Playa San Miguel (früher Camping Catapum)

GPS: N37° 13' 04.7" W7° 05' 36.5";
Nähe A5052; **max. WOMOs:** 10
Ausstattung/Lage: Mülleimer, 360 m zum Sandstrand / Ortsrand
Zufahrt: A5052 Richtung Punta Umbria, bei Km 2,9 links „Playa Parking"

(079) Playa San Miguel

GPS: N37° 12' 59.2" W7° 05' 45.3";
A-5052;
max. WOMOs: 4
Ausstattung/Lage: Mülleimer, Sandstrand, schattig / Ortsrand
Zufahrt: wie 078, jedoch <u>vor der Anhöhe</u> rechts ab. **Achtung!** Höhenschranke 2 m, aber 2,55 m ging noch durch (ohne Gewähr).

Wenn der geschilderte Badeplatz 079 bei schönem Wetter zu voll ist, muss man wohl oder übel auf den oberen Parkplatz ausweichen, aber der Weg zum Strand beträgt nur 360 m. Einen Campingplatz gibt es in diesem Ortsbereich nicht mehr. Um in das erwähnte Dünenparadies **Playa de Nueva Umbría** auf der Halbinsel **Barra de el Rompido** zu gelangen, kann man sich auch eine Mitfahrgelegenheit auf einem Sport- oder Fischerboot suchen. An dem Badeplatz 077 ankern zahlreiche Freizeitkapitäne. Oder mit dem Schiffchen am Hafen. An der langen Uferstraße (A-5052) nach PUNTA UMBRÍA gibt

Barra de el Rompido und die Playa de Nueva Umbría

es immer wieder gute Stellmöglichkeiten, so auch etwa 9 km hinter EL PORTIL. An Wochenenden stehen hier auch viele Einheimische mit ihren Reisemobilen, natürlich auch die PKW zahlreicher Badelustiger aus der nahen Großstadt HUELVA.

(080) WOMO-Badeplatz: El Portil (Uferstraße)

GPS: N37° 12' 10.6" W7° 01' 23.9"
an A5052; **max. WOMOs:** 10 – 15
Ausstattung/Lage: Müllcontainer, schattenlos / außerorts
Zufahrt: wie 081, nur 1000 m näher

1800 m hinter dem ersten Abzweig zur Rennpiste A497 nach HUELVA können wir einen Badeplatz direkt am Sandstrand empfehlen, der viele Parkmöglichkeiten etwas abseits der Straße bietet. Ein Greis mit Hund lebt hier in seinem klapprigen Wohnmobil - offenbar ständig. Das rustikale **Fischrestaurant** vor Ort bietet preiswerte Mahlzeiten an, die man auf der Terrasse einnehmen kann. Wochentags ist hier sicher eine Übernachtung möglich, da dann der Autoverkehr schwach ist.

(081) WOMO-Badeplatz: Costa Recife

GPS: N37° 11' 55.0" W7° 00' 45.6";   an A4104
max. WOMOs: 20
Ausstattung/Lage: Mülleimer, schattenlos, Restaurant / außerorts
Zufahrt: A497 AS 10, auf A4105, links ab auf A4104, 1500 m

Strand Costa Recife bei Punta Umbra

Den Badeort PUNTA UMBRIA erspart man sich besser. Also biegen wir gleich nach Norden ab, um die Chemie- und Industriestadt HUELVA möglichst schnell zu passieren. Die stinkende Metropole hat außer ein paar Museen kaum Sehenswertes; lediglich das Franziskanerkloster **Monasterio de la Rábida** (15. Jahrhundert), gegenüber der Landzunge *Punta del Sebo* mit dem klotzigen Kolumbusdenkmal, wären zu erwähnen.

Sofort hinter der *Odil*-Brücke geht es rechts ab auf die H30, die nach Überquerung des *Río Tinto* zur N442 wird. Dort - 7,5 km vom Zentrum - gibt es einen schlecht beschilderten Abzweig (A5025) nach links zum Kloster, das viele Jahre Heimstätte von **Christoph Kolumbus** (spanisch: *Cristóbal Cólon*) war. Außer montags kann man an Führungen sowohl vor- als auch nachmittags teilnehmen. Wollen Sie Kloster und Denkmal nicht bestaunen, folgen sie einfach den Wegweisern nach MAZAGÓN.

Die A494 (Fortsetzung der N442) soll uns an der Atlantikküste bis zu dem weltberühmten Naturschutzgebiet **Doñana** führen. In dem ersten Städtchen, MAZAGÓN, finden wir einen breiten Sandstrand, **Playas de Dunas**, der von einer großen festgefahrenen Sand- und Schotterfläche zur Straße hin begrenzt wird. Nachdem wir uns kundig gemacht haben, dürfte hier das Badevergnügen allerdings nicht das beste sein, denn das Wasser hat, bedingt durch die verunreinigten Flüsse *Río Odiel* und *Río Tinto*, keine befriedigende Qualität.

Mazagón: Playas de Dunas

(082) WOMO-Badeplatz: Mazagón (Playa de Dunas)

GPS: N37° 07' 52.7" W6° 49' 30.7"; Av. Conquistadores; **max. WOMOs:** 5
Ausstattung/Lage: Mülleimer, Restaurants, Sandstrand / im Ort
Zufahrt: im Ort Wegweiser „Playa"
Sonstiges: Verbotsschilder, schlechte Wasserqualität
Alternative: Stellplatz Yachthafen, 300 m zurück, links ab, 350 m
082.1: N37° 07' 50.7" W6° 49' 43.4"

Nach 4 km werden wir durch große Plakatwände darauf hingewiesen, dass hier der Naturschutzpark **Doñana** anfängt.
2000 m weiter – genau bei Km 31,1 – lädt ein Wegweiser meerwärts zum Besuch des *Parador Recreation Center* ein.

Mazagón: Strand beim Parador Recreation Center

Neugierig biegen wir ab und stellen schon nach kurzer Zeit fest, dass wir einen Volltreffer gelandet haben. Eine große, baumbestandene Fläche links und rechts des Weges lädt zum Zelten und kostenlosen Kampieren ein. Der Weg mündet in eine ziemlich schräge Abfahrt hinunter zum **Sandstrand**. Linker Hand gibt es noch einen großen Parkplatz für viele Fahrzeuge.

(083) WOMO-Picknick-/Badeplatz: Mazagón (Parador)

GPS (oben): N37° 06' 56.0" W6° 46' 04.9"; an A494; **max. WOMOs:** 10

GPS (unten 083.1)): N37° 06' 39.5" W6° 46' 13.3" **max. WOMOs:** 2
Ausstattung/Lage: (oben) Müllcontainer, schattig, Toiletten*, Duschen*, Wasser*, Bänke, Tische (unten) Müllcontainer, Kiosk / außerorts
Zufahrt: A494 bei Km 31,1 rechts
Auf dem unteren Platz stehen Verbotsschilder.
* Die Sanitäranlagen sind total verkommen bzw. zerstört!

Wir rollen 500 m bergab zum Strand, wo wir auf einer sandigen Fläche außerhalb der Hauptsaison auch stehen könnten. Der Parkraum ist aber nur für einige kleinere WOMOs ausreichend. Hier befindet sich die Badeaufsicht und ein Kiosk. Das vornehme

Playa de Parador

Parador-Hotel liegt oben rechts auf der Steilküste, mit einem berauschenden Meeresblick.

Wir beschließen, den Rest des jungen Tages mit Faulenzen am Strand zu verbringen. Am frühen Abend bauen einige junge Leute, die trotz des schönen Wetters nichts Besseres zu tun hatten, als laute Musik zu hören, ihre Zelte auf dem oberen Parkplatz wieder ab, und wir sind mit einer englischen und einer holländischen Familie allein.

Am nächsten Morgen geht es weiter auf der A494 schauen wir uns den 4,6 km südöstlich liegenden Campingplatz „Doñana Playa" an. Er steht nun unter neuer Leitung, die viele Verbesserungen, u. a. neues Sanitär, initiiert hat.

(084) WOMO-Camping-platz-Tipp: Doñana Playa

GPS: N37° 05' 59.7" W6° 43' 32.7" an A494; **offen:** 23.1.-16.12.
Ausstattung: 1. Kat., PK 1, Pools, Sandstrand, Fon 959536281, Fax 959536313, campingdonana.com, info@campingdonana.com; Restaurants, neues Sanitär / außerorts
Zufahrt: A494 bei Km 35,4.
Sonstiges: Juli/August stark belegt, Reservierung wird empfohlen

Links von dieser Anlage schließt sich ein Militärgelände an, wir folgen dem Wegweiser **Torre del Oro** (Ruine eines maurischen Wachturms) und landen überraschenderweise vor einer Polizeikaserne . Der Wache schiebende Uniformierte guckt ganz böse, so dass wir hastig wenden und auf die Hauptstraße zurückkehren. Haben wir uns verfahren? Weiter geht die Reise auf der A494 in Richtung MATALASCAÑAS. Bei Km 39,7 macht uns ein großer Picknick- und Parkplatz neugierig.

(085) WOMO-Wanderplatz: Cuesta Manelí

GPS: N37° 04' 49.5" W6° 41' 10.6" an A494; **max. WOMOs:** 5
Ausstattung/Lage: MC, Tische, Bänke, Kiosk (Sommer), Playa de Castilla 1200 m (Luftlinie), Abzweig zum *Playa Naturista* (FKK)
Zufahrt: A494 bei Km 39,7
Sonstiges: Im Sommer ist der Parkplatz bewacht, Parken bis 20 Uhr 2 Euro.

Dünenwanderung zur Playa de Castilla und zurück (2,5 km)

Große Bildtafeln weisen uns den Weg zum Strand. Ein Knüppeldamm führt 1174 m durch die zauberhafte, naturbelassene Dünenlandschaft, wo wir von vielen Punkten aus eine herrliche Aussicht haben. In Abständen sind Tafeln angebracht, die Fauna und Flora erklären. Unterwegs zweigen Trampelpfade zum FKK-Strand („*Playa Naturista*") nach links ab. Der Weg endet an einer 10 – 15 m hohen Steilkü-

ste, die wie versteinert wirkt. Zum Sandstrand müssen wir etwas mühselig über viele Stufen herunterkraxeln. Unten wird ein Budencafé sichtbar, in dem hinter verschlossenen Türen ein alter Mann herumrumort, begleitet von einem bellenden Hund. Der Strand ist ein Traum!

Fast weißer, feiner Sand breitet sich von der Brandung bis zum Rand des Steilhanges aus. Eine Badepause ist angesagt. Schwimmsachen sind hier nicht von Nöten, denn die meisten Strandbesucher sonnen und baden hier textilfrei. Es herrscht - im wahrsten Sinne des Wortes - eine paradiesische Ruhe, das Wasser ist glasklar und der Strand ist sauber, weil es zahlreiche Mülleimer gibt.

Die Retortenstadt **MATALASCAÑAS**, früher ein kleines Fischerdorf, heute eine gigantische Feriensiedlung, folgt 13 km weiter. Am Kreisverkehr vor dem Ort zeigt ein Schild den einen Campingplatz an. Pustekuchen, die Anlage wurde kürzlich ersatzlos geschlossen. Da niemand die Wegweiser entfernt hat, rollen hier sicher viele Camper vergeblich an. Da es keine Straße zum Ort gibt, muss man leider zurückfahren. Unterhalb des ehemaligen Campingplatzes ist ein winziger Parkplatz auf der Steilküste, den man bestenfalls mit einem kleinen Womo in der Nebensaison über Nacht nutzen könnte. Wir fahren aber jetzt nach MATALASCAÑAS, dessen Straßennetz für manche ein Albtraum darstellt. Die rechteckige Feriensiedlung ist 4 km lang und 1 km breit. Es gibt keine Straßennamen, sondern nur Sektoren mit einem Großbuchstaben. Da der Ort in den vergangenen Jahren immer schneller gewachsen ist, sind den Stadtvätern die Buchstaben ausgegangen, und man fing nach „Z" wieder bei „A" an, was die Verwirrung komplett macht. Da am anderen (östlichen) Ende dieses Ferienirrgartens ein schöner WOMO-Badeplatz lockt, sollten Sie sich sofort bei der **Tourist Info** einen schönen, bunten Stadtplan holen.

Matalascañas: Torre Higuera

Der große, leicht schräge Parkplatz am Ortseingang ist neuerdings auch für Wohnmobile zugelassen, zumindest gibt es keine Verbotsschilder mehr. Der nachts beleuchtete Platz ist zwar nicht gerade gemütlich, aber eine Übernachtung wird man überstehen. Wir fahren im Kreisverkehr bei Km 51 dem Wegweiser *„Playas"*, also rechts, nach und kommen zur einzigen Sehenswürdigkeit, dem **Torre de la Higuera"**. Auf halbem Weg liegt zur Linken die **Tourist Info** *(Información Turística y al Consumidor)* in einem kleinen Park, gleich daneben im Sektor A der alte Ortskern mit Kirche, Rathaus, Apotheke, Polizei, Banken und Postamt mit vielen Geldautomaten. Auf dem Weg zum Strand gibt es - meist überfüllte - Gratisparkplätze, die man besser mit dem WOMO meidet, weil durch teilweise abenteuerliches Parken alles zu eng wird. Unmittelbar am Wasser kassiert jemand Gebühren ab. Der Strand ist 4,5 km lang und herrlich breit. Alle paar Meter gibt es Baywatches, Duschen, Toiletten, Strandbars, Cafés, Kioske, Restaurants, Souvenierbuden – den ganzen Rummel eines Massenstrandes, in der Nebensaison aber ruhig.

Wir wursteln uns mutig mit unserem Campingbus nach dem Schild „Centro" durch das Ferienhausgewirr in Richtung Südosten. Nach 500 m können wir auf einem geräumigen Parkplatz für einen Ortsbummel stehen, der sich *„Burbujitas"* nennt. Wir sind aber noch nicht zufrieden und finden einige bessere Plätze, die wir auf der nächsten Seite übersichtlich darstellen. Von dem Kreisverkehr, wo die A483 endet, liegt 1800 m südöstlich der **Torre Almenara**; 1350 m weiter öffnet sich an der Diskothek *Surfasaurus* ein riesiger, asphaltierter Parkplatz und wieder 1400 m weiter ein großer Sandplatz am Oststrand, wo jetzt auch ein Restaurant seine Dienste anbietet.

Matalascañas: Oststrand

WOMO-Badeplätze: Matalascañas

(086) Ortseingang

GPS: N37° 00' 34.1" W6° 33' 52.3" Poligono Sector Inglesillo
max. WOMOs: 10 **Ausstattung/Lage:** Papierkörbe, beleuchtet / im Ort
Zufahrt: Kreisverkehr A494/A483, ca. 500 m nach Süden

(087) Torre Almenara

GPS: N36° 59' 49.4" W6° 33' 05.0"
Poligono Sector Nutria
max. WOMOs: 4
Ausstattung/Lage: MC, Museum,
gebührenpflichtig / im Ort
Zufahrt: den WW „Parking Playa"
oder „Torre Almenara" folgen.

(088) Surfapark

GPS: N36° 59' 25.3" W6° 32' 21.7"; Av. Dostoyesky;**max. WOMOs:** 12
Ausstattung/Lage: Müllcontainer / im Ort
Zufahrt: von der Carretera Norte am Kreisverkehr mit den Tonnen rechts
ab, dann wieder rechts und immer geradeaus; am Hotel „El Mirador".

(089) Oststrand

GPS: N36° 59' 01.0" W6° 31' 44.8"
Poligono Sector Dunas
max. WOMOs: 10
Ausstattung/Lage: Müllcontainer,
WC, Gaststätte / Ortsrand
Zufahrt: von der Carretera Norte
am vorletzten Kreisverkehr rechts
ab, 2. Straße links bis zum Ende,
dann rechts, 2. Straße links.
Sonstiges: Beginn des Küsten-
wanderweges in die Doñana

Küstenwanderungen an der Doñana

Eine längere Küstenwanderung sollte man tunlichst in den heißen Sommermonaten vermeiden, sonst kommt man wegen der vielen Badepausen nie zum Ziel. Außerdem raten wir dazu, möglichst bei Ebbe zu laufen, dann ist der Weg auf dem festen Sand erheblich bequemer.

Es gibt zwei Möglichkeiten:

Erstens: Eine dreistündige Wanderung (15 km) zum *Torre Carbonero* und zurück. Der Start ist ein Knüppeldamm an dem WOMO-Badeplatz Matalascañas (Oststrand). Wir gehen zügig etwa 1 ½ Stunden entlang der *Playa de Castilla* bis zu dem maurischen Wachturm *Torre Carbonero*. Unterwegs erleben wir Natur pur! Uns begleiten Möwen und Seeschwalben, ab und an sehen wir die seltenen weiß-grauen Korallenmöwen mit roten Schnäbeln. In dem verwitterten Wachturm nisten Falken und Seeregenpfeifer. Luchse und andere Wildkatzen haben hier ihr Jagdrevier. Beim Barfußgehen müssen wir wachsam sein, denn vereinzelt leben hier auch kleine Giftschlangen.

Zweitens: Eine anstrengende, zweitägige Wanderung (48 – 50 km), für die eine gute Ausrüstung erforderlich ist: kleines Zelt, ausreichende Wasservorräte, Verpflegung, Mückennetze, IGN-Wanderkarte „Mapa Guía Parque Nacional de Doñana" 1 : 50.000 Nr. 423434120021, Kompass. Diese Tour haben wir selbst nicht ausprobiert. Der Weg – auf der Karte grün gestrichelt – führt auch an der Küste entlang, am *Torre Carbonero* (1 ½ Std.) und nach 1100 m an einer Hausruine (*Casa Cuartel*) vorbei, hinter der nach 600 m ein etwas undeutlicher Abzweig nach links folgt. (2 ¼ Std.). Sie gehen aber geradeaus weiter, nach 6 km an den Ruinen des *Torre Zalabar* und einer *Casa Cuartel* vorbei (3 ½ Std.), bis an der *Casa Inglesillo* ein Pfad nach links abzweigt. (4 ½ Std.). Hier biegen Sie ein und gehen 3000 m durch einen Pinienwald bis zu einem Viehweg, in den Sie wieder nach links schwenken und hier auf den *Palacio de las Marismillas* stoßen. (5 Std.) Sie gehen weiter durch Pinienwald in nördlicher Richtung und kommen nach 3,5 km an das Ufer des Sees *Lucio del Membrillo*. (6 Std.) Diese Örtlichkeit mit einem *Observatorio* (Beobachtungsstation) heißt *Rincón del Membrillo*, wo man einen Platz für die Nacht suchen sollte.

Der Rundweg führt zunächst 1,5 km weiter über den Viehweg am Seeufer entlang und macht dann einen leichten Knick nach Nordwesten bis zu den *Ruinas Romanas*. (30 Min.) Hier weicht der Wanderweg nach Norden ab und stößt später nach einem großen Bogen wieder auf den Ochsenpfad und dann auf den Küstenweg. (4 ¼ Std.) (Der Viehweg führt übrigens direkt zum *Palacio de Doñana*!) Sollten Sie den Weg nicht mehr erkennen, so gehen Sie einfach über die Dünen nach Westen zum Atlantik und zwei Stunden nach Matalascañas. (6 ½ Std.)

Variante: Für mutige und fleißige Marschierer kann die Wanderung noch ausgedehnt werden, indem man am Meer weiter geradeaus geht bis zur Landspitze *Punta de Malandar* an der Mündung des *Río Guadalquivir*, gegenüber der Hafenstadt SANLÚCAR DE BARAMEDA, in die wir später noch kommen werden. (Ab hier könnte man mit einer kleinen Fähre in die Stadt übersetzen.) Der Fußweg führt ca. 4,5 km weiter nach Norden am Flussufer entlang und biegt dann nach Westen ab, bis wir am *Palacio de las Marismillas* ankommen und wie oben beschrieben weitergehen. Der Umweg verlängert die Wanderung um 12 – 13 km.

Aus MATALASCAÑAS herauszufinden, ist nicht schwer, wenn man stur nach Norden fährt, gelangt man immer auf die *Carretera Norte*. Wir biegen in die Stadtrandstraße nach links und

kommen an den bekannten Kreisverkehr, wo wir nach rechts in die A483 in Richtung EL ROCÍO schwenken.

Schon nach 4 km bietet sich zur Linken das Besucherzentrum EL ACEBUCHE – *Centro de Reception de Doñana* – an. Wir entern durch ein breites Tor den geräumigen Parkplatz, auf dem in der Mittagshitze viele Touristenautos und Omnibusse stehen.

(090) WOMO-Wanderparkplatz: Doñana (Acebuche)

GPS: N37° 02' 44.8" W6° 34' 00.6"; an A483; **max. WOMOs:** 12
Ausstattung/Lage: Müllcontainer, WC, Cafetería / außerorts
Zufahrt: von Matalascañas auf A483, nach 3,4 km links (beschildert)
Sonstiges: Nur **als Tagesplatz** von 8 – 21 Uhr nutzbar; in der Nebensaison kann man wegen Übernachtung bei der Parkwache nachfragen. Ansonsten fährt man einfach nach El Rocío weiter.

Hier haben wir die Wahl zwischen einer vierstündigen Rundfahrt durch den Naturpark mit einem großen **Geländewagen** für 27,00 pro Person und einer kostenlosen Wanderung. In dem kleinen

Informationsbüro erfahren wir, dass die letzten Busse bereits ausgebucht sind. Man weist uns darauf hin, dass wir besser eine Fahrt telefonisch vorab hätten reservieren sollen, und zwar unter **Fon 959448711** bei der „Cooperativa Marismas del Rocío".

Da uns nichts anderes übrig bleibt, entscheiden wir uns für die zweistündige Wanderung, zu den Lagunen u. a. zur **Laguna de los Pájaros,** was wir nicht bereut haben (s. Foto links). Durch das große Gelände führen, um die Natur nicht zu stören, Holzstege (s. oben) zu einigen Observationshütten. Es ist zwar nicht das ultimative Naturerlebnis, aber wir haben doch recht viel von der einmaligen Landschaft, der Fau-

Doñana: Marismas

na und Flora gesehen. Dieses Sumpf- und Seengebiet ist die Winterheimat zahlreicher Vögel wie Löffel- und Purpurreiher, Kaiseradler, Kammbläßhuhn, Brachschwalbe, Säbelschnäb-

ler, Weißkopfruderente, Purpurhuhn, Möwe, Ente und Storch. Auch trifft man 33 Arten Säugetiere hier an wie Dam- und Edelhirsch, Fischotter, die nordafrikanische Ginsterkatze, Meloncillo und den Iberischen Luchs. Ferngläser sowie starke Teleobjektive tun hier gute Dienste. Zur Verblüffung der Besucher sind im Gelände einige lustige Statuen verteilt. So sitzt zum Beispiel ein kleiner **Junge auf einer Holzbank** oder ein Mann

hält sich in einer Baumkrone fest.

Da eine Übernachtung auf dem Parkplatz nicht möglich ist, rollen wir durch eine wunderschöne Lagunen- und Marschlandschaft 12 km nach Norden und erreichen

Doñana: El Rocío

am späten Nachmittag das Pilgerstädtchen **EL ROCÍO**. Wir haben Glück, dass Pfingsten schon zwei Wochen vorbei ist, denn sonst hätten wir hier keinen Fuß vor den anderen setzen können. **Pfingsten** findet hier ein gewaltiges religiöses Spek-

Wallfahrtskirche Nuestra Señora del Rocío

takel, die **Romería del Rocío**, statt, zu der aus ganz Spanien schon Tage vorher **bis zu einer Million Pilger** strömen, zu Fuß, zu Pferde, mit Kutschen, Autos, Wohnwagen usw. Die vielen Menschen übernachten in Fahrzeugen, Zelten und unter freiem Himmel

Hauptaltar der Kirche Nuestra Señora

und feiern Tag und Nacht. Höhepunkt des Festes sind der **Gottesdienst** und die **Marienprozession am Pfingstmontag**, die von einer fanatischen, rasenden Menschenmenge begangen wird. Der örtliche, moderne Campingplatz „La Aldea" ist dann viele Monate im Voraus ausgebucht. Von Mittwoch vor Pfingsten bis Pfingstdienstag kostet ein Wohnmobil mit zwei Personen sage und schreibe 86 pro Nacht (2011).

Der kleine Ort mit etwa 1200 Einwohnern erinnert stark an ein Wildwestdorf in Mexiko, alle Plätze und Straßen haben lediglich einen sandigen Boden. Prachtstück ist die schneeweiße Wallfahrtskirche *Nuestra Señora del Rocío*, die vor Kopf eines riesigen sandigen Platzes steht. Der alte *Custodio* deutet an, dass wir auf seinem Großparkplatz nicht mehr übernachten können und wir sollten uns einen Platz für die Nacht hinter der Kirche suchen. Während der *Romería* ist auf dem Kirchenvorplatz für alle natürlich an Parken nicht zu denken.

WOMO-Stellplätze in El Rocío

(091) Ortsmitte
GPS: N37° 08' 05.8" W6° 29' 08.6"; Plaza Mayor   **max. WOMOs:** 10
Ausstattung/Lage: Mülleimer, schattig / im Ort
Zufahrt: von A483, 2. Ortszufahrt, rechts halten, 1. links, 1. rechts, wieder rechts, dann links

(091.1) Südwesten
GPS: N37° 07' 48.4" W6° 29' 30.4" Av. Canaliega;   **max. WOMOs:** 3
Ausstattung/Lage: schattig, Müllcontainer / Ortsrand
Zufahrt: alte A483 geradeaus, 550 m links

(091.2) Westen
GPS: N37° 07' 58.6" W6° 29' 25.0" Calle del Pato Real;
max. WOMOs: 3
Ausstattung/Lage: Müllcontainer, sandig / Ortsrand
Zufahrt: alte A483 geradeaus, hinter dem Ortseingang 1. Str. links, 1. Straße rechts

Am Rande des Platzes beginnt direkt die Salzmarsch („*Marismas*") der *Doñana*. Fast zum Greifen nahe weiden auf den

kleinen Inseln wilde Pferde, Schwärme von Flamingos suchen sich ihr Futter. Ein unvergessliches Bild in der warmen Abendsonne!

Da es uns in der heutigen Hitze nach Abkühlung drängt, ziehen wir den neuen Campingplatz vor. Das große Badebecken verführt sogar zum sportlichen Schwimmen mehrerer Bahnen, was wir allen Womo-Fahreren raten, denn Bewegung tut nach längerem Sitzen am Steuer gut und hält gesund.

(092) WOMO-Campingplatz-Tipp: La Aldea

GPS: N37° 08' 30.0" W6° 29' 24.0"; an A483; **offen:** ganzjährig **Ausstattung:** sehr gut; PK 3, (Romería 5-fach); Pool, moderne Sanitäranlagen, gutes Restaurant; info@campinglaaldea.com, Fon 959442677, Fax 959 442 582; Stromanschluss ist sehr teuer. Reservierung, für die Romería ein Jahr vorher! **FCA!**
Zufahrt: alte A483 bei Km 25,0

Das Abendessen im angeschlossenen Restaurant „*Meson La Aldea*" ist ganz hervorragend, und nicht einmal teuer. Für Vorspeise, Lammfilet, Rioja und Brandy werden wir keine 40 los. Jetzt geht es früh ins Bett, denn für morgen ist wieder einmal Wandertag angesagt.

El Rocío: Kirche unter Palmen

Wanderung zum *Lucio Cerrado Garrido* (28 km / 6 Std.)

Auch für diese Route nehmen wir Fernglas, Fotoausrüstung und genügend Wasser mit, obwohl die Cafetería des *Centro José Antonio Valverde* im *Cerrado Garrido* tagsüber meist geöffnet hat. Wir starten in El Rocío an der *Plaza Pequeña* , von wo aus ein sandiger Reit- und Karrenweg nach Osten (*"Palacio del Rey"*) beginnt und bald über eine Steinbrücke führt, um nach 750 m die Holzbrücke *Puente del Ajolí* zu überqueren. Wir folgen dem breiten Sandweg weiter, links ein Kiefernwald, rechts ein Wildgatter. Gut 3 km weiter kreuzen wir das meist trockene Rinnsal *Cañada Mayor*, kurz danach passieren wir rechts ein Tor (Schließen nicht vergessen!) und kommen an eine Dreifachgabelung. Wir wählen den mittleren Weg unter einer Stromleitung. Links und rechts begleiten uns 700 m Laubbäume bis zum Bauernhof *Casa de la Cañada Mayor*, den wir links liegen lassen. (1 ¼ Std.) Am Ende des Waldes kommen wir an

Bei El Rocío: Lagune Lucio Cerrado Garrido

den Damm *Muro de la C.H.G.*, der uns in drei schnurgeraden Abschnitten über 8 km durch die herrliche Landschaft der *Marismas* führt. Weil wir uns absolut still verhalten, sehen wir hier viele seltene Vögel, so auch Schwärme von Flamingos. Je nach Jahreszeit kann man hier sehr unterschiedliche Beobachtungen machen. Jetzt liegt vor uns der Wasserlauf des *Caño de Guadiamar*, unmittelbar danach folgt die Lagune *Lucio Cerrado Garrido* mit dem Informationszentrum, das Ziel unserer Wanderung. (3 Std.) Nördlich des Dammes liegen künstliche Bewässerungskanäle, die Felder dazwischen heißen *Parcelas de la F.A.O.*

Nach einer ausgiebigen Pause in der Cafetería* treten wir auf derselben Piste den Rückweg an, der natürlich schneller vonstatten geht, wenn man nicht allzu häufig stehen bleibt, um die fantastische Natur zu genießen.

*) Die Cafetería ist nur in den Sommermonaten geöffnet.

Der Ort EL ROCÍO bietet eine Vielzahl von weiteren Stellplatzmöglichkeiten, wenn man bedenkt, dass während der jährlichen *Romería* hier Hunderttausende von Menschen im Freien kampieren. Man muss nur ein wenig umherfahren, um ein Plätzchen für die Nacht zu finden. Einige Beispiele haben wir aufgeführt. Es gibt zahlreiche Souvenierläden, Imbissbuden und Restaurants, so dass die WOMO-Küche nicht unbedingt aktiviert werden muss. Manchmal wird auch vor einigen Türen abends zünftige Country-Musik gemacht.

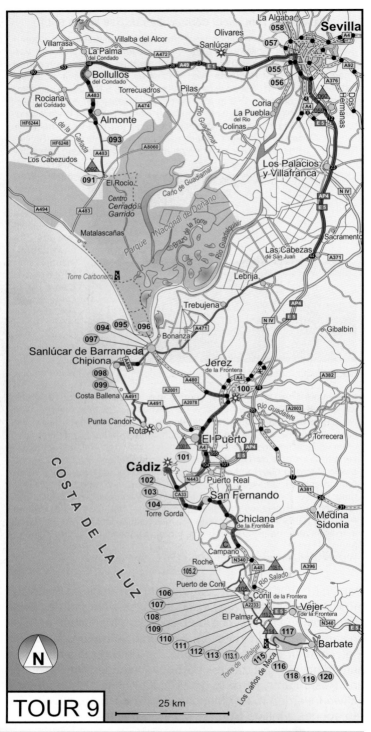

TOUR 9 (350 km / 4 - 6 Tage)

Almonte – (Sevilla) – Sanlúcar de Barrameda – Rota – Jerez de la Fr. – El Puerto de S. M. – Cádiz – Conil de la Fr. – El Palmar –Caños de Meca – Barbate – Zahara d. l. A. – Bolonia – (Gibraltar)

Freie Übernachtung:	Los Llanos, Sanlúcar de Barrameda, Jerez, Cádiz, Conil, El Palmar, Zahora, Caños de Meca, Barbate, Zahara de los Atunes, El Lentiscal (Bolonia)
Ver-/Entsorgung:	Campingplätze
Trinkwasserstellen:	Campingplätze, Cadiz, Los Caños, Barbate
Campingplätze:	El Puerto de Sta. Maria, Conil, El Palmar, Caños de Meca, Zahara de los Atunes
Besichtigen:	Sanlúcar de Barrameda, Rota, Jerez de la Frontera, Cádiz, Cabo de Trafalgar, (Gibraltar)
Wandern:	Caños de Meca
Essen:	El Palmar (Casa Juan)

Eine Brücke über den *Guadalquivir* nach Osten gibt es nicht, wir müssen den Riesenumweg über SEVILLA fahren, um nach SANLÚCAR DE BARRAMEDA und CÁDIZ zu gelangen. Von EL ROCÍO geht es zunächst weiter nach Norden auf der A483, nach 8 km finden wir auf der linken Seite die *Area Recreativa Los Llanos*. Die Wasserstelle ist trocken.

(093) WOMO-Picknick-platz: Los Llanos

GPS: N37° 12' 32.4" W6° 30' 21.6"
an A483; **max. WOMOs:** 8-10
Ausstattung: Müllcontainer, Ti-sche, Bänke, Grillstellen.
Zufahrt: A483, bei Km 17,8.
Sonstiges: Platz über Pfingsten (Romería) meiden.

An ALMONTE und BOLLULLOS vorbei gelangen wir zur maut-freien A49, passieren SEVILLA auf dem westlichen Ring (A4) und stoßen auf die AP4 (Maut!) in Richtung CÁDIZ. Nach 33 km gehen wir bei LAS CABEZAS (AS 44) heraus und gon-deln über die Landstraße A471 über LEBRIJA in Richtung SAN LÚCAR DE BARRAMEDA bzw. CHIPIONA (nicht „CÁDIZ").

Sanlúcar de Barrameda (Playa de la Calazar)

Wir sehen, dass wir schnell weiterkommen, denn die Gegend ist langweilig: Industrie und Brachland. Dann wird sie etwas lieblicher: Weiße Bauernhäuser mit roten Dächern, Kornfelder, endlose Sonnenblumenfelder, sanfte Hügel, Eukalyptusbäume, an denen die Spitzen schon braun und rot werden, fliegen vorbei. Die Straße wird etwas rumpeliger, rechts leuchten Berge aus weißem Sand.

Gegen Mittag erreichen wir die sehenswerte Hafenstadt **SANLÚCAR DE BARRAMEDA.** Am ersten Kreisverkehr gehen wir rechts ab zum *„Centro Urbano Ciudad"* und quälen uns immer geradeaus durch das Straßengewirr. Wir landen an der schönen, von vielen Palmen begrenzten Strandpromenade, direkt an der 1000 m breiten Mündung des *Guadalquivir*. Gegenüber sehen wir Dünen und Kiefernwald der wilden *Doñana*, die südöstliche Grenze des Naturparks. (s. Wanderung Tour 8!) Im Westen liegt der weite Atlantik.

An der gepflegten Uferstraße ist reichlich Parkraum vorhanden. Ein paar Treppen tiefer liegt der Sandstrand **Playa de la Calazar**, der in der Fortsetzung als **Playa de Regla** über LA JARA und CHIPIONA bis nach BALLENA reicht.

Die eindrucksvolle Stadtbesichtigung dauert nicht lange, weil alle Sehenswürdigkeiten wie die gewaltige Kirche **Nuestra Señora de la O (1360)** sowie das gotische **Castillo de Santiago** im alten Ortskern der Oberstadt liegen. Wir fahren die Strandpromenade nach Nordosten hinauf, die am kleinen Hafen endet. Der geschotterte Parkplatz am Ufer ist leicht vermüllt. Hier legen Boote ab, die zum Badeaufenthalt auf die gegenüberliegende Seite oder den *Guadalquivir* hinauffahren. Der Parkplatz am Hafen ist inzwischen verkleinert worden.

(094) Festplatz (offizieller Womo-Stellplatz)

GPS: N36° 47' 02.3" W6° 21' 33.2" C. de P. F. de Lugo; **max. WOMOs:** 10
Ausstattung/Lage: Müllcontainer, Sandstrand ca. 200 m / im Ort
Zufahrt: A471, durch Innenstadt bis zur Av. de Las Piletas, rechts, nach drei Querstraßen liegt links ein großer geschotterter Parkplatz.

(095) Uferpromenade (Playa de la Calazar)

GPS: N36° 47' 10.2" W6° 21' 27.2"; C.Dir.Julián Cerdán; **max. WOMOs:** 3
Ausstattung/Lage: Mülleimer, Sandstrand / im Ort
Zufahrt: wie 094, 250 m nordöstlich
Sonstiges: Gut für Stadtbesichtigung, für Übernachtung zu unruhig.

(096) Hafen (Puerto)

GPS: N36° 47' 19.4" W6° 21' 09.0"
C. Pórtico Bajo de Guía;
max. WOMOs: 2
Ausstattung/Lage: Mülleimer, Restaurants, Bootsanleger / Ortsrand
Zufahrt: wie 095, 600 m nordöstlich, hinter dem PKW-Parkplatz
Sonstiges: Abstellplatz für eine Schiffstagestour zur *Doñana*, für Übernachtung meist zu unruhig.

(097) Südwesten

GPS: N36° 46' 42.1" W6° 22' 08.7"
Av. de las Piletas bei Haus-Nr. 107
max. WOMOs: 5
Ausstattung/Lage: Sandstrand / Ortsrand - Schild „No Acampar" -
Zufahrt: von 094 auf der Uferstraße 1000 m nach Südwesten, rechts
Sonstiges: Untergrund kann bei feuchtem Wetter weich sein.

Wir rollen die lange Uferallee zurück, an der Stadt vorbei nach Südwesten, begleitet von einem breiten Strand mit vielen Bade- und Parkmöglichkeiten. Im Süden der Stadt oder am Ortseingang von LA JARA lädt ein besonders großer Parkplatz an der **Playa de las Piletas** zu einer Badepause ein. Machen Sie jetzt nicht den gleichen Fehler wie wir: Zwar geht der Sandstrand noch weiter, aber die Straße macht eine Biegung landeinwärts und führt durch eine armselige Gegend mit Bretterbuden. Es wird eine kleine Irrfahrt, denn es gibt keine Wegweiser. Zum Strand führen nur Fußwege, und wir sind heilfroh, endlich in die A480 einbiegen zu können. Es ist besser, von SANLÚCAR den Schildern nach CHIPIONA zu folgen. Dieser bei Spaniern beliebte Ferienort ist an Wochenenden und im Sommer total überfüllt. Deshalb geben wir Fersengeld und biegen 1400 m nach dem Ortseingang links in die unbeschilderte A491 in Richtung ROTA ab. Wer sich CHIPIONA ansehen will, kann 500 m weiter auf der **Av. de Constitución** parken. Es gibt eine große Kirche, die **Parroquia de Nuestra Señora de la O** (16. Jh.), eine Burg (**El Castillo**), den höchsten Leuchtturm Spaniens **El Faro** und das Kloster **Santuario Nuestra Señora de Regla** zu besichtigen.

1600 m hinter dem Ortsende zweigt ein Sträßchen rechts ab. Früher war hier der Campingplatz „El Pinar", nun mausetot. Die Stichstraße endet nach 1400 m am Strand:

(098) WOMO-Badeplatz: Playa de las Tres Piedras

GPS: N36° 42' 17.8" W6° 25' 48.3"
Ctra. de la Playa de las Tres Piedras
max. WOMOs: 6
Ausstattung/Lage: Müllcontainer, schattenlos, Duschen, WC, Gasthaus „Bar Eduardo".
Zufahrt: A491 nach Süden, 1,6 km rechts ab, 1400 m

Alternativplatz 180 m südöstlich:
(099) GPS N36° 42' 16.0" W6° 25' 43.4"
Ein weiterer **Wiesenplatz** liegt ca. 450 m südöstlich, gut belegt
099.1 GPS N36° 42' 03.5" W6° 25' 34.2"

Es ist eine Frage der Zeit, ob die Womos weggeschickt werden.

Zurück auf der A491 passieren wir nach 3 km eine autobahnähnliche Zufahrt nach COSTA BALLENA, eine reine Ferienhaussiedlung, vornehmlich im spanischen Zuckerbäckerstil mit Zinnen und Türmchen. Der lange Sandstrand ist zwar hübsch, nur für uns finden sich keine Parkplätze. Wir bleiben in Meeresnähe auf der **A491**, zweigen aber nach 3,5 km auf die A2076 rechts ab und erfreuen uns an einer schönen Küstenlandschaft mit kleinen Ferienhütten, die von Schilf, Blumen und Blütenpracht umgeben sind, bis wir nach knapp 3 km auf einen Kreisverkehr stoßen. Unser alter Badeplatz **Playa de Punta Candor** ist nicht mehr für WOMOs anfahrbar. Auch der Campingplatz Rota, der gegenüber lag, ist einem öffentlichen Park gewichen.

Rota: Castillo de Luna und Nuestra Señora de la O

Der hübsche Ferienort **ROTA** liegt westlich der riesigen ehemaligen US-Basis, die erst kürzlich vom spanischen Militär übernommen wurde. Der kilometerlange Sandstrand *Playa de Costilla* ist schon die Hauptattraktion. Appartementhäuser und Hotels sind bis dicht ans Wasser gebaut, so dass wir hier nicht längere Zeit parken können. Ein Rundgang durch das hübsche Städtchen lohnt sich aber allemal: Das *Castillo de Luna* (13. Jh.), daneben die Pfarrkirche *Nuestra Señora de la O* sowie die verwinkelte Altstadt bis zum Hafen mit dem rotweißen Leuchtturm sind schon ein Augenschmaus.

Wir verlassen den Ort auf dem gleichen Weg, den wir gekommen sind, umrunden auf A2075 und A491 zur Hälfte das militärische Sperrgebiet und gelangen über A2078 und A480 schon nach 30 km vor die Tore von **JEREZ DE LA FRONTERA**, der Stadt des Sherrys und des Brandys, auch „**Wiege des Flamenco**" genannt. Übrigens: Der Begriff „Sherry" ist natürlich kein spanisches Wort, sondern wurde vielmehr von den Engländern im 16. Jahrhundert geprägt, weil man „Jerez" (Wie könnte es anders sein?) nicht aussprechen konnte. Die Spanier nennen den schweren Aperitifwein nach wie vor „Jerez", den es in diversen Geschmacksvarianten gibt.

Wir lassen uns ins Zentrum leiten und finden nördlich der Prachtstraße *Alameda Cristina* auf einem kleinen Platz (*Plaza de Mamelón*) eine kurze Bleibe für unser Kompaktmobil.

Jerez de la Frontera: Alameda Cristina

Größere WOMOs finden in der City keinen Platz und sollten am besten gleich unseren Stellplatz anlaufen.

(100) WOMO-Stellplatz: Jerez de la Frontera (La Union)

GPS: N36° 41' 44.0" W6° 08' 15.5"
Av.los Marianistas Ciriaco Alzola
max. WOMOs: 10
Ausstattung/Lage: Mülleimer, kubanisches Restaurant (sonntags geschlossen) / im Ort
Zufahrt: A4/N IV stadteinwärts auf Av.Trebujena, an Gabelung links, 1. Straße links auf Av. los Marinistas, 3. Straße rechts, 1. links (WW Parking „**La Union**")

Wir rüsten für einen ausgiebigen Stadtbummel und besorgen uns in der **Tourist Info** (*Departamento de Turismo*) gleich um die Ecke in der *Alameda Cristina* erst einmal einen schönen, bunten Stadtplan. Hier spricht man auch deutsch. Gleich gegenüber fängt in der **Calle Larga** die um-

Jerez de la Frontera: Kathedrale

Jerez de la Frontera: Almohadenfestung Alcázar

fangreiche Fußgängerzone an, wo wir Shopping und Sightseeing gut verbinden können. Was man in dieser großen Traditionsstadt keinesfalls versäumen sollte: Die prächtige Kathedrale **La Colegiata**, die Almohadenfestung **Alcázar** mit der Moschee **Mezquita,** die weltbekannte Reitschule **Real Escuela Andaluza del Arte Ecuestre** (Nordstadt) und einen Besuch bei mindestens einer der berühmten **Bodegas** (Weinkellereien). Die Tourist Info wird Ihnen eine Besichtigung mit Führung vermitteln können. Am besten wählen Sie die Bodega von Sandeman, denn in der Nähe können Sie mit dem WOMO auf unserem Stellplatz bleiben, allein schon wegen der Promille.

Da man wohl hauptsächlich auf Hoteltouristen eingestellt ist, gibt es weder in der Stadt noch in der Umgebung Campingplätze. Der nächste liegt 14 km südlich, in EL PUERTO DE SANTA MARÍA.

Einige interessante Veranstaltungen sind in JEREZ DE LA FRONTERA einen Besuch wert, z. B. in der ersten Maihälfte die **Feria del Caballo** (riesiger Pferdemarkt und Jahrmarkt) und im September die **Fiestas de Otoño** (Herbst- und Weinlesefest). Wer sich ernsthaft für **Flamenco** interessiert, der erhält in der **Fundación Andaluza de Flamenco**, *Plaza San Juan,* ausgiebige Informationen. Tanzvorführungen gibt es allerdings nur – zumeist spät abends – in den verschiedenen **Flamenco-Bars**, nach denen man sich am besten im O.T. erkundigt.

Wir haben von Innenstädten wieder einmal genug und lassen uns zum Atlantik zur Provinzmetropole CÁDIZ treiben.

Auf der Autobahn A4 sind wir schnell in der Osborne-Stadt

EL PUERTO DE SANTA MARÍA. Der **Campingplatz** liegt im Süden der quirligen Stadt, direkt am herrlichen Sandstrand.

(100.1) WOMO-Campingplatz-Tipp: Las Dunas

GPS: N36° 35' 14.4" W6° 14' 26.7" Paseo Maritimo de Puntilla
offen: ganzjährig
Ausstattung: gut, PK 2; Fon 956872210, Fax 956 860117, eMail info@lasdunascamping.com; Sandstrand, Pool / Ortsrand - FCA -
Zufahrt: im Ort beschildert

In der Nähe des Campingplatzes gibt es in Strandnähe einen freien **Stellplatz** [**100.2:** GPS N36° 35' 10.5" W6° 14' 09.9"]. Nach **CÁDIZ** fahren wir die landschaftlich schönere Strecke rund um das Binnenmeer und durch die *Salinas*. Schließlich kommen wir nach 29 km auf der A4 über SAN FERNANDO nach Süden in die **Provinzhauptstadt**.

Cádiz: Catedral Nueva

Wir lassen uns auf der Hauptstraße von dem lebhaften Verkehr immer geradeaus treiben, wenden uns an der *Plaza de la Constitución* am Stadttor **Puerta de Tierra** baldmöglichst nach links, um auf die Uferstraße zu kommen. Hier finden wir einen gebührenpflichtigen Straßenparkplatz an der **Av. Campo del Sur**, von wo aus eine kurze Stadtbesichtigung beginnen kann. Wie üblich holen wir uns in der **Tourist Info** an der *Plaza San Juan de Dios* – vom Domplatz aus ein paar Hundert Meter nach Nord-

Iglesia Santa Cruz: Madonna

osten – einen Stadtplan, auf dem bereits eine Route für die Stadtbesichtigung eingezeichnet ist. Genau hier gehen wir los. Wir wollen nicht alles detailliert beschreiben, aber folgendes sollte man in der ältesten Stadt Europas anschauen: **Catedral Nueva** mit dem **Museo Catedral**, die **Castillos de Santa Catalina** und **de San Sebastián,** das **Museo de Bellas Artes y Arqueológico** und natürlich viele Kirchen und Paläste aus vergangenen Jahrhunderten.

In CÁDIZ gibt es keinen Campingplatz, die nächsten liegen in EL PUERTO DE SANTA MARÍA und CHICLANA. Stellplätze zum Übernachten im Stadtbereich haben wir kaum gefunden. Wenn man den folgenden am frühen Morgen anfährt, hat man genug Zeit für eine Stadtbesichtigung.

(101) WOMO-Stellplatz: Cádiz (Hafen)

GPS: N36° 32' 31.8" W6° 17' 14.5"; Paseo A. Pascual Pery Junquera
max. WOMOs: 5   **Ausstattung/Lage:** Mülleimer /Stadtrand

Zufahrt: in der Stadt den Schildern „Puerto" folgen

alternativ: 450 m weiter östlich gibt es unten am Hafenbecken **weitere** Plätze (Puerto America):
101.1: N36° 32' 33.9" W6° 16' 48.7"
Sonstiges: <u>Einfahrt nur von 7 - 22 Uhr gestattet!</u>
Weitere Stadtparkplätze:
101.2 GPS N36° 31' 50.3" W6° 18' 18.2" Av. Duque de Nájera (Balneario)
101.3 GPS N36° 32' 03.8" W6° 18' 24.1" Calle Gen. Rodriguez Bouzo

WOMO-Badeplätze: Cádiz (Playa Contadura)

(102) Castillo

GPS: N36° 29' 33.8" W6° 16' 09.3" Av. Via Aug.Julia **max. WOMOs:** 4
Ausstattung/Lage: Müllcontainer, Duschen, Sandstrand / Ortsrand
Zufahrt: von Cádiz auf der Hauptstraße CA33 nach Süden, bei Km 0,5

(103) Am Restaurant „Ventorillo del Chato"

GPS: N36° 28' 49.6" W6° 15' 45.1"; an CA33;   **max. WOMOs:** 2
Ausstattung/Lage: Mülleimer, Restaurant, Sandstrand / außerorts
Zufahrt: 1600 m südlich von Badeplatz 102

(104) Torre Gorda

GPS: N36° 28' 00.1" W6° 15' 19.0" an CA33;   **max. WOMOs:** 10
Ausstattung/Lage: Sandstrand / außerorts
Zufahrt: 1800 m südlich von Badeplatz 103

Die Strände der Provinzhauptstadt überzeugen uns nicht so ganz. Also verlassen wir die geschichtsträchtige Halbinsel und biegen von der CA33 auf die A48 / E 5 in südlicher Richtung rechts ab. Das über-

Cádiz: Castillo de San Sebastián

laufene Seebad CHICLANA DE LA FRONTERA lassen wir rechts liegen und streben den Stränden von **CONIL DE LA FRONTERA** entgegen.

Nach 10 km wechseln wir auf die alte N340, wo bald das Reklameschild des ersten Campingplatzes auftaucht, weshalb wir ausnahmsweise mit dieser Quartierart beginnen.

WOMO-Campingplatz-Tipps: Conil de la Frontera

(105.1) Roche

GPS: N36° 18' 38.3" W6° 06' 45.2"; Carril de Pilahito; **offen:** ganzjährig
Ausstattung: PK 3; Fon 956442216, Fax 956232319, eMail info@campingroche.com; deutscher Empfang, 2,5 km zum Strand
Zufahrt: N340, CA2131, beschildert - **FCA** -

(105) Cala del Aceite

GPS: N36° 17' 59.3" W6° 07' 47.2" Roche Viejo; **offen:** ganzjährig
Ausstattung: gut, PK 3; Pool, Restaurant, viele Sportangebote; 400 m zum Strand; <u>deutschsprachige Leitung</u>; Fon 956442950, info@caladelaceite.com; ein Teil des Platzes ist für FKK reserviert.
Günstige Winterpreise, z. B. 300 Euro/Monat (2011).
Zufahrt: N 340, CA2131, CA4202, CA3208, in Conil WW „Campings"

Vollständigkeitshalber nennen wir die übrigen Campingplätze:

La Rosaleda (105.3) GPS N36° 17' 36.0" W6° 05' 43.7", Ctra. Pradillo, PK 4, Pool, Fon 956443327, ganzjährig, campinglarosaleda.com
Los Eucaliptos (105.4) GPS N36° 17' 12.0" W6° 05' 28.0", CA2131, PK 3, Fon 956441272, April - Sept., campingeucaliptos.com,
El Faro (105.5) GPS N36° 18' 12.5" W6° 07' 35.5", CA2131, PK 2, Fon 956444096, ganzjährig, campingelfaro.com
Fuente del Gallo (105.6) GPS N36° 17' 45.9" W6° 06' 36.5", im Ort, PK 3, Fon 956440137, April - Sept., campingfuentedelgallo.com
Pinar Tula (105.7) GPS N36° 18' 48.1" W6° 05' 32.5", N340 bei km 20,8; PK 2,Fon 956 445500, März - OKt., campingtula.com

WOMO-Badeplätze: Conil de la Frontera

(106) Playa del Aceite

GPS: N36° 17' 52.9" W6° 07' 52.9"
an CA-4202;
max. WOMOs: 3
Ausstattung/Lage: Mülleimer,
Sandstrand (auch FKK), an Wochenenden sehr voll / außerorts
Zufahrt: wie zum Campingplatz
105, dann 250 m Richtung Strand

(107) El Roqueo

GPS: N36° 17' 10.5" W6° 06' 12.2"
C. Fuente Gallo **max. WOMOs:** 3
Ausstattung/Lage: an der Steilküste, Treppe zum Sandstrand / Ortsrand
Zufahrt: vom Zentrum den WW
„Campings" folgen, auf der Calle Fuente Gallo hinter dem 3. Kreisel 3.
Straße rechts

(108) Playa de Fontanilla

GPS: N36° 16' 55.4" W6° 05' 59.2"
Calle Hijuela de Lojo;
max. WOMOs: 4
Ausstattung/Lage: Mülleimer, WC,
Restaurant, Sandstrand / Ortsrand
Zufahrt: CA-2131 am Ortsende
meerwärts, nach 150 m links

(109) Playa de los Batales

GPS: N36° 16' 27.3" W6° 05' 27.9"
Paseo del Atlántico;
max. WOMOs: 4
Ausstattung/Lage: Mülleimer,
Sandstrand / im Ort
Zufahrt: Strandstraße vor der Ortsmitte, zwei gegenläufige Parkreihen, max.WOMO-Länge 5,5 m

(110) Playa Río Salado

GPS: N36° 16' 15.4" W6° 05' 19.2"
Avenida del Río;
max. WOMOs: 8
Ausstattung/Lage: Müllcontainer,
Sandstrand / Ortsrand
Zufahrt: Strandstraße 500 m nach
Südosten, vor Linkskurve rechts
E & V am nahen Klärwerk möglich
110.1: N36° 16' 33.9" W6° 04' 36.6"

Conil de la Frontera: Playa del Aceite

Die **Playa del Aceite** ist für unsere Begriffe einer der schönsten Strände der *Costa de la Luz*. Leider verjagt die Polizei im Sommer die WOMOs und verteilt Strafzettel. Ein Fußweg führt uns in eine idyllische Sandbucht hinunter, die sowohl Schatten als auch Schutz vor dem oft starken Wind bietet.

Weiter im Norden gibt es noch ein paar kleine, verträumte Badebuchten, die wir heute erkunden wollen. 630 m hinter dem wuchtigen Leuchtturm können wir auf dem geschotterten Parkplatz rechts der Straße gut stehen.

(105.2) WOMO-Badeplatz: Cala del Tio Juan

GPS: N36° 18' 00.3" W6° 08' 37.0" Abzweig von CA4202 **max. WOMOs:** 6 **Ausstattung/Lage:** schattenlos / außerorts **Zufahrt:** A48/E5 AS15, Roche durchqueren, auf Uferstraße 2,2 km nach Süden

Ein paar Hundert Meter weiter in Richtung ROCHE gibt es noch eine kleine Traumbucht, die **Cala el Pato**. Hier ist zwar nicht so viel Platz zum Liegen und Sonnen, aber dafür kann man im Schatten der riesigen Felsbrocken „Verstecken" spielen...

Die A2233 führt uns zum Surferparadies **EL PALMAR**. Genau 5,4 km nach CONIL biegen wir meerwärts ab, ein unleserlicher Wegweiser zeigt zum Ort. Aus dem kleinen, verschlafenen Küstendorf ist inzwischen ein fast schon überlaufener Urlaubsort geworden, allerdings nur im Hochsommer.

WOMO-Badeplätze: El Palmar

(111) Nord

GPS: N36° 14' 34.9" W6° 04' 36.9"
Uferstraße
max. WOMOs: 3
Ausstattung/Lage: schattenlos, Sandstrand / Ortsrand
Zufahrt: an der Strandstraße rechts 100 m nach Nordost, man soll den Parkplatz „Turismo" benutzen

(112) Torre Nueva

GPS: N36° 13' 56.4" W6° 04' 15.8"
Uferstraße
max. WOMOs: 6
Ausstattung/Lage: Mülleimer, Sandstrand, Restaurant / im Ort
Zufahrt: von (111) 1300 m nach Südosten; neuer gebührenpflichtiger Parkplatz!

(113) Casa Juan

GPS: N36° 13' 25.3" W6° 03' 49.9"
Uferstraße; neuerdings Verbote!
max. WOMOs: 4
Ausstattung/Lage: Müllcontainer, Restaurants / Ortsrand
Zufahrt: von (112) 1200 m nach Südosten

(113.1) El Palmar Süd

GPS: N36° 13' 11.1" W6° 03' 42.4"   Uferstraße;   **max. WOMOs:** 2
Ausstattung/Lage: keine / Ortsrand
Zufahrt: von (113) 450 m nach Südeosten

(113.2) WOMO-Campingplatz-Tipp: El Palmar

GPS: N36° 14' 04.4" W6° 03' 32.6"
Nähe A2233   **offen:** ganzjährig
Ausstattung: einfach, PK 2; Fon 956232161, campingelpalmar.es, campalmar@hotmail.com, Pool / im Ort
Zufahrt: A2233, 1,9 km nach Ortseingang links ab, 650 m

Der lange Sandstrand von El Palmar

Es folgen weitere Restaurants, teilweise mit großen Parkplätzen. Wir speisen vorzüglich im „*Restaurante Casa Juan*": *Solomillo* (Lendenstück vom iberischen Schwein) und *Cazón a la Plancha* (gebratener Hundshai); ein Literkrug Landwein rundet das Essen ab. Das Preis-Leistungs-Verhältnis ist ok.

Am nächsten Morgen verlassen wir EL PALMAR und rollen auf der A2233 nach Süden, wo wir ZAHORA zwei Campingplätze passieren.

---

(114) WOMO-Campingplatz-Tipp: Caños de Meca

GPS: N36° 12' 05.0" W6° 02' 08.7"   an A2233   **offen:** April - Okt.
Ausstattung: gut, PK 4; Strand 1 km ; Fon 956 437120, campingcm.com.
Zufahrt: A2233, 3,7 km südlich von El Palmar
Schräg gegenüber ist ein weiterer Campingplatz, der im Gegensatz zu (114) ganzjährig geöffnet hat und sehr günstige Winterpreise anbietet.
Pinar San José [114.1 GPS N36° 12' 02.7" W6° 02' 05.7"] Pool, PK 4

1700 m hinter ZAHORA, biegen wir in eine unbeschilderte Stichstraße rechts ab, um zu dem weißen Leuchtturm **„*Faro de Trafalgar*"** zu gelangen, der von der Straße aus zu sehen ist. Hier fand am 21. Oktober 1805 die berühmte Seeschlacht statt, bei der die englische Armada unter **Lord Nelson** gegen die Spanier und Franzosen siegte. Leider konnte Nelson den Sieg nicht mehr feiern, denn ausgerechnet der große Admiral kam in der denkwürdigen Schlacht um. An der Zufahrtsstraße zum Kap gibt es keine Parkmöglichkeiten

Dünenlandschaft am Cabo de Trafalgar

mehr, man muss schon auf Schusters Rappen umsteigen

(1100 m). Das verbleibende kleine Straßenstück ist an Wochenenden und in der Hauptsaison von PKWs gnadenlos zugeparkt. Ein Grundstückseigner hat aus der Not eine Tugend gemacht und einen Stellplatz eröffnet.

(115) Kommerzieller Stellplatz: Cabo de Trafalgar

GPS: N36° 11' 20.3" W6° 01' 33.2" an A2233;   **max. WOMOs:** 10
Ausstattung/Lage: Bar, Restaurant, geringe Gebühr / im Ort
Zufahrt: A2233, 1700 m südlich von Zahora

700 m nach dem Trafalgar-Abzweig liegt ein Parkplatz direkt am Strand, neuerdings ziert ihn eine Höhenschranke. Allerdings können links daneben 1 - 2 Womos parken. Auch kann man von hinten in den Parkplatz einfahren...

(116) WOMO-Badeplatz: Los Caños de Meca

GPS: N36° 11' 13.9" W6° 01' 08.2" an A2233; jetzt **Höhenschranke 2 m**
max. WOMOs: 5
Ausstattung/Lage: Sandstrand / Ortsrand
Zufahrt: A2233, hinter der Bushaltestelle Ersatzplatz für 2 Womos

Steilküste von Los Caños de Meca

Auch wenn wir kein Ortsschild gesehen haben, so sind wir nach 1 km Bergauffahrt in der ehemaligen Aussteiger- und Hippiekolonie LOS CAÑOS DE MECA, die oberhalb einer wild-romantischen Steilküste liegt . Weil alles hier sehr eng ist, sollten WOMOs auf jeden Fall die Hauptstraße nicht verlassen, um später umständliche Wendemanöver zu vermeiden, denn Parkplätze gibt es in den engen Gassen nicht.

Von hier aus gibt es einen schönen Wanderweg am Rande des *Parque Natural La Breña y Marismas de Barbate*, vorbei am *Torre del Tajo* bis nach BARBATE und zurück (4 Std.) 1800 m hinter dem Ortsausgang von LOS CAÑOS lädt links ein Picknickplatz zum Verweilen ein.

(117) WOMO-Picknickplatz: Los Majales del Sol

GPS: N36° 11' 36.7" W5° 59' 36.5" an A2233;
max. WOMOs: 4
Ausstattung/Lage: Mülleimer, Wasser, Tische, Bänke, Grill, Restaurant / außerorts
Zufahrt: A2233, 1800 m hinter Los Caños de Meca

Wir rollen auf der A2233 ca. 7 km durch den wunderschönen Naturpark nach **BARBATE**. Kurz vor dem Ortseingang liegt zur Rechten ein urwüchsiger Strandabschnitt, die *Playa Hierbabuena,* vor dem ein kleiner Parkplatz zum Halten verlockt; es schließt 100 m weiter der Yachthafen des Ortes an, der von einer langen Mauer umgeben ist.

WOMO-Bade- und Stellplätze: Barbate

(118) Playa Hierbabuena

GPS: N36° 11' 13.6" W5° 56' 23.1"
an A2233
max. WOMOs: 3
Ausstattung/Lage: Holzstege zum
Sandstrand / Ortsrand
Zufahrt: A2233, 7 km hinter Los
Majales del Sol, rechts in den
schmalen Schotterweg, 280 m

(119) Puerto de Portivo

GPS: N36° 11' 08.6" W5° 56' 09.3"
an A2233;   **max. WOMOs:** 2
Ausstattung/Lage: Müllcontainer,
windgeschützt, Hafenrestaurant /
Ortsrand
Zufahrt: 100 m östlich von 118,
Einfahrt durch das Tor. Verbots-
schild!

(120) Playa del Carmen

GPS: N36° 11' 07.2" W5° 54' 44.5";
Calle Pez Espada;
max. WOMOs: 3
Ausstattung/Lage: Mülleimer, Re-
staurants, Sandstrand 250 m / im
Ort
Zufahrt: von 119 ufernah 2,5 km
nach Westen über Av. del Atlántico

BARBATE ist eine mittelgroße Stadt und lebt hauptsächlich

Barbate: Playa Hierbabuena

vom althergebrachten Männerhandwerk, dem Fischfang. Es gibt viele Fabriken, die den Fang entweder in Dosen oder durch Trocknung konservieren. Im Sommer machen hier viele spanische Familien Urlaub, vom üblichen Tourismus aber keine Spur. Das Bootswrack liegt hier seit vielen Jahren.

Bevor wir der **Straße der Weißen Dörfer** folgen, machen wir noch einen Abstecher an die wilden Strände von **ZAHARA DE LOS ATUNES** und BOLONIA in südöstlicher Richtung.

<u>Ab hier schauen Sie bitte auf Karte 10.</u> Von unserem Stellplatz 120 fahren wir neben dem *Río Barbate* 1 km nach Norden und biegen rechts in die A2231 ein. Vorbei an schier endlosen Sandstränden erreichen wir nach 10 km den bekannten Ort der **Thunfischfänger**, die mit Muskelkraft und Harpunen von März bis Juni die großen Makrelen erlegen (*Almadraba*). In der Ortsmitte kann man durch mehrere Nebenstraßen zum recht attraktiven Strand gelangen. Ein riesiger Parkplatz ist wie geschaffen für Wohnmobile, aber ein Wohnmobilhasser hat für eine Höhenschranke gesorgt. Diese ist aber heute offen – für immer? Wir bringen es nicht in Erfahrung. Das Schild „Parking abierto 24 H" ist zweideutig. Darf man jetzt 24 Stunden oder nur bis 24 Uhr parken?

(121) WOMO-Badeplatz: Zahara de los Atunes

GPS: N36° 07' 59.3" W5° 50' 38.9"
Calle Bajamar;
max. WOMOs: 10
Ausstattung/Lage: Mülleimer, Sandstrand 250 m, Pizzeria, Geschäfte / im Ort
Zufahrt: A2231, im Ort auf CA2216, dann meerwärts

Der wirklich gigantisch breite Sandstrand ist bequem auf Holzstegen über die Dünen zu erreichen. Meistens ist es hier ziemlich windig, was ja für Surfer bekanntlich das Gelbe vom Ei ist. Wir tun uns allerdings

schwer, ein Restaurant zu finden, aber eine Pizzeria tut es schließlich auch – sehr gut.

Wir erkunden die östliche Seite und sehen an der Straße nach ATLANTERRA (CA2216) nach 1,4 km einen Campingplatz.

(121.1) WOMO-Campingplatz-Tipp: Bahia de la Plata

GPS: N36° 07' 24.6" W5° 50' 09.9" an CA2216   **offen:** ganzjährig
Ausstattung: gut, PK 3; direkt am Sandstrand; Fon 956439040, campingbahiadelaplata.com,
Zufahrt: von Zahara de los Atunes 1,4 km nach Osten

Um in das 9 km entfernte BOLONIA zu kommen, müssen wir einen 25 km langen Umweg fahren. Die Ruinen der **Römerstadt *Baelo Claudia*** tauchen schon nach 10 Minuten Fahrt auf. Wir laufen den sehr großen Museumsparkplatz an, auf dem man gratis meist <u>nur während der Öffnungszeiten</u> stehen kann.

(122) WOMO-Stellplatz: Bolonia

GPS: N36° 05' 18.8" W5° 46' 20.5"; an A8202;   **max. WOMOs:** 6
Ausstattung/Lage: Tagesparkplatz Baelo Claudia **nur 10 - 20 Uhr offen**, Mülleimer / im Ort
Zufahrt: A2227 nach Norden, N340/E5 Richtung Tarifa, nach 15 km auf CA8202 meerwärts, 7,5 km

(123) WOMO-Badeplatz: El Lentiscal (Bolonia)

GPS: N36° 05' 14.3" W5° 46' 11.7" an A8202;
max. WOMOs: 5
Ausstattung/Lage: Müllcontainer, Sandstrand, Restaurant / im Ort
Zufahrt: 250 m östlich von (122) Man hört, dass der Platz im Sommer häufig von der Polizei nachts geräumt wird. In diesem Fall kann man umziehen zu einem **Alternativplatz,** der sich 4,8 km nordöstlich in der Nähe von El Pulido befindet.
(123.1): GPS N36° 06' 07.0" W5° 43' 58.9". Auf dem Höhenrücken NO.

In den berühmten **Riesendünen** von BOLONIA kann man nach Herzenslust herumturnen, das herrlich kühle Atlantikwasser erfrischt dann ganz gewaltig. An dem langen Sandstrand wird ein Teil *„Playa de los Alemanes"* ge-

El Lentiscal: Die große Düne von Bolonia

nannt, weil sich hier viele deutsche Urlauber tummeln, von denen sich die meisten nahtlos bräunen wollen. Wir haben mit Deutschen gesprochen, die sich für immer hier niedergelassen haben.

Die Ruinenstadt Baelo Claudia

Die Ausgrabungen der von Kaiser Claudius gegründeten römischen Siedlung **Baelo Claudia** aus dem 2. Jh. v. Chr., wo lange Zeit Thunfische zu Trockenfisch und Paste verarbeitet wurden, sind sehr beeindruckend. Diese Nahrungsmittel wurden wegen der guten Konservierung im ganzen Römischen Reich verteilt und waren sehr beliebt. Die Ruinenstadt ist ca. 260 m lang und 290 m tief und hatte eine Basilika, einen Isis-Tempel, ein Kapitol, ein Forum, Thermen und ein Theater, dicht am Wasser - wegen des Geruchs - die Fischverarbeitung.

Für EU-Bürger ist der Eintritt frei. Geöffnet dienstags bis sonntags ab 10 Uhr, je nach Jahreszeit bis 18, 19 oder 20 Uhr.

Wer jedoch das andalusische Südkap sehen oder in TARIFA surfen will, der kann auf der N340/E5 nach Südosten fahren. Wir haben TARIFA, die südlichste Stadt Spaniens, bewusst ausgespart, weil es zum einen hier – selbst für erfahrene Surfer – meist zu windig und zum anderen die Kriminalitätsrate hoch sein soll. Letzteres gilt auch für die Hafenstadt ALGECIRAS, von der verschiedene Schiffstouren, z. B. nach Marokko möglich sind.

Ab hier führt die Autobahn A7 (früher N340) zur britischen Kronkolonie **GIBRALTAR**. Wir waren vor Jahren dort und empfanden den Touristentrubel wie in einem Albtraum. Da die Spanier und Briten sich seit 1704 ständig wegen dieser Exklave „fetzen", wird das an den Besuchern durch lange Wartezeiten an der EU-Binnengrenze ausgelassen. Womoplätze haben wir keine entdeckt, Parken an Supermärkten ist nur tagsüber möglich. In Gibraltar, und **nur** dort, gilt das *British* oder *Gibraltar Pound.* Besser man zahlt mit EC- oder Kreditkarten.

Natürlich ist der 425 m hohe Felsen mit den dort frei lebenden Affen - einzigartig in Europa - ganz lustig, aber nach 2 – 3 Stunden Besichtigung hat man alles gesehen.

Ein Leser schreibt, dass an der Nordostküste von GIBRALTAR ein Strandparkplatz an der *Catalan Bay Road* existiere, wo man zumindest tagsüber stehen könnte. Wir waren nicht da.
Strandparkplatz [123.2: GPS N36° 08' 28.0" W5° 20' 23.9"**]**.
In der spanischen Grenzstadt LA LINEA gibt es am Fußballstadion viel Parkraum, der auch für ein Übernachtung taugt:

(123.3) WOMO-Stellplatz: La Linea

GPS: N36° 09' 34.9" W5° 20' 26.2" Av. del Ejército **max. WOMOs:** 10
Ausstattung/Lage: Müllcontainer, Sandstrand 200 m östlich / Ortsrand
Zufahrt: N351/CA34, kurz vor dem Grenzübergang links in die Calle Gibraltar, dann 2. Straße rechts, bis zum Kreisverkehr durchfahren, kurz vorher rechts durch die Einfahrt.

Der Felsen von Gibraltar

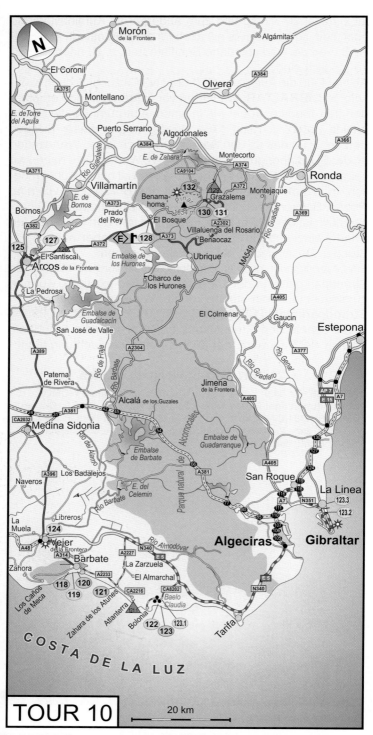

TOUR 10 (160 km / 3 - 4 Tage)

Vejer de la Frontera – Medina Sidonia – Arcos de la Frontera – El Bosque – Ubrique - Grazalema

Freie Übernachtung:	Vejer de la Frontera, Arcos de la Frontera, El Santiscal, El Bosque, Grazalema
Ver-/Entsorgung:	El Bosque, Campingplätze
Campingplätze:	Vejer de la Frontera, Grazalema
Besichtigen:	Vejer de la Frontera, Arcos de la Frontera, Grazalema
Wandern:	Sierra del Pinar, Salto del Cabrero, Pico de Torreón, Río de el Bosque
Essen:	Mesón Molinera, Arcos; El Simancón, Grazalema

Wenn Sie jetzt erst einmal die Nase voll von Strand, Wind und Wasser haben, laden wir Sie ein auf eine zauberhafte Reise entlang der **Ruta de los Pueblos Blancos,** die „Straße der weißen Dörfer". Die einfache und wegen der großen Hitze zweckmäßige Architektur der gekälkten Hauswände und roten Ziegeldächer besticht in der meist grünen, aber auch kargen Landschaft immer wieder. Das erste große Dorf liegt gleich in der Nähe, nur 10 km über A314 nordwestlich von BARBATE an der N340: **VEJER DE LA FRONTERA.**

Vejer de la Frontera

Das prächtige Städtchen liegt auf einem 218 m hohen Hügel mit einer tollen Aussicht nach allen Seiten. Wir finden gleich hinter dem Ortseingang einen Straßenparkplatz, denn die Einfahrt in die Altstadt ist für Fahrzeuge über 5 m verboten. Die malerischen Gassen führen uns bergauf und bergab durch den verwinkelten Ortskern, der von den *Murallas* (Stadtmauern) umgeben ist. Mittendrin stoßen wir auf eine **maurische Festung** aus dem 11. Jahrhundert. Kirchen und Klöster dürfen natürlich nicht fehlen.

Vejer de la Frontera

Nach dem anstrengenden, aber schönen Bummel stärken wir uns in einer kleinen, preiswerten Tapasbar und unterhalten uns mit freundlichen Einheimischen, so gut es sprachlich geht. Am Nordrand der Stadt finden wir vor dem O.T. einen halbwegs brauchbaren Stellplatz.

(124) WOMO-Stellplatz: Vejer de la Frontera

GPS: N36° 15' 21.3" W5° 58' 02.3" Calle los Remedios; **max. WOMOs:** 3
Ausstattung/Lage: MC, Restaurants / Ortsrand
Zufahrt: westlichste Zufahrt von N340 (A2229), WW „Oficina de Turismo"; von Süden: A314, nach NO bis kurz vor N340, links ab bergauf

Östlich des Ortes gibt es an der N340/E5 bei Km 39,5 einen **Campingplatz:** PK 1; Pool, Imbiss, Fon 956450098, [**124.1: GPS** N36° 15' 10.0" W5° 56' 16.4"] campingvejer.com.
Das nächste **Weiße Dorf** wäre MEDINA SIDONIA, das wir über die A396 und CA2032 erreichen. Die vorbeifliegende

Blick auf Arcos de la Frontera

Landschaft ist meist sehr karg, ab und zu unterbrochen von Sonnenblumenfeldern und Olivenhainen. Das sehr alte Städtchen mit einem fürchterlich engen Gassengewirr liegt auf einem kegelförmigen Hügel. Also lassen wir das WOMO vor der Stadt und bummeln durch die Innenstadt. Neben den meist blumengeschmückten, weißen Häusern erfreuen maurische Torbögen, eine **Kirche** aus dem 15. Jahrhundert, sowie die **Ruinen eines Kastells** und Reste der alten Römerstadt.

Weiter geht die Fahrt auf der etwas holperigen A389 durch einen nun schöneren und abwechslungsreichen Landstrich. Auf einer Anhöhe, leider in einer Linkskurve, bietet sich ein berauschender Fernblick auf eines der schönsten „weißen Dörfer" **ARCOS DE LA FRONTERA**. Die 27.000 Einwohner zählende Bischofsstadt leuchtet von einer steilen Kalkwand, während vom Wind getriebene Wolken darüber ziehen. Da es für Womos schier unmöglich ist, in die auf dem Bergrücken liegende Altstadt einzufahren, finden wir eine Tagesbleibe auf dem **Busparkplatz (Wasser/WC)** im

Arcos: Calle Corredera

Arcos de la Frontera: Plaza del Cabildo

Tal. Um zum Zentrum, der **Plaza del Cabildo** zu gelangen, müssen wir die Prachtstraße **Calle Corredera** ziemlich steil bergauf marschieren, was aber nicht unangenehm erscheint, weil es viel zu sehen gibt. Neben den herrlichen Baudenkmälern **Iglesia de Santa María de la Asunción,** dem **Ayuntamiento** (Rathaus), dem Kloster **Convento de las Mercedarias Descalzadas** und dem maurischen **Castillo** haben wir hier, am Rande des Abgrunds, dem **Mirador de la Peña,** eine grandiose Aussicht in das Umland und die in der Ferne liegenden Berge der *Sierra de Grazalema.* Ein paar Hundert Meter weiter südöstlich, gibt es immer wieder schöne Aussichtspunkte. Durchschreitet man die Altstadt in östlicher Richtung, blickt man auf den **Río Guadalete** und den dahinter liegenden See **Embalse de Arcos.**

Arcos de la Frontera: Mirador de Peña Nueva

(125) WOMO-Stellplatz: Arcos de la Frontera

GPS: N36° 45' 00.7" W5° 48' 55.7"; Av.Duque de Arcos;
max. WOMOs: 10
Ausstattung/Lage: MC; der rück-wärtige Teil des Platzes ist stark vergrößert worden / im Ort
Zufahrt: A389 „Centro", 1. Gabe-lung rechts, 2. Gab. rechts, 600 m

Wieder unten angekommen, machen wir uns nach Osten auf den Weg (A372) und folgen zunächst den Wegweisern zum Campingplatz. Dieser ist seit geraumer Zeit geschlossen. Wir sind aber neugierig auf den Stausee und treffen ein paar

Minuten später auf dem schattigen Parkplatz vor dem Hotel „*Mesón Moli-nera*", benannt nach der alten Mühle, die an der Weggabelung steht, ein. Nach ei-nem vorzüglichen Essen in der „*Mesón Molinera*" schlafen wir auf dem von Bäumen beschirmten Stellplatz sehr gut, nach-dem wir kurz vor Sonnenuntergang einem Brautpaar in einem Oldtimer beim amüsanten Fotoshooting zuschauen durften.

(127) WOMO-Stellplatz: El Santiscal (Molinera)

GPS: N36° 45' 36.2" W5° 47' 16.0"
Av. Sombrero de tres Picos;
max. WOMOs: 3 – 4
Ausstattung/Lage: Müllcontainer, Restaurant mit Pool, Badesee in der Nähe / Ortsrand
Zufahrt: A372, CP-WW links, 500 m hinter dem geschl. Campingplatz
Sonstiges: Platz kann am Wo-chenende nachts unruhig sein.
Ersatz: 1400 m weiter nordöstlich am See.

Der nächste Tag soll uns in eines der schönsten Wanderge-biete Andalusiens, den **Parque Natural Sierra de Grazale-ma**, bringen. Auf der gut ausgebauten A372 müssen wir immer wieder anhalten, um die grandiose Landschaft zu genießen. Häufiger fallen uns gut umzäunte Rinderweiden auf, auf denen offenbar Kampfstiere gezüchtet werden. Weiter südlich beginnen die Korkeichenwälder im *Parque Natural de los Alcornocales*, was einige entgegenkommende Lastwagen belegen, die mit riesigen Korkstücken hoch beladen sind.

Nach 32 km kommen wir nach **EL BOSQUE**, auch eines der Weißen Dörfer *(Pueblo Blanco)*.

Gleich am Ortseingang liegt die E&V-Station, eine der ganz wenigen in Spanien.

(128) WOMO-Stellplatz: El Bosque

GPS: N36° 45' 28.2" W5° 30' 36.7"
Av.de la Diputación;
max. WOMOs (bis 6 m): 5
Ausstattung/Lage: E & V, Wasser, Müllcontainer, bis 6 m Länge, leicht schräg / im Ort
Zufahrt: A372, am OE nach dem Kreisel 1. Straße rechts
Alternative (auch für größere Womos): Ortsmitte, Av. de la Vega
Stellplatz [128.1 GPS: N36° 45' 21.5" W5° 30' 32.1"] samstags Markt!

Wenn man die tollste aller Wanderungen, nämlich durch den Wald der Iberischen Tanne „*Pinsapar*", machen will, muss man sich unbedingt bei der **Parkverwaltung** in EL BOSQUE, *Av. de la Diputación*, dafür eine <u>schriftliche Genehmigung</u> holen, weil die Anzahl der täglichen Besucher begrenzt ist. Da dieser Wanderweg sehr beliebt ist, empfehlen wir in der Hoch-

El Bosque - Tor zur Sierra de Grazalema

saison (Juni bis September) eine vorherige Reservierung per **Fon 956727029**. Das gilt auch für die Wanderungen Nr. 3 und 5 auf Seite 165! Wer ohne Genehmigung auf dem Weg von den wachsamen Rangers erwischt wird, riskiert eine Geldbuße. Nachdem wir die kostenlose Genehmigung in der Tasche haben, erwerben wir am Dorfkiosk noch die passende Wanderkarte *Plano Topográfico del Macizo de Grazalema* im Maßstab 1 : 50000. Auf der Rückseite wird die Region mehrsprachig erklärt. Auf der A372 nach GRAZALEMA ist ein schöner Picknickplatz entstanden, der zu Wanderungen animiert.

(128.2) WOMO-Wander-
parkplatz:
Los Llanos del Campo

GPS: N36° 45' 19.7" W5° 27' 16.8"
bei Puerto del Boyar
max. WOMOs: 6
Ausstattung/Lage: Tische, Bänke, Grill, MC, WC (Saison) / außerorts
Zufahrt: von El Bosque A372 Richtung Grazalema, 1,7 km östlich von Benamahoma

Die Lederstadt Ubrique

Wir aber machen einen kleinen Umweg auf der Straße A373 über UBRIQUE. Auf den 13 km fasziniert uns immer wieder die herrliche Berglandschaft.

UBRIQUE, Stadt der Lederwaren, ist auch ziemlich eng gebaut, so dass wir davor parken und ein wenig in der Innenstadt spazieren gehen, was aber kulturell nicht sehr ergiebig ist. Wir biegen 1000 m oberhalb des Ortes in die A2302 in Richtung GRAZALEMA ein und besuchen einige Kilometer weiter das malerische Bergdörfchen **BENAOCAZ**, hoch oben auf einer Kuppe gelegen. Ein kleiner Gasthof lädt zur Einkehr, von dessen Terrasse wir

eine besonders schöne Aussicht haben. Für sehr wenig Geld genießen wir *Tapas* und Bier. Von dem 800 m hoch liegenden Dorf kann man auch schöne Wanderungen nach GRAZALEMA und zur wildromantischen Geröllschlucht **Salto del Cabrero,** Wahrzeichen der *Sierra*, machen. Beide Wanderungen lassen sich auch zu einem Rundweg kombinieren (s. Wanderübersicht!).

Weiter geht es auf der wunderschönen Route A2302 und A372 bis **GRAZALEMA**. Vor dem Ortseingang sehen wir links einen mittelgroßen Parkplatz, der aber nicht mehr als Stellplatz benutzt werden kann, höchstens für einen

Fotostopp, denn die Aussicht auf GRAZALEMA und die Berge ist einfach hinreißend.

Wir fahren hoch ins Dorf, finden aber auf Anhieb keinen Stellplatz und lassen uns in Richtung ZAHARA DE LA SIERRA leiten. Gleich oberhalb der Stadt liegt an der A372 gegenüber der Einfahrt zum Campingplatz ein riesiger Parkplatz, auf dem wir uns für die Nacht einrichten wollen. Neuerdings weist ein Schild den Platz als Womo-Stellplatz aus, verbietet aber die Übernachtung.

(130) WOMO-Wanderparkplatz: Grazalema I

GPS: N36° 45' 33.1" W5° 22' 24.5"
an A372;   **max. WOMOs:** 6
Ausstattung/Lage: Müllcontainer, Fitnessgeräte / Ortsrand
Zufahrt: A372 - vor dem Ortseingang links, gegenüber dem Cam-

pingplatz. Wer stellt Schilder auf?
Sonstiges: Platz ist gut als Basis für eine Stadtbesichtigung, ein Fußweg führt hinunter. Startplatz auch für Sierra-Wanderungen.
Alternativplatz 500 m weiter oben.
[130.1 GPS: N36° 45' 38.5" W5° 22' 30.4"] - etwas schräg

Während wir noch überlegen, ob wir auf dem Parkplatz hoch über GRAZALEMA für die Übernachtung bleiben sollen, dringt von der Felswand zur Linken ein vielstimmiges Hundegebell an unsere Ohren. Mit dem Fernglas erkennen wir in etwa 150 m Entfernung eine Art Tierheim mit zahlreichen primitiven Käfigen, aus denen die jämmerlichen Tiergeräusche kommen. Kurzentschlossen fahren wir wieder in die Ortsmitte hinunter auf die *Plaza de España*. Da die meisten Tagestouristen inzwischen wieder abgefahren sind, gibt es hier reichlich Platz und obendrein noch eine herrliche Aussicht nach Süden.

Da mein Magen inzwischen knurrt, dränge ich zu einem kulinarischen Dorfbummel. Das Gassengewirr des hübschen Ortes ist ein einziges Freiluftrestaurant. Es sind eigentlich alles kleine Gasthäuser, die viele Tische und Stühle vor ihre Tür gestellt haben. (Das Restaurant *„El Simancón"* direkt vor unserer Nase ist auch ganz ausgezeichnet, wir haben es kürzlich getestet!) Die Auswahl unter den preiswerten *Tapas*, Fisch- und Grillspezialitäten ist groß, und hier und da wird auf der Gitarre gespielt. Viele kleine Läden bieten Kunsthandwerk an, hauptsächlich textiler Art, denn dafür ist die 2000-Seelen-Gemeinde weithin bekannt. Es

Grazalema von oben

herrscht eine wunderbare Atmosphäre, aus der wir uns nur schwer losreißen können, um uns durch Schlaf für den morgigen Wandertag fit zu machen. Ein Verdauungsspaziergang durch das hübsche „Weiße Dorf" mit maurischem Einschlag, das außer mit bunten Blumen geschmückten, gekälkten Häusern keine „trockenen" Sehenswürdigkeiten zu bieten hat, ergibt dann die richtige Bettschwere. Wir überlegen noch, welche Wanderungen man hier so machen kann.

Übersicht der möglichen Wanderungen:

1. **Pinsapar*:** Von Grazalema durch die *Sierra del Pinar* nach Benamahoma; 12,5 km / 3 ½ Std.; Busrückfahrt nach Grazalema** (7)
2. **Salto del Cabrero:** Von Grazalema zu den schroffen Felswänden bis Benaocaz; 7,2 km / 3 ½ Std.; Verlängerung nach Ubrique über die *Calzada Romana* möglich (+ 1 Std.); Busrückfahrt nach Grazalema bzw. Benaocaz**. Man kann auch vom *Salto del Cabrero* direkt zu den Ausgangsorten zurückgehen, dann 2x 2 ¼ Std. Grazalema bzw. 2x 1 ½ Std. Benaocaz. (10)
3. **Pico de Torreón*:** Vom Parkplatz „Cerro de la Mesa" an der A372 bei Km 42,5 (8,5 km westlich von Grazalema) durch die *Cañada de los Beatas* zum 1654 m hohen Berg und zurück; 5 km / 3 ¼ Std., Höhenunterschied 700 m. Der anstrengende Weg ist nicht markiert, weshalb Ungeübte sich einer geführten Wanderung anschließen sollten. Auskunft: Parkverwaltung El Bosque. (8)
4. **Río de el Bosque:** Von Benamahoma entlang des Flusses nach El Bosque und zurück; 8,4 km / 4 Std.; Halbierung der Wanderzeit durch Benutzung des Busses nach Benamahoma**
5. **Garganta Verde*:** Vom *Puerto de los Acebuches* durch den „Grünen Schlund" zur *Gruta de la Ermita* und zurück; 7,2 km / 3 ½ Std.; Weg wird auf der Wandertafel am Parkplatz des Passes *Puerto de los Acebuches* an der CA9104 in Richtung Zahara del la Sierra beschrieben. (9)

* Genehmigung erforderlich! ** Abfahrtzeiten im OT klären
() Tournummer aus Rother Wanderführer „Andalusien Süd" B. Plikat

(132) WOMO-Wanderparkplatz: Grazalema III (Pinsapar)

GPS: N36° 46' 06.8" W5° 22' 49.6"   an C9104

max. WOMOs: 6
Ausstattung/Lage: Müllcontainer, Tische, Bänke / außerorts
Zufahrt: A 372 Richtung BENAMAHOMA, nach 900 m rechts ab auf C9104 Richtung ZAHARA DE LA SIERRA , 1100 m hinter Abzweigung links der Wanderparkplatz
Sonstiges: Die Polizei soll hier das Übernachten außerhalb von Ortschaften verbieten.

Start zur Wanderung durch die Sierra del Pinar

Wo man die Wanderkarte kaufen kann, wird meist auch die Wanderbroschüre *„Andar por el Macizo de Grazalema"* angeboten. Ansonsten empfehlen wir die im Anhang genannten Wanderführer.

Wir bewegen also in aller Frühe unser WOMO wieder den Berg hinauf zum Wanderparkplatz *„Pinsapar"*, Ausgangspunkt für unsere heutige Wanderung durch den **Igeltannenwald**.

Durch die *Sierra del Pinar* (17,5 km / 5 ½ Stunden)

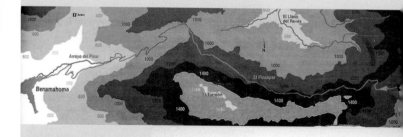

Nachdem wir uns reichlich mit Proviant, Wasser, Stiefeln und Stöcken ausgerüstet haben, starten wir unsere Tagestour auf 1032 m Höhe durch ein Holztor am hinteren Ende des Parkplatzes. Der steinige, gut sichtbare Weg steigt kräftig an, bis wir nach 40 Minuten den

Die weltweit einmaligen Igeltannen

Pass **Puerte de las Cumbres** (1300 m) erklommen haben. Die Aussicht nach beiden Seiten ist einfach toll: im Südosten GRAZALEMA mit einem kleinen Teich, im Norden der blaue Stausee **Embalse de Zahara**, im Südwesten die Spitzen **Pico San Cristobal Pico de Torreón** (1654

der Sierra, z. B. der später begegnen wir (1525 m) und der nen", den sogenannten m). Eine ¾ Stunde (auch: Pinsapotannen), den ersten „Igeltan- Stellen in Spanien die **Iberischen Tannen** haben. Es sind zum Teil die nur an wenigen über 30 m Höhe und Eiszeit überstanden messer erreichen kön- riesige Bäume, die Riesentannen nimmt 100 cm Stammdurch- nen. Die Anzahl der stetig zu, bis der Pfad im dunklen, kühlen Wald verschwindet. Ab und zu haben wir durch die Bäume eine schöne Aussicht in die Täler. Links und

rechts des Pfades blicken wir an vielen Stellen in eine Art **Urwald**, denn umgestürzte Bäume werden nicht weggeräumt, höchstens wird der Weg freigelegt. Es geht leicht bergauf und der Bewuchs ändert sich, indem sich auch Eichen unter die Nadelbäume mischen. Der Weg wird breiter, bis

Der Aufstieg wird immer mühsamer!

wir auf einem Wirtschaftsweg den Wald verlassen.

Drei Stunden nach unserem Start erreichen wir die von niedrigen Mauern umgebene **Fuente del Pinar**. Nun geht es abwärts nach BENAMA-HOMA, wobei wir uns an einem Abzweig links halten müssen. 1 ½ Stunden später durchschreiten wir am Ende des Naturparks ein Holztor, anschließend durchqueren wir den bereits erwähnten Campingplatz „Los Linares", passieren eine Fischzucht und die **Fuente de el Nacimiento** (Quelle des *Río de El Bosque*), bis wir an der Bushaltestelle bei der Venta El Bujio in BENAMAHOMA ankommen. Gesamtlaufzeit dieser wirklich schönen Wanderung: 3 ½ Stunden. Der Bus nach GRAZALEMA kommt fast pünktlich. (Die Abfahrtzeiten muss man unbedingt vorher in Grazalema bei der Tourist Info, Plaza de España, erfragen.) Am Abzweig zur CA9104 lässt uns der Fahrer aussteigen und zehn Minuten später sind wir wieder an unserem unversehrten WOMO. Unter der Sonnenmarkise lassen wir uns ein paar wohlverdiente Biere munden, bevor wir todmüde zu Bett gehen.

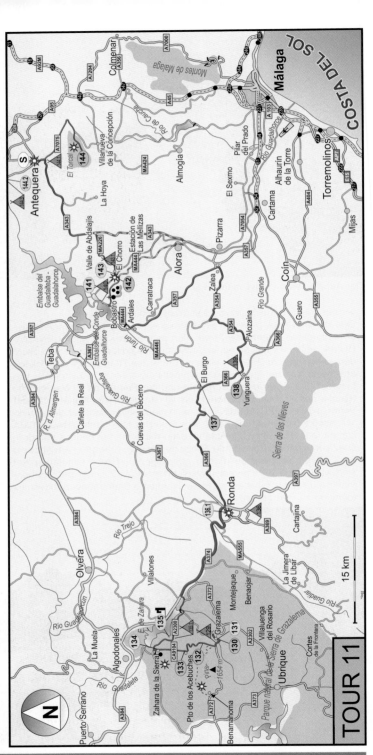

TOUR 11 (280 km / 4 - 6 Tage)

Zahara – Ronda – El Burgo – Garganta del Chorro – Antequera – Fuente de Piedra – El Torcal

Freie Übernachtung:	Puerto de los Acebuches, Zahara de la Sierra, Embalse de Zahara, El Burgo, Yunquera, Parque Ardales, El Chorro, El Torcal, Fuente de Piedra
Ver-/Entsorgung:	Campingplätze
Trinkwasserstellen:	Embalse de Zahara
Campingplätze:	Ronda, Yunquera, El Chorro, Fuente de Piedra, El Torcal de Antequera
Besichtigen:	Zahara de la Sierra, Ronda, Garganta del Chorro, Antequera, El Torcal
Wandern:	Garganta Verde, Sierra las Nieves, El Torcal de Antequera

Heute steht uns noch ein landschaftliches Kleinod ins Haus, indem wir den Bug unseres WOMOs nach Norden richten und auf der CA9104 weiterfahren. Die gut ausgebaute Bergstraße, stellenweise allerdings nur 4 m breit, führt uns 17 km über schwindelerregende Höhen durch ein traumhaft schönes Bergpanorama nach ZAHARA DE LA SIERRA. Nach 3 km über-

queren wir den Pass ***Puerto de las Palomas*** (1357 m), auf dem wir gut halten können. Von einem erhöhten Aussichtspunkt genießen wir nach allen Seiten die herrliche Landschaft. Bei Km 8,5 lädt ein großes Felsplateau in 881 m Höhe zur Rast ein: ***Puerto de los Acebuches***. Eine Jeep-Besatzung staatlicher Wildhüter, die wie kanadische Rangers aussehen, macht gerade Mittagspause. Auch hier ergötzen wir uns an einem fantastischen Fernblick hinunter auf den **Embalse de Zahara**. Es gibt sogar einige schattige Plätze zum Stehen und eine Wasserquelle in der Nähe. Angesichts der martialisch aussehenden Rangers wagen wir es nicht, hier Wurzeln zu schlagen, obwohl der Platz ideal für eine ruhige Nacht scheint.

(133) WOMO-Wanderparkplatz: Puerto de los Acebuches

GPS: N36° 48' 03.6" W5° 23' 22.9"; an CA9104; **max. WOMOs:** 2 – 3.

Ausstattung/Lage: Müllcontainer / außerorts

Zufahrt: A 372, 900 m vor Grazalema links in die C9104 in Richtung Zahara, bei Km 8,5

Sonstiges: Platz ist bis auf einen Baum schattenlos. Basis für die Wanderung durch die **Garganta Verde** zur

Gruta de la Ermita und zurück (s. Tour 10, Wanderung Nr. 5)

3000 m weiter taucht vor uns auf einem hohen, steilen Felsen die prächtige Burg von **ZAHARA DE LA SIERRA** auf. Fotos von der Talstraße aus sind Pflicht. Im Ort angekommen, finden wir direkt hinter dem Ortseingang rechts einen sehr schrägen Parkplatz vor. Wir schlendern durch dieses klassisch schö-

Zahara de la Sierra: Nasriden-Burg (12. Jahrhundert)

ne „Weiße Dorf" mit alten Adelshäusern und der Barockkirche **Santa María de la Mesa** (1755) und klettern zur spanisch-arabischen **Nasriden-Burg** (12. Jh) hinauf.

Der traumhaft schöne Rundblick von der obersten Aussichtsplattform des **Torre de Homenaje** auf den malerischen Ort, die Obst-

Zahara de la Sierra: Santa María de la Mesa

plantagen und den im Nordosten liegenden Stausee **Embalse (oder Pantano) de Zahara** entschädigt uns für die Strapazen des steilen Aufstieges in der Mittagshitze. Der Ort ist bekannt für den umfangreichen Quittenanbau, weshalb er auch scherzhaft „Zahara de los Membrillos" genannt wird. Im Hauptstraßenzug gibt es einige Terrassencafés, wo wir uns erst einmal stärken, bevor wir zum Reisemobil zurückkehren. Am Ortseingang liegt rechts ein fürchterlich schräger Parkplatz. Unterhalb der Stadt gibt's aber an der CA9104 ebene Flächen.

Embalse (oder Pantano) de Zahara

Etwa 1 km nördlich vom Stellplatz biegen wir in Richtung GRA-
ZALEMA /RONDA in Landstraße A2300 rechts ab, die in südöstlicher Richtung am Stausee entlang führt. In einer Kurve
geht links ein Sträßchen ab.

Schräg gegenüber zeigt ein Wegweiser zu einer *Area Recre-
ativa*. Auf dem schmalen Weg liegt nach 400 m etwas unter-
halb auf einer Wiese ein eingezäunter **Picknickplatz** [**135.2:
GPS** N36° 48' 54.8" W5° 22' 33.4"] mit Hütten, Tischen und
Bänken. Aber das Tor ist verschlossen. An der Zufahrt spru-
delt munter eine Quelle - Trinkwasser?
Den Wegweisern folgend finden wir 200 m weiter am kleinen
Gasthaus *„Entre Olivos"* mitten im Wald den sehr einfachen
Campingplatz [**135.1: GPS** N36° 48' 54.2" W5° 22' 39.8"].

Auf der A2300 stoßen wir nach 12 km auf die A374 in Richtung RONDA. An dieser Straße sind häufig „halbnackte" Korkeichen zu sehen, deren Rinde bereits geerntet ist. Nach flotter Fahrt treffen wir bald im berühmten **RONDA** ein. Die ehemals abgeschiedene Stadt der Stierkämpfer und Straßenräuber, die Persönlichkeiten wie Rilke faszinierte, ist heute eine lebhafte Bezirkshauptstadt mit vielen sehenswerten Baudenkmälern, ohne dabei ihre Eigentümlichkeit verloren zu haben. Der Fluss *Guadalevín* schlängelt sich tief unten durch die Schlucht *Tajo* und teilt die Stadt **in zwei Hälften**.

Ronda: Puente Nuevo

Santa María la Mayor

Die gigantische Steinbrücke **Puente Nuevo** darüber ist das Wahrzeichen der Stadt. Kurz vor der Brücke, also im neuen Teil der Stadt, finden wir auf der **Plaza de España** die **Tourist Info**, wo wir uns einen Stadtplan mit deutscher Beschreibung der Sehenswürdigkeiten besorgen.

Was gibt es zu sehen? In der Altstadt **La Ciudad**: **Casa del Rey Moro,** die Paläste **de Marqués de Salvatierra** und **de Mondragon, Puerta de Felipe, Puente Viejo** (alte Brücke), die **arabischen Bäder, Minarete de San Seba-**

stian, die Kirchen **Santa María la Mayor** und **Espiritu Santo,** die Museen **Lara** und **Bandolero,** die Burgtore **Almocabar** und **Carlos V** als Eingänge zur Maurenfestung **Alcazabar.** In der Neustadt **Mercadillo** faszinieren die **Plaza de To-**

Ronda: Puerte Almocabar

ros, älteste Stierkampfarena Spaniens (1785), **Plaza de España** mit dem Parador-Hotel, sowie das **Karmeliterkloster** und das **Templete Virgen de los Dolores** (18. Jh.).

Obwohl die Aussicht von der **Puente Nuevo** überwältigend ist, möchten wir doch einen Blick von unten auf das Meisterwerk der Architektur des 18. Jahrhunderts werfen. Im Süden der Stadt, gegenüber der Festung, führt ein Sträßchen in die Auen des **Río Guadalevín,** ein einmaliges Bild auf die Stadt in der untergehenden Sonne, aber nichts für Dickschiffe!

(136.1) WOMO-Stellplatz: Ronda

GPS: N36° 45' 02.8" W5° 10' 16.3"
C. Giner de los Ríos **max. WOMOs:** 5
Ausstattung/Lage: Müllcontainer, Bänke, Park / Ortsrand
Zufahrt: von A374 am westlichen Ortseingang über Kreisel rechts ab

Es gibt noch einen Übernachtungsplatz am südöstlichen Stadtrand in der **Calle de la Tomilla**, der mit dem Navi schwer
anzusteuern ist [**136.2: GPS** N36° 44' 31.2" W5° 09' 32.8"].
Hat man denn diese Straße gefunden, muss man an dem roten Haus rechts abbiegen, wo sich ein Parkstreifen anbietet.
Am besten ist es schon, sich im Campingplatz einzuloggen.

(136) WOMO-Campingplatz-Tipp: Ronda (El Sur)

GPS: N36° 43' 16.3" W5° 10' 18.9"; an A369;   **offen:** ganzjährig
Ausstattung: sehr gut, PK 3; schattig, Pool, Restaurant, deutscher
Empfang; Fon 952875939; info@campingelsur.com; elsur.com.
Zufahrt: A369 ab km 2,8 östliche Umgehungsstraße A 397, Abzweig im
Süden auf A369 in Richtung Algeciras, bei Km 2,8; oder von der Innen-
stadt aus durch die Altstadt und an der Alcazabar rechts ab auf A369
(beschildert).
Sonstiges: Basis für Stadtbesichtigung, 2500 m Fußweg zum Zentrum

Vom Campingplatz finden wir leicht zur A366, indem wir auf
der östlichen Umgehung erst Richtung MARBELLA, dann SE-
VILLA (A397) bis zum Kreisverkehr an einem großen Supermarkt fahren, dort rechts in die A366 in Richtung EL BURGO
abbiegen. Es ist eine abwechslungsreiche Fahrt durch die wunderbare, schroffe Felsenwelt der **Serranía de Ronda**, stets
begleitet von schönem Grün der Büsche und Steineichen. Die
Straße wird etwas enger, bis wir über den Pass **Puerto del
Viento** in 1190 m Höhe rollen. Im Süden kündigt sich der Naturschutzpark **Parque
Natural de la Sierra
de las Nieves** durch
ein großes Eingangs-
schild an. Mit 1919 m
ist der **Torrecilla** hier
der höchste Berg.
Kurz hinter dem Pass
entdecken wir mit
dem **Mirador del Gu-
arda Forestal** einen
originellen Aussichts-
punkt. Die schneewei-
ße Statue eines Förs-

Mirador del Guarda Forestal

ters mit einem kleinen Jungen an der Hand zeigt in die weite
Bergwelt.

(137) WOMO-Wanderparkplatz: El Burgo (Nähe)

GPS: N36° 46' 54.4" W4° 59' 14.9" Mirador del Guarda Forestal;
max. WOMOs: 3   **Ausstattung/Lage:** Aussichtspunkt / außerorts
Zufahrt: A366 bei Km 19,4.
Sonstiges: Platz ist gut als Basis für Wanderungen.

Nach 5 km auf der A366 kommen wir nach EL BURGO, einem hübschen kleinen Ort, der aber für unser WOMO zu eng ist. Wegen des Wochenmarktes ist der Parkplatz an der Kirche knallvoll, so dass wir unverrichteter Dinge wieder weiterfahren. Die A366 entwickelt sich als kurvenreiche Bergstrecke, bis wir nach dem *Puerto de las Abejas* (820 m üNN) das Dörfchen YUNQUERA erreichen, wo der Ausgangspunkt für einige schöne Wanderungen ist. Vom arabischen Wachturm *Torre de Vigía* (Wegweiser „Campingplatz") aus könnten wir auf eine 7-stündige Streckenwanderung zum *Enamorados* (1775 m) in der **Sierra de las Nieves** starten. Vor der Tankstelle biegen wir scharf rechts ab. Die asphaltierte Straße fahren wir ca. 700 m weiter landeinwärts, bis der Belag sich in Schotter ändert und zum Freibad führt. Hier sind gute Parkmöglichkeiten, denn nach den hübsch ausgeschmückten Wandertafeln ist hier Ausgangspunkt für fünf verschiedene Touren:

1. 6 ½-stündige Rundwanderung von Yunquera (1600 m) zum *Peña de Cuco* und zurück. Auch hier kann man die Iberische Tanne („Igeltanne") antreffen.
2. 7-stündige Tour zum *Enamorados* (1775 m) und zurück.
3. 3-stündige Wanderung zum *Puerto Huarte* (900 m).
4. 3-stündige Rundwanderung zum *Pico Arca* (1041 m).
5. 3 ½-stündige Tour am *Río Grande* nach *Tolox*.

Als Wanderkarte empfehlen wir *Cartografía Militar de España Serie L Nr. 15-44 (1051) Ronda.* (s. auch Tipps „Literatur") Wir sind hier nicht gewandert, haben uns aber einen Eindruck von der schönen Gegend verschaffen können. Stehen kann man hier am örtlichen Sportplatz auf jeden Fall.

(138) WOMO-Wanderparkplatz: Yunquera

GPS: N36° 44' 06.3" W4° 55' 42.0"
Ctra. de los Arbolitos
max. WOMOs: 3
Ausstattung/Lage: Müllcontainer, Wandertafeln mit genauen Wegeskizzen / Ortsrand
Zufahrt: A366, am Ortsanfang an der Tankstelle rechts, WW „Campingplatz" folgen, nach 700 m.

(139) WOMO-Campingplatz-Tipp: Pinsapo Azul

GPS: N36° 44' 08.7" W4° 55' 37.0" Ctra. de los Arbolitos **offen:** 06 -09
Ausstattung: PK 1; Fon 952482754; campingpinsapoazul@hotmail.com
Zufahrt: wie (138)
Sonstiges: Basis für Wanderungen in der Sierra de las Nieves.

Ca. 6 km weiter kommt ein herrlicher Aussichtspunkt an einer Stelle, wo früher eine alte Brücke war, dahinter ein bunter Wegweiser nach JOROX. Dort bewundern wir in einem kleinen Tal alte **Höhlenhäuser**. In

Alozaina Jorox: Höhlenhäuser

ALOZAINA verlassen wir die A366 und biegen nach links ab auf die A354 in Richtung PIZARRA. 750 m hinter ZALEA stoßen wir auf die A357 und schwenken nach links, den Schildern nach ARDALES folgend. Wir lassen die Stadt links liegen und biegen 1200 m nach der ersten Zufahrt rechts ab auf die MA444. (Der landschaftlich schönere Weg: Hinter ZALEA

Alora: Burgberg und Stadt

geradeaus auf der A343 gelangen wir bis kurz vor ÁLORA, wo wir auf der MA441 rechts an der Stadt vorbeifahren und über CARRATRACA auf der MA442 - nach 25 km großartiger Natur - wieder auf die A357 treffen.) Das Sträßchen MA444 führt uns nach 1,5 km

Weidende Pferde am Río Guadalhorce

in den **Parque Ardales** mit den Stauseen **Guadalteba** und **Guadalhorce**. Der schön gelegene **Campingplatz** ist nach Umbau und Renovierung wieder geöffnet, sehr nette Leute!

(140) WOMO-Campingplatz-Tipp: Parque Ardales

GPS: N36° 55' 11.8" W4° 48' 14.2" an MA9006
offen: ganzjährig
Ausstattung: PK 1; Badesteg, Restaurant, Fon 952112401/951264924; camping@parqueardales.com / außerorts
Zufahrt: von A357 in Ardales rechts auf MA444 (links, dann A357 unterqueren), nach 2 km auf MA9006, dort ausgeschildert

Wir durchfahren ein uriges Felsentor, auf dem die Gastwirtschaft „*El Mirador*" (Aussichtspunkt) thront. Wir klettern hinauf und haben einen herrlichen Blick auf die Seen- und Waldlandschaft. Hier ist auch der Startpunkt für eine Rundwanderung in die Schlucht **Desfiladero de los Gaitanes** (7 km, ca. 2 Stunden,

Parque Ardales: Felsentor „El Mirador"

s. Wanderliteratur). 1,5 km nördlich davon, vor dem Naturfreibad am See gibt es über Tag einen gebührenpflichtigen **Parkplatz** [**140.1: GPS** N36° 55' 25.3" W4° 48' 08.6"].

<u>Übernachten</u> kann man in der Nähe des Staudammes:

(141) WOMO-Stellplatz: Am Staudamm

GPS: N36° 56' 03.5" W4° 48' 16.8"; an MA9006; **max. WOMOs:** 1 – 2

Ausstattung/Lage: Papierkörbe, Restaurant / außerorts - bis 6 m
Zufahrt: wie (140.1), jedoch ca. 1,5 km weiter nördlich, hinter der Staumauer links (Parkreihen)

Alternativplatz ca. 250 m weiter, für größere Womos, aber etwas schräg **Wanderparkplatz** [**141.1: GPS** N36° 56' 07.7" W4° 48' 16.9"]

Badesee Embalse de Guadalhorce

Eine völlig andere und aufregendere Landschaft erwartet uns aber noch auf der Südseite des Naturparks: ***Garganta del***

Chorro oder auch ***Desfiladero de los Gaitanes***. Wir fahren das Sträßchen zurück und biegen nach wenigen Kilometern links in die MA444 ab, WW EL CHORRO. Nach 2 km weist ein Schild nach rechts zu den ***Ruinas de Bobastro*** und zur ***Iglesia Rupestre de Bobastro*** (beides aus dem 10. Jh.), wohin eine schmale Bergstraße führt (2,8 km). Wir rollen aber geradeaus weiter und sind nach anstrengender Kurvenfahrt bald an dem kleinen Stausee mit Elektrizitätswerk. Gleich hinter der Einmündung in die Uferstraße gibt es einen Kiosk mit Parkplätzen.

(142) WOMO-Stellplatz: Embalse del Gaitanejo

GPS: N36° 54' 42.9" W4° 46' 11.4" an MA444;   **max. WOMOs:** 2
Ausstattung/Lage: Mülleimer, Gasthaus, Kiosk, Wasser / Ortsrand
Zufahrt: s. Text
Sonstiges: Platz ist wegen der tollen Aussicht gut für eine längere Pause, für Übernachtung nur im Notfall

Desfiladero de los Gaitanes

(143) WOMO-Stellplatz: El Chorro Bahnhof

GPS: N36° 54' 24.6" W4° 45' 33.2"
an MA226;   **max. WOMOs:** 2 – 3
Ausstattung/Lage: Müllcontainer,
Gaststätte / im Ort
Zufahrt: wie (142), jedoch nach
Seeüberquerung 1300 m weiter.
Sonstiges: Platz wegen des Zug-
verkehrs für Übernachtung nicht
sehr empfehlenswert!

Der Blick nach links ist gewaltig: Hier stehen sich zwei gigantische Felswände gegenüber, in schwindelnder Höhe durch
eine filigrane Eisenbahnbrücke verbunden. In diese Felsen

Garganta del Chorro von oben (MA4401)

wurde ein Wandersteig, der **Caminito del Rey** (Kleiner Königsweg), gehauen, zum Teil aus Beton an die senkrechten Wände montiert. Früher sind viele mutige Kletterer den Weg gelaufen, aber leider wurde er seit einigen Jahren wegen des Absturzes von Teilen der künstlichen Böden gesperrt. Eine behelfsmäßige Reparatur dieses einmalig schönen Steiges wurde wohl vorgenommen. Furchtlose Kletterer unternehmen wieder ihre Touren. (Details: www.stadler-markus.de) Man kann auch einfachere Wanderungen in diesem Felsenlabyrinth machen.

Der **Campingplatz** in EL CHORRO ist für Womos jetzt befahrbar. Junge Leute haben sich hier eine Existenz geschaffen, ein Geheimtipp für Kletterer!

(143.1) WOMO-Campingplatz-Tipp: Cabañas de Madera

GPS: N36° 54' 39.1" W4° 45' 39.7"; an MA226;   **offen:** Ostern - 15.9.
Ausstattung: PK 1, Pool, Restaurant, Bar, Fon 952495244 / außerorts
Zufahrt: MA444 in Richtung Bahnhof, in der Kurve links (beschildert)
Sonstiges: Basis für Klettertouren, man kann sich Gruppen anschließen: http://alberguecampingelchorro.es/actividades-el-chorro/senderismo/

Unser nächstes Ziel ist der **El Torcal de Antequera**. Für unseren Campingbus (und WOMOs bis 2,2 m Breite, 6 m Länge und max. 5 t) gibt es eine äußerst reizvolle Abkürzung nach VALLE DE ABDALAIÍS über das kurvenreiche Bergsträßchen MA226, das gegenüber der Staumauer beginnt. Hoch oben gibt es Stellen mit einer grandiosen Aussicht auf die Schlucht und den Stausee. Größere WOMOs sollten den Weg über MA447 oder ÁLORA (A7077) nehmen.

Antequera am frühen Morgen

Beide Strecken stoßen wieder auf die A343 und so sind wir bald 1 km vor der sehenswerten Stadt **ANTEQUERA**. Gegenüber dem Gericht gibt es in der *Av. Miguel de Cervantes* einen **Übernachtungsplatz [143.2: GPS** N37° 01' 17.5" W4° 34' 17.0"], der aber auch von Lkw genutzt wird.

Das Landstädtchen bietet auch Sehenswürdigkeiten: einige schöne **Renaissance- und Barockkirchen**, das **Castillo** (1585) und die *Plaza de Toros*. Etwas außerhalb kommen die Hobbyarchäologen unter uns zu ihrem Recht. Im Westen der Stadt sind die drei megalithischen Höhlengrabanlagen *Cuevas de Menga, Viera* und *Romeral* zu bewundern, die aus dem 3. Jahrtausend v. Chr. stammen sollen. Anfahrt (*Menga* und *Viera*): A7282 in Richtung GRANADA, ca. 1 km nach dem Ortsausgang, an der Tankstelle links ab. Anfahrt (*Romeral*): A7282 in Richtung GRANADA bis Kreuzung, links ab, ausgeschildert. Geöffnet 10–16 Uhr.

Wer aber mehr die Natur liebt, lässt die Stadt links liegen und biegt nach rechts, den Wegweisern **El Torcal** folgend, ab und passiert vorher den Campingplatz.

(144.1) WOMO-Campingplatz-Tipp: El Torcal C. Rural

GPS: N36° 59' 08.2" W4° 31' 55.4"
an A7075
offen: ganzjährig
Ausstattung: PK 2, Pool, Restaurant, Bar, Fon 952111608 / außerorts
Zufahrt: A92 AS 146, A343, den Wegweisern „El Torcal" folgen / A7075

El Torcal: Felsenformation mit dem „Ägypter"

Dann folgen wir rechts dem Abzweig zu der einmaligen Felsenwelt in luftiger Höhe. Ein Riesenparkplatz erwartet uns.

(144) WOMO-Wanderparkplatz: El Torcal de Antequera

GPS: N36° 57' 10.9"
W4° 32' 40.5"
an MA9016
max. WOMOs: 5 - 6
Ausstattung/Lage:
Mülleimer, Cafeteria,
WC, Info-Büro des
Astronom. Zentrums
Zufahrt: wie (144.1)
Sonstiges: Platz bietet kaum Schatten und ist nachts vielleicht etwas einsam.

Wanderung El Torcal (1,5 km / 1 Std.)

Vorher wollen wir aber noch die einmaligen Naturschönheiten auf Schusters Rappen bewundern. Kurz vor dem Sonnenuntergang wandern wir durch die bizarre Felsenwelt. Der nicht ganz ungefährliche Weg ist durch kleine Holzpflöcke sauber gekennzeichnet. Man sollte auf jeden Fall derbes Schuhwerk anziehen und Wanderstöcke benutzen. Es ist auch nicht verboten, vom Weg abzuweichen, um z. B. schöne Standpunkte zum Fotografieren zu erklettern. Manche der imposanten Felsfiguren tragen sogar Namen wie *El Sombrero* oder *El Egipto* Die angegebene einstündige Wanderzeit verlängert sich unbegrenzt, je nachdem, wie lange man staunend vor diesen Naturwundern verbringt.

El Torcal: beeindruckende Felswand

In dem Informationsgebäude ist nunmehr auch ein interessant gestaltetes Museum gratis zu besichtigen. Zur Entstehungsgeschichte erfuhren wir folgendes:

Vor 100 Millionen Jahren war das Gebiet noch gänzlich vom Wasser eines urzeitlichen Ozeans bedeckt, von dem lediglich das Mittelmeer übriggeblieben ist. Durch die Ablagerung bildeten sich Schichten aus Kalkgestein. Infolge der Kollision der afrikanischen und eurasischen Erdplatte kam es zur Anhebung und Faltung dieser Schichten zu Hügeln und Bergen. Dabei entstanden Dehnungsklüfte, die durch das Eindringen von Wasser erweitert wurden. Hierbei spielte insbesondere die Kohlensäureverwitterung, für Karstgebiete typisch, eine wichtige formgebende Rolle, durch welche die heutige wildzerklüftete Felslandschaft mit fantastischen Steingebilden entstand. Hinzu kommt die unterschiedliche Härte und Widerstandsfähigkeit der ursprünglich waagerecht abgelagerten Sedimentgesteine. Je nach Festigkeit einer Gesteinsschicht wurde mehr oder weniger Material abgetragen, wodurch sich die horizontalen Muster erklären lassen.

Für Liebhaber der Vogelwelt haben wir hier noch einen Lekkerbissen: Die **Laguna de la Fuente de Piedra**, etwa 25 km nordwestlich von ANTEQUERA (A92/AS132 auf A7279), ist einer der größten Brutplätze Europas vor allem für Flamingos, aber auch Kraniche, Störche, Fischreiher, Lachseeschwalben, Seeregenpfeifer und Fischadler. Das Gebiet ist eingezäunt, weshalb starke Feldstecher und großvolumige Teleobjektive vonnöten sind. Beste Zeit: April bis Juni. Rund um den See kann man auch 20 km wandern. Der örtliche Campingplatz „La Laguna" liegt zwar in Seenähe, hat aber keinen Zugang.

(144.3) WOMO-Camping-platz-Tipp: La Laguna

GPS: N37° 07' 44.5" W4° 43' 59.5"
Calle Doctor Fleming
offen: ganzjährig
Ausstattung: gut, PK 2, Pool, Imbiss, Bar, Internet, Fon 952735294, camping-rural.com / Ortsrand
Zufahrt: A92 AS 132, im Ort beschildert

Jetzt sind wir aber neugierig auf die Flamingos und sonstigen schönen Vögel. Es gibt am nordwestlichen Seeufer einen akzeptablen **Stellplatz** an der A-7279, bei Km 11,0, zur Natur- und Vogelbeobachtung. Hier ist absolute Ruhe!

(144.2) WOMO-Stellplatz: Laguna de la Fuente de Piedra

GPS: N37° 07' 58.4" W4° 45' 43.5"
an der A7279;
max. WOMOs: 3
Ausstattung/Lage: überdachte Beobachtungsstation / außerorts
Zufahrt: Ort in Richtung La Herriza auf A7279 verlassen, 2,4 km hinter der Überquerung der Bahnlinie rechts

Trotz intensiver Nutzung unserer Feldstecher wollte es uns heute nicht gelingen, einen der genannten Vögel vor die Linse zu bekommen.

Laguna de la Fuente de Piedra

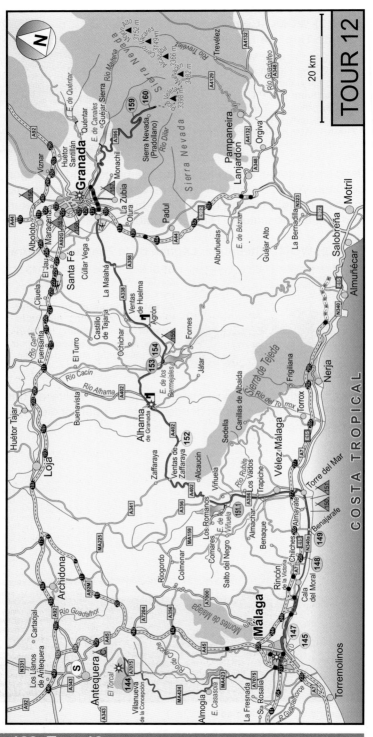

20 km

COSTA TROPICAL

TOUR 12 (240 km / 4 - 6 Tage)

Málaga – Torre del Mar – Alhama de Granada – Embalse de los Bermejales – Granada – Sierra Nevada

Freie Übernachtung:	Málaga, Chilches, Benajarafe, Emb. de la Viñuela, Arroyo de la Madre, Embalse de los Bermejales, Sierra Nevada
Ver-/Entsorgung:	Pradollano, Campingplätze
Trinkwasserstellen:	Viñuela, Agrón, Campingplätze
Campingplätze:	Almayate, Embalse de los Bermejales, Granada
Besichtigen:	Málaga, Alhama de Granada, Granada
Wandern:	Sierra Nevada
Essen:	Campingplatz Almayate

Nach den vielen Naturwundern streben wir nun ans Mittelmeer in Richtung MÁLAGA. Da gibt es eine schöne und eine schnelle Strecke, beide sind gleichlang. Die <u>schöne</u> geht über A7075, MA424, MA423 und wieder A7075, die <u>schnelle</u> leitet uns 6 km hinter VILLANUEVA nach Osten über MA436 und CASA-BERMEJA auf die Autobahn A45 (AS 147), die vor MÁLAGA auf die Küstenrennpiste A7/E15/E902 trifft. Wer Zeit hat, sollte unbedingt die schöne Strecke wählen, denn die abwechslungsreiche Landschaft ist sehenswert.

MÁLAGA ist sicherlich die bekannteste und wichtigste Groß-

Málaga von oben (Castillo de Gibralfaro)

stadt an der **Costa del Sol**. Bevor ein Bad im Meer angesagt ist, wollen wir hier noch ein wenig bummeln gehen. In der Hafenstadt angekommen, lassen wir uns auf der Hauptstraße von dem dichten Verkehr treiben, ein Anhalten ist kaum möglich. Gefühlsmäßig folgen wir dem Schild *„Puerto"* (Hafen), und unser Instinkt für Stellplätze trügt uns nicht. An dem Kreisverkehr, der nach links zum Hafen leitet, fahren wir geradeaus, wählen aber die rechte Spurvariante, und können auf dem linken Mittelstreifen viele freie Parkplätze ausmachen. Gegenüber liegt außerdem noch ein großes freies Grundstück, auf dem wohl auch geparkt werden kann. Hier die Übersicht für nur noch zwei Stellmöglichkeiten in MÁLAGA:

WOMO-Stellplätze: Málaga

(145) Hafen

GPS: N36° 42' 30.4" W4° 25' 43.9"; Paseo A. Machado 32;
max. WOMOs: 3 - 4
Ausstattung/Lage: Mülleimer, max 5,5 m / Ortsrand
Zufahrt: A7 AS Centro, WW Puerto folgen, an der Peugeot-Vertretung beginnend; bei Abwesenheit Fahrzeug gut sichern.
Sonstiges: Platz ist gut als Basis für Stadtbesichtigung, zum Übernachten zu laut.

(147) Castillo de Gibralfaro

GPS: N36° 43' 25.1" W4° 24' 37.0"; Camino de Gibralfaro;
max. WOMOs: 3-4
Ausstattung/Lage: Mülleimer, Kiosk, geringe Parkgebühr / Ortsrand
Zufahrt: A7 AS Centro, WW Parador und Castillo de Gibralfaro folgen; an manchen Stellen etwas enge Kurven.
Sonstiges: Der Parkwächter ist nur am Tage dort, fragt aber gleich bei der Ankunft, ob man über Nacht bleiben möchte; ein Trinkgeld ist gut angelegt.

Vom Hafen braucht man zu Fuß bis zum Zentrum etwa eine Viertelstunde. Wir sichern unser WOMO nach allen Regeln der Kunst und wandern los. Einen Stadtplan haben wir uns schon zu Hause bei der *Turespaña* besorgt und finden uns gut zurecht. Vor der **Kathedrale** ist ein riesiger Menschenauflauf. Die Polizei will uns nicht an und in die Kirche lassen. Der Kellner eines Straßencafés klärt uns auf: Es werden gerade Filmaufnahmen mit einem berühmten spanischen Schauspieler gedreht, der dann auch als Kardinal kostümiert aus dem

Hauptportal eilt. Die **Catedral de Málaga** wurde auf dem Fundament einer Moschee 1588 eingeweiht und zählt sicher zu den wichtigsten Renaissancebauwerken Andalusiens. Leider hat damals das Geld für den zweiten Kirchturm nicht gereicht, weshalb dieser auf dreiviertel Höhe heute wie ein kranker Zahn aussieht. Besonders sehenswert ist das Chorgestühl mit 40 kunstvoll geschnitzten Holzfiguren. Gleich um die Ecke

Málaga: Kathedrale

liegt die gewaltige maurische Festung **Alcazaba,** die auf römischen Resten im 14. Jahrhundert von den Nasriden zur heute erkennbaren Größe ausgebaut wurde. Heute, am Sams-

Málaga: die Festung Alcazaba

Málaga: Paseo del Parque

tag, ist der Eintritt frei, sonst zahlt man etwa 2 je Person. Man kann sich in der großen Anlage fast verlaufen; wir halten uns bei Abzweigungen links und kommen so an die höchsten Stellen. Die Ausblicke auf die Stadt, das Meer und den pittoresken Park **Paseo del Parque** sind ein einziger Genuss. Am Rande dieser Grünanlage parken ganz frech ein paar Reisemobile der Filmemacher! Offenbar werden die Dreharbeiten hier in den nächsten Tagen fortgesetzt, denn eine große Crew von Technikern installiert gerade Unmengen von Scheinwerfern, Kabeln und sonstigem Equipment in der Festung.

Málaga: Torbögen der Burg

Wieder aus der Burganlage entlassen, stoßen wir davor auf einen **OT-Kiosk**. Wir befragen die hübschen jungen Damen, wo man hier sein Wohnmobil über Nacht hinstellen könne. Nein, einen Campingplatz gäbe es in der Stadt nicht mehr, aber vor dem **Castillo de Gibralfaro** wäre ein großer Parkplatz, wo öfter *Coche Camas* (Wohnmobile) über Nacht stehen, sagen uns die Mädels augenzwinkernd.

Außer den bereits erwähnten Sehenswürdigkeiten gibt es noch die Museen **Museo Arqueológico y de Bellas Artes, Museo Diocesano, Museo Picasso** und dessen Geburtshaus.

Bevor wir die Stadt verlassen, suchen wir noch eine Weile vergeblich nach Stellplätzen, nachdem der Platz am *Jardin de la Arabella* zugebaut wurde. Am Stadion **La Rosaleda,** *Av. de la Palmilla*, könnte man vielleicht eine Möglichkeit finden.

Nun ist aber Schluss mit Besichtigungen, wir wollen baden! Deshalb quälen wir uns auf der Küstenstraße nach Osten aus der Stadt heraus. Bei der dichten Uferbebauung finden wir kaum ein Plätzchen für unseren Campingbus. Endlich wird der Abstand der Betonklötze größer, so dass wir hier und da einen Tagesparkplatz für eine Badepause erspähen, aber mehr auch nicht. Unser alter Badeplatz bei BENAJARAFE ist gestorben. Dafür gibt es eine neue Möglichkeit bei CHILCHES. Wie lange wird das freie Stehen dort geduldet??

(148) WOMO-Badeplatz: Chilches (Niza-Beach)

GPS: N36° 42' 47.2" W4° 13' 43.3" an N340A;

max. WOMOs: 4 - 5

Ausstattung/Lage: Sandstrand / Ortsrand

Zufahrt: A7 AS258, N340A rechts, dann zurück, bei Km 258,4

Sonstiges: Platz ist nachts leicht unruhig. Kann am Wochenende voll werden.

Weiter geht die Reise nach Osten, und nach 4,5 km entdecken wir, etwas versteckt, vor BENAJARAFE einen Parkplatz hinter dem Gasthaus *„La Plata Casa Matilde"*.

(149) WOMO-Badeplatz: Benajarafe (Niza-Beach)

GPS: N36° 42' 57.0" W4° 10' 44.9" an N340A;

max. WOMOs: 3 - 4

Ausstattung/Lage: Bänke, Sandstrand, Restaurant / Ortsrand

Zufahrt: A7 AS258, N340A links bei Km 262,9 meerwärts, 100 m

Sonstiges: Parkplatz wurde nach Osten erweitert, sogar asphaltiert. Ausweichplatz [**149.1: GPS** N36° 42' 59.0" W4° 10' 40.5"]

Es folgen nach gut 4 km in dem kleinen Badeort **ALMAYTE** zwei Strandcampingplätze, die wir uns genau anschauen.

WOMO-Campingplatz-Tipps: Almayate

(150) Almayate Costa

GPS: N36° 43' 31.3" W4° 08' 06.8"; an N340A;   **offen:** 24.2.-30.9.

Ausstattung: sehr gut, PK 4; schattig, Pool, Restaurant, Strandzugang; Fon 952556289; Fax 952556310; campingalmayatecosta.com; info@...

Zufahrt: N340A bei Km 267, meerwärts

(151) Almanat (FKK)

GPS: N36° 43' 37.0" W4° 06' 47.5"; Carril de la Torrealta; **offen:** ganzjährig

Ausstattung: sehr gut, PK 3; deutscher Empfang, Restaurant, Laden, Pool, Hallenbad, Sauna, Fitnessraum, eigener Strandzugang; Fon 952556462, Fax 952556271; campingalmanat.es; eMail: info@...

Zufahrt: A7/E15 AS272 in Torre del Mar rechts halten, N340A bei Km 269 meerwärts, beschildert   - Sehr günstige Winterpreise! -

Im letzteren verbringen wir eine erholsame Badewoche. Das Restaurant vor dem Strand bietet neben viel Fisch auch andalusische Küche zu günstigen Preisen an. Auf der Terrasse mit herrlichem Seeblick sitzt man ganz hervorragend!

Die Abreise fällt schwer, bevor wir nach GRANADA und in die *Sierra Nevada* aufbrechen. Im benachbarten TORRE DEL MAR gibt es weitere **Campingplätze**, ohne Strandzugang.

Nach GRANADA gibt es eine schnelle und eine schöne Route. Wie immer nehmen wir natürlich die schöne. In TORRE DEL MAR gehen wir direkt auf die nach Norden führende A356 in Richtung ALHAMA DE GRANADA und lassen VÉLEZ MÁLAGA rechts liegen. Die recht gut ausgebaute Straße schlängelt sich durch die *Sierra de Tejeda,* eine abwechslungsreiche, bergige Landschaft, wo sich Olivenhaine, Obstplantagen, Getreideäcker und Wiesen mit schroffen Felsen abwechseln. Hiervon sehen wir allerdings nicht allzu viel, weil es etwas diesig ist und die Bergspitzen in Wolken gehüllt sind. Hier und da bieten Händler säckeweise Apfelsinen und Zitronen an. Nach 15 km geht es, der Hauptstraße folgend, rechts ab auf die A402. Halt! Den **Picknickplatz** am Stausee müssen wir uns ansehen: er liegt wirklich romantisch direkt am Wasser.

(151.1) WOMO-Picknickplatz: Embalse de la Viñuela

GPS: N36° 51' 53.5" W4° 09' 21.8" an A402
max. WOMOs: 3
Ausstattung/Lage: MC, Tische, Bänke, Grills, Wasser / außerorts
Zufahrt: am Abzweig zur A402, in der Kurve links „Hotel La Viñuela", wieder links, 150 m

Bei Km 98 sehen wir an einem Berghang ein alleinstehendes Restaurant mit vielen Parkplätzen und guter Aussicht. (Der Name fängt mit „Fuente" an.) Wenn man es nötig hat, wäre nach einer Mahlzeit eine Übernachtung möglich. Auf dem bald folgenden Pass *Puerto de Zafarraya* (920 m) – die Grenze zur **Provinz Granada** – ist es jetzt ziemlich nebelig, so dass wir von der wildromantischen Landschaft wenig erkennen können. In dem verschlafenen Dörfchen VENTAS DE ZAFARRAYA lichtet sich der Nebel schlagartig und die liebe Sonne kommt wieder durch.

Wir durchqueren eine fruchtbare Hoch-

Alhama de Granada

ebene und finden in dem Weiler ARROYO DE LA MADRE an einem Restaurant einen geräumigen Parkplatz vor.

(152) WOMO-Stellplatz: Arroyo de la Madre

GPS: N36° 57' 13.7" W4° 01' 58.7"   San Marcos   **max. WOMOs:**4
Ausstattung/Lage: Müllcontainer, Restaurant / außerorts
Zufahrt: A402, 2,5 km hinter dem Abzweig nach Cerro Camello
Besonderes: Der Parkplatz grenzt an ein Straußengehege.

Auf der Wiese nebenan tummeln sich zwei Straußenvögel. Als wir mit Kameras auftauchen, galoppiert der eine direkt auf uns zu, bläht den Hals auf und stößt seltsame Schreie aus. Dann fängt er einen wilden Tanz an, dessen Sinn wir nicht deuten können. Vielleicht bettelt er damit um Futter. Bei unserem letzten Besuch waren keine Strauße mehr zu sehen.

Wir rollen gemütlich durch eine wunderschöne Landschaft, dem Naturpark *La Alcaiceria,* mit vielen Panoramaausblicken. Hier und da laden Wandertafeln zu verschiedenen Touren durch die Natur ein.

Alhama de Granada: Trinkwasserbrunnen

ALHAMA DE GRA-NADA, die Stadt der heißen Quellen, sehen wir von einer Bergkuppe unten im Tal, ein schöner Anblick. Das Häusermeer wird dominiert von einer wuchtigen Kirche, der *Iglesia de la Encarnación.* In der Ortsmitte par-

Embalse de los Bermejales

ken wir bequem vor einem Straßencafé und bummeln durch das hübsche Städtchen. An der **Iglesia del Carmen** (16. Jahrhundert) sprudeln munter zwei Wasserrohre, die aber zum Auffüllen des Bordwassertanks nur mit Gießkanne nutzbar sind. Direkt hinter der Kirche öffnet sich eine tiefe Schlucht mit einigen verfallenen Bauten im Talboden, durch den der **Río Alhama** fließt. (s. Foto S. 195) Ihren Namen hat die Stadt von dem arabischen Begriff „El Hamam", was „heiße Quelle" bedeutet. In den USA verwendet man das Wort für einen Whirlpool.

Kaum haben wir die Stadt nach Nordosten verlassen, müssen wir schon nach 3 km dem Wegweiser **„Embalse de los Bermejales"** nach rechts auf die A 338 folgen, denn dieser schöne Stausee ist unser nächstes Ziel. Geradeaus führt die A402 zur Autobahn A92 nach GRANADA (57 km). Unsere gewählte Route ist ebenso 57 km lang, dafür aber landschaftlich anspruchsvoller.

Sobald wir am Stausee sind, biegt nach rechts ein breiter Weg ab, der auf einen Tunnel hinweist, den der **Río Alhama** durchfließen muss, um in den Stausee zu gelangen. Hier ist ein sehr ruhiger Stellplatz mit schönem Blick auf den idyllisch gelegenen See.

(153) WOMO-Wanderparkplatz: Emb. de los Bermejales I

GPS: N36° 59' 53.4" W3° 53' 59.0" an A338; **max. WOMOs:** 3 – 4
Ausstattung/Lage: schattig, **zweistündiger Radweg** um den See / außerorts
Zufahrt: A 338 bei Km 35,6
Sonstiges: Keine Müllentsorgung möglich, weshalb der Platz etwas verwahrlost aussieht. Wasserstand geht oft zurück.

Dichter am Ufer ist auch noch ein schattiges Areal zu sehen, wo schon ein PKW parkt. Wir kommen hin, indem wir zur Hauptstraße bis auf 20 m zurückfahren, um gleich wieder links abzubiegen und ca. 100 m dem breiten Weg zum See hinunter folgen. Ein schönes, einsames Stückchen Erde! Auch hier könnten wir eine herrlich ruhige Siesta halten.

Aber wir fahren weiter und überqueren die alte Staumauer, die interessante Ausblicke nach beiden Seiten bietet. Direkt dahinter lädt zur Rechten eine *„Area Recreativa"* zum Baden (für Mutige) und Verweilen ein.

(154) WOMO-Badeplatz: Emb. de los Bermejales II

GPS: N36° 59' 48.0" W3° 53' 25.4" an A338;
max. WOMOs: 4
Ausstattung/ Lage: Mülleimer, Badestrand, der früher vorhandene Wasserhahn ist verschwunden / Ortsrand
Zufahrt: wie vor, bei Km 34,8

Da Wochenende ist, erholen sich hier viele spanische Familien; an einigen Stellen plärren Lautsprecher aus offenen Autotüren und Grillqualm hängt in der eigentlich sauberen Luft. Man kann den Uferweg noch ca. 500 m weiter rollen, denn überall sind schöne, schattige Plätze. Am Eingang der Freizeitanlage steht eine Tafel, wonach Camping, Lagerfeuer und Abfallentsorgung verboten sind. Daran stört sich, wie wir es von anderen Gelegenheiten kennen, natürlich kein Spanier.

Zurück auf der Hauptstraße wirbt bei Km 37 ein Schild für einen Campingplatz. Neugierig biegen wir ab und stellen am Seeufer weitere schattige, aber auch sonnige Badeplätze mit Parkraum fest. Es ist hier so schön und ruhig, dass man glatt tagelang hier hängen bleiben könnte. Für Angler offenbar ein Eldorado, denn an dem stillen Seeufer halten viele die langen Ruten ins Wasser.

(155) WOMO-Campingplatz-Tipp: Los Bermejales

GPS: N36° 59' 37.7" W3° 52' 46.4"; an GR 4302;   **offen:** ganzjährig
Ausstattung: 2. Kat., PK 1, ganz gute Sanitäreinrichtung, Pool, See-Zugang über eine Fußgängerbrücke; schön gelegen; Fon 958359190; Fax 958359336; losbermejales.com; camping@losbermejales.com; am Empfang jobbt ein junger Deutscher.
Zufahrt: A338 bei Km 34,6 rechts ab, GR4302
Besonderes: gehört zur Ortschaft Arenas del Rey

Die weitere Fahrt nach GRANADA gestaltet sich sehr abwechslungsreich: landwirtschaftliche Flächen, grüne sanfte Hügel, kitschige Schlösschen. An der A338 hat man kurz vor AGRÓN links einen Wasserhahn installiert, es gibt gegenüber einen **Picknickplatz** [**155.1: GPS** N37° 01' 38.2" W3° 49' 53.5"]. Je mehr wir uns der Provinzhauptstadt nähern, um so greifbarer leuchten dahinter majestätisch die schneebedeckten Dreitausender der *Sierra Nevada*.

Wir haben uns in **GRANADA** zwar nach freien Stellplätzen umgesehen, aber ohne Erfolg. Für diese Touristenmetropole gilt in puncto Sicherheit das Gleiche wie für alle Großstädte: Übernachtung nur auf Campingplätzen! Die Stadt hat gleich mehrere anzubieten, davon haben wir folgende getestet:

WOMO-Campingplatz-Tipps: Granada

(156) Peligros
GPS: N37° 14' 28.6" W3° 37' 53.5"; Cerro de la Cruz; **offen:** Karwoche/Ostern und 1.7. - 30.9.
Ausstattung: gut, PK 3; Pool; in Terrassen am Berg angelegt; Fon/Fax 958340548; campinggranada.es; camping.granada@gmail.com
Zufahrt: A92(G), A44 AS 121, beschildert
Besonderes: Der ruhige und angenehme Platz eignet sich gut für Granada-Besuch; Fußweg zur Bushaltestelle ca. 1000 m.

(157) La Zubia – Reina Isabel
GPS: N37° 07' 27.5" W3° 35' 11.7"; C. Laurel de la Reina 15; **offen:** ganzj.
Ausstattung: mittel, PK 3; deutscher Empfang (Herr Büker), Restaurant; Fon 958590041; Fax 958591191; reinaisabelcamping.com; Buchung für Alhambra (möglichst einige Tage vorher): ca.15 €/Person zzgl. Bus
Zufahrt: A 92(G), A44/E902 nach Süden, AS 132 auf Ronda Sur (südliche Umgehung) in Richtung Alhambra / Sierra Nevada, AS 2 La Zubia, 3,1 km, dort beschildert.
Besonderes: Geeignet für Granada-Besuch, Bushaltestelle vor der Tür, Paseo de Salón aussteigen; auch nach Sacramonte (Flamenco!)

(158) Sierra Nevada
GPS: N37° 11' 53.5" W3° 36' 42.5"; Av. de Madrid 107; **offen:** 15.3. - 30.9.
Ausstattung: gut, PK 3; Pool; Fon 958150062, Fax 958150954; campingsierranevada.com, eMail campingmotel@terra.es
Zufahrt: A92(G), A44 AS 123, beschildert

(158.1) María Eugenia
GPS: N37° 11' 32.9" W3° 39' 17.2" Av. de Andalucia **offen:** ganzjährig
Ausstattung: mittel, PK 3; Pool; Fon 958200606, Fax 958100267; campingmariaeugenia.com; gute Busverbindung zur City.
Zufahrt: direkt an A92G, 1800 m vor A44, leicht zu übersehen!

Cubillas
Dieser idyllische Platz wurde kürzlich geschlossen. Schade.

Gas nachfüllen:
Repsol Ctra. de Malaga [**155.2 GPS** N37° 11' 26.1" W3° 38' 11.0"].

Granada: Alhambra (Blick vom Mirador San Nicolas)

Gasse im Albacin

Über die Fülle der Sehenswürdigkeiten von GRANADA detailliert zu berichten, hieße ein eigenes Buch darüber schreiben. Bei der *Turespaña* und beim OT gibt es einen Prospekt mit Stadtplan und Rundgängen, die einschlägigen Reiseführer (s. Tipps „Literatur") gehen natürlich mehr in die Tiefe.

Wir ziehen den kleinen Campingplatz in LA ZUBIA vor, weil man von hier aus gut zur **Alhambra** und in die **Sierra Nevada** kommt.

Der Stadtbus fährt alle 20 Minuten zum **Paseo de Salón,** wo sich die meisten Buslinien treffen. Dann fragen wir uns zur **Plaza Nueva** durch (10 Minuten Fußweg), um mit einem „Microbus" der Alhambra Bus S.A. für ca. 1 durch die engen Gassen des maurischen Viertels zu dem hoch über der Stadt liegenden Aussichtspunkt **Mirador San Nicolas** gefahren zu werden. Von hier oben haben wir einen grandiosen Fernblick auf die **Alhambra**, die ganze Stadt und

Antikladen im Albaicín

Granada: Alhambra in Gewitterstimmung

auf die schneebedeckten Dreitausender der **Sierra Nevada**. Das Schicksal meint es gut mit uns: Für ein einmalig stimmungsvolles Licht sorgt nach einem Gewitter die tiefrote, sinkende Sonne.

Alhambra Löwenhof © Turismo Andaluz

Zur **Alhambra** kommt man per Bus wie folgt: Am **Paseo de Salón** steigt man um in die Buslinie Nr. 13 „Cementerio" oder geht 10 Minuten zur **Plaza Nueva** und nimmt dort einen der Kleinbusse. Man kann auch mit dem Reisemobil direkt zur **Alhambra** fahren und dort für 27 bis 47 / Nacht parken; wer Geld zu viel hat... Außerdem hört man, dass hier häufig Spitzbuben ihrem „Handwerk" nachgehen, weshalb wir den Bus wärmstens empfehlen.

Für den obligatorischen Besuch der **Alhambra** muss man einen ganzen Tag vorsehen, ebenso für die Innenstadt mit **Catedral Santa María de la Encarnación, Capilla Mayor, Capilla Real, Albaicín** (Maurisches Viertel), **Convento de San Jerónimo** (Universitätsviertel), **Plaza Nueva** und – etwas außerhalb – das Kartäuserkloster **La Cartuja**. Die **Flamencolokale** in **Sacramonte** sollte man abends keinesfalls auslassen.

Alhambra Gärten Generalife © Turismo Andaluz

Sierra Nevada: Pantano de Canales

Nach dem Touristenrummel müssen wir wieder einmal zur Mutter Natur zurückkehren. Also fahren wir zurück auf die *Ronda Sur* und ordnen uns zur **Sierra Nevada** ein, bis wir auf die komfortable A395 abgeleitet werden. 39 km wunderschöner Bergstraße liegen vor uns. Nach 17 km wird die Fahrt härter, aber zwischendurch werden wir immer wieder durch herrliche Aussicht entschädigt, z. B. auf einen schönen See tief im Tal,

Sierra Nevada: schneebedeckte Bergspitzen

den **Pantano de Canales**. Bei Km 23 erwartet uns das Besucherzentrum **El Dornajo**, wo man jede Menge Informationsmaterial gratis, aber auch gegen Bezahlung erhält.

Wir folgen strikt der Wegweisung *„Pico Veleta"*. An dem bekannten Wintersportzentrum **PRADOLLANO** ist inzwischen ein WOMO-Stellplatz für 60 Fahrzeuge entstanden. An der **Albergue Universitario** auf 2550 m Höhe ist die Fahrstraße zuende, aber es gibt zwei große Parkplätze, die von Souvenirbuden, Schlittenverleihern und Budencafés umgeben sind.

WOMO-Wanderparkplätze: Sierra Nevada

(159) Pradollano

GPS: N37° 05' 57.1" W3° 23' 36.6" an A395;

max. WOMOs: 60

Ausstattung/Lage: Mülleimer, Strom; Wintersaison ab 6.12. gebührenpflichtig (ca. 15 €), nach der Saison gratis; E&V / außerorts

Zufahrt: von Granada auf A395, bei Km 36,6 rechts, Wegweiser „C.A.R."; folgt man den Womo-Wegweisern, kommt man auch hin, aber über einen großen Umweg.

(160) Parkplatz Albergue Universitario

GPS: N37° 05' 38.3" W3° 23' 10.9" an A395;   **max. WOMOs:** 3

Ausstattung/Lage: Mülleimer, Imbiss, Restaurant / außerorts

Ersatz: Parkplatz am Jugendhotel 150 m tiefer; also mehr wandern!

Zufahrt: A395 bis zum Ende

In dem hintersten Budencafé gibt es einen guten Milchkaffee. Der Inhaber erzählt uns, er habe viele Jahre in Deutschland als Gastarbeiter „geschafft", also in Baden-Württemberg. Sein Deutsch ist eher als Schwäbisch zu bezeichnen. Von ihm erfahren wir auch, dass die Polizei nur an Wochenenden und in der Hauptsaison (also Winter und Juli/August) Wohnmobile wegschickt. In den übrigen Zeiten könne man das Verbotsschild ruhig ignorieren, sagt er. Neben dem oberen Parkplatz liegt an einem sanften Hang reichlich Schnee, in den sich zwei Busladungen Schulkinder lärmend mit bunten Kunststoffschlitten stürzen. Wir gehen noch ein wenig spazieren, um die Gegend für den morgigen Wandereinstieg zu erkunden, lassen unseren schwäbisch sprechenden Gastwirt noch etwas verdienen und haben eine ruhige Nacht.

Sierra Nevada: Albergue Universitario

Welche Eissorte soll's denn sein?

Die Seilbahn hat Inspektion.

Sierra Nevada: Bergpanorama aus Sicht des Pico Veleta

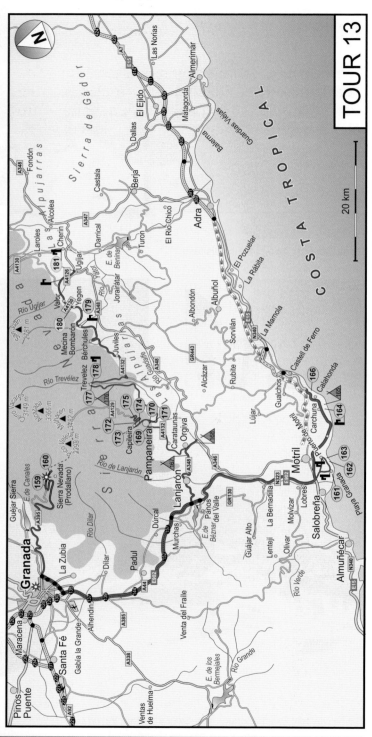

TOUR 13 (270 km / 5 - 6 Tage)

Sierra Nevada – Abstecher ans Meer: Playa Granada, Motril Playa , Calahonda – Alpujarras – Lanjarón – Órgiva – Pampaneira – Capileira – Trevélez – Yegen – Ugíjar

Freie Übernachtung:	Playa Granada, Motril Playa, Carchuna, Calahonda, Pampaneira, Capileira, Trevélez, Yegen, Ugíjar
Ver-/Entsorgung:	Campingplätze
Trinkwasserstellen:	Puerto de Motril, Carchuna, Pampaneira, Capileira, Trevélez, Alcutar, Mecina Bombarón, Ugíjar
Campingplätze:	Carchuna, Órgiva, Trevélez
Besichtigen:	Pampaneira, Capileira, Trevélez
Wandern:	Sierra Nevada, Alpujarras
Essen:	Camping Trevélez; Ugíjar (Vidaña)

Theoretisch könnte man auf der **höchsten Straße Europas** weiterfahren und käme am Südhang bei CAPILEIRA heraus. Aber kurz hinter der *Albergue Universitario* – etwa 500 m vom Parkplatz aus – ist die Straße durch eine Schranke gesperrt. Von Juli bis September fahren von hier Kleinbusse bis an den *Pico Veleta* (3394 m), den zweithöchsten Berg der Sierra, heran. Mit Bus verkürzt sich der Aufstieg erheblich. Aber es ist erst Mitte Mai und wir müssen selber laufen.

Wanderung zum Pico Veleta und zurück (5 - 6 Std.)

Wir haben uns für diese Hochgebirgswanderung sachgemäß ausgerüstet: Bergstiefel, windfester Anorak, Wanderstöcke, warme Sachen zum Unterziehen, Regenschutz, Proviant, 1 ½ bis 2 Liter Wasser oder Tee, Wanderkarte 1:50.000 von „Editorial Penibetica" (ISBN 84-931217-1-1),

Kompass, Fernglas **und Sonnenschutzcreme**. Über 3000 m Höhe kann man im Gesicht und auf allen herausschauenden Körperteilen ganz schön „verbrennen". Zunächst folgen wir dem asphaltierten Sträßchen, passieren die Heiligenstatue *Virgen de las Nieves* und erreichen nach 20 Mi-

Sierra Nevada: Virgen de las Nieves

nuten die Abzweigung **Cruce de Borreguiles**, wo wir die Straße verlassen und auf einem Pfad weitergehen, der die Bergstraße aber mehrmals kreuzt, so dass man eigentlich auf ihr weitergehen könnte. Wir bleiben jedoch auf dem gekennzeichneten Pfad und kommen über die **Cuerda del Veleta** zu den sogenannten **Posiciones** (2 Std.). Es folgt ein Aussichtspunkt, von dem aus wir einen unvergesslichen Blick auf den **Corral del Veleta** haben. An einem großen runden Felsblock kommt eine Gabelung, wo wir den rechten Weg nehmen (der linke

Pico Veleta (3394 m)

führt über den *Veredón* zum *Cerro de los Machos),* auf dem Grat entlang gehen und nach Überquerung des **El Lastron** bald auf dem windigen Gipfel in 3398 m Höhe sind. (2 ¾ Stunden) Der Rückweg ist dem Hinweg gleich, es sei denn, man macht einen Schlenker über die Skistation.

Wanderung zum Mulhacén (9 Stunden)

Der Weg zum höchsten Berg Spaniens, dem **Mulhacén** (3482 m), führt uns auf der Bergstraße unterhalb des **Pico Veleta** vorbei. Ohne große Höhenunterschiede geht man von der Skistation in etwa 1 ½ Stunden bis zum **Refugio Vivac de la Caldera** und biegt dort 150 m nach einer scharfen Rechtskurve links in einen Bergpfad ein, der uns über große Flächen von dunklen Schieferplatten nach 1000 m zum Gipfel bringt. Dieser besteht aus einer Menge wie hingeworfener Felsplatten und einer Hausruine. (Gesamtzeit: 4 ½ Std.) Für den Rückweg zum Parkplatz braucht man noch einmal die gleiche Zeit, so dass man dann 9 – 10 Stunden unterwegs ist. Diese Strecke sollten sich wirklich nur geübte und durchtrainierte Bergwanderer zumuten, denn der zu bezwingende Höhenunterschied beträgt etwa 2300 Meter.

Dem Wanderbüchlein, das der Karte „Editorial Penibetica" beiliegt, entnehmen wir in etwas holprigen Deutsch, dass man in der Sierra Nevada 35 Wanderungen durchführen kann. Außerdem wird ein langer Weg über alle Dreitausender beschrieben. Es besteht auch die Möglichkeit, den gesamten Gebirgszug von der **Albergue Universitario** bis nach **Capileira** oder über die bewirtschaftete Hütte **Refugio Poqueira** nach **Trevélez** zu Fuß zu überqueren. Stehen zwei Fahrzeuge zur Verfügung, so kann man eines an der **Albergue Universitario** und das andere in **Capileira** oder **Trevélez** deponieren.

Die ungefähren Wanderzeiten:

1) **Albergue Universitario** – Refugio Carihuela (unbewirtschaftete Hütte) über Fahrweg – Crestones de Río Seco – Refugio Poqueira – **Trevélez**. Gesamtlaufzeit: **8 Stunden**

2) **Albergue Universitario** – Refugio Carihuela – Loma Púa – **Capileira**. Gesamtlaufzeit: **7 Stunden**

3) Der Fußweg über die Fahrstraße von der **Albergue Universitario** nach **Capileira** ist durch die vielen Serpentinen sehr lang und auf keinem Fall an einem Tag zu bewältigen. Auf halber Strecke kann man in der unbewirtschafteten Hütte **La Caldera** übernachten, wenn man Schlafsack und Matte mitführt.

Abkürzen kann man die Strecken erheblich, indem man die Kleinbusse der Parkverwaltung von Juli bis September benutzt. Auskünfte sind unter der Handynummer 686414576 zu erhalten. Für diese großen Touren sind unbedingt eine exakte Planung und komplette Ausrüstung erforderlich (s. oben).

Unsere Wanderung ist allerdings etwas anders verlaufen, denn Mitte Mai ist hier oben noch richtig Winter. Links und rechts der Straße begleiten uns meterhohe, sauber gefräste Schneewände. An der menschenleeren Skistation **Refugio Vivac de la Carihuela** (3224 m), die wir nach 1 ½ Stunden erreichen, nehmen wir ein längeres Sonnenbad. Die Sonne brennt hier oben ganz schön heftig, so dass wir uns schnell mit hochdosierter Sonnencreme (Lichtschutzfaktor 20) einbalsamieren. Fast zu spät, denn mein Gesicht ist schon leicht angesengt! Die Restaurants, Skischulen, Kioske und Toiletten sind fest verrammelt. Von den Dächern tropft der tauende Schnee.

Ein holländisches Paar ist ganz enttäuscht, dass „auf der Hütten" nichts los ist. Von hier aus zweigt eine Fahrstraße direkt zum Gipfel des **Pico Veleta** ab. Parallel dazu verläuft ein Fußweg, der aber so zugeschneit ist, dass wir nach wenigen Schritten bis zur Hüfte in der weißen, pappigen Pracht versinken. Die fehlenden 174 Höhenmeter bis zum Gipfel sind einfach nicht mehr zu schaffen! Mehrere Seilbahnen und Skilifte, die gerade von einigen Monteuren gewartet oder repariert werden, führen in die Täler, aber nicht hinauf.

Nach Rückkehr zum Parkplatz essen wir in einem der Terrassenrestaurants noch eine Kleinigkeit und machen uns auf den Weg nach Süden, um die andere Seite der **Sierra Nevada**, die **Alpujarras** kennen zu lernen. Je tiefer wir kommen, um so heißer wird es. Vor zwei Stunden waren wir auf 3224 m Höhe und mussten 3 ° Celsius ertragen, nun steigt das Quecksilber auf fast 30 °. Wir sausen auf der A44/E902 in Richtung MOTRIL und müssten nach 34 km eigentlich ostwärts abbiegen. Bis zum Mittelmeer sind es nur lächerliche 25 km, also entscheiden wir uns blitzschnell für einen **Abstecher zum Baden**. Hier ist in letzter Zeit viel umgebaut worden. Unser Navi spinnt mal wieder. Am besten den Wegweisern **PLAYA GRANADA** folgen. Am *Los Moriscos Club de Golf* gibt es viele Parkplätze, die mit Verbotsschildern reichlich gespickt sind. An den Strand durchzufahren, geht nicht mehr, weshalb wir etwas weiter westlich unser Glück versuchen.

(161) WOMO-Badeplatz: Playa Granada (Am Golfplatz)

GPS: N36° 43' 03.9" W3° 33' 35.8" Urbanización Playa Granada
max. WOMOs: 3
Ausstattung/Lage: Mülleimer, Strandduschen, WC / außerorts
Zufahrt: von A44 auf A7 Richtung Málaga, 1. Ausfahrt auf N323, N340 unterqueren (Kreisel), nach 100 m rechts (WW Playa Granada), am Meer 200 m nach links
Sonstiges: Trotz der vielen Verbotsschilder stehen hier einige Wohnmobile über Nacht.

Es ist Wochenende, und viele Großstädter aus GRANADA suchen hier Erholung, denn schließlich ist ja hier der Hausstrand der Metropole. Aber das Optimale finden wir 900 m östlich, kurz vor **PUERTO DE MOTRIL**. Seit der Kreuzung N323/N340 sind wir genau 4 km gefahren. Wir wollen uns neben einem französischen Motorcaravan platzieren und schwenken in elegantem Bogen über die sandige Wiese ein. Auf einmal stehen wir! Die Vorderräder haben sich tief in den Sand eingegraben und alle Versuche, wieder herauszukommen, scheitern. Also ist Hilfe angesagt. Die Franzosen wollen sofort helfen, einige Spanier bitte ich heran.

(162) WOMO-Badeplatz: Motril Playa I

GPS: N36° 42' 54.4" W3° 33' 01.7"
Av. de Julio Moreno
Max. WOMOs: 6
Ausstattung/Lage: Müllcontainer, Dusche, Sandstrand / Ortsrand
Zufahrt: wie (161), nur 900 m östlich
Sonstiges: Vor der Einfahrt Befahrbarkeit des Bodens prüfen! Trotz Verbotsschilder stehen hier etliche WOMOs.

Eine schwierige Aktion beginnt. Der freundliche Franzose holt aus seinem Wagen zwei Auffahrmatten (Sollte man immer an Bord haben!!) und mit vielen Versuchen bekommen wir unseren Campingbus, dessen Kupplungsscheiben schon rauchen und stinken, aus dem Sand. Mit Bordeaux Superieur und Diebels Altbier wird der gerettete Abend mit den Helfern gefeiert. 350 m weiter ist wieder ein riesiger geschotterter Parkplatz direkt am Strand auszumachen. Übergangslos sind wir auf der Strandstraße in PUERTO DE MOTRIL, einem spießig wirkenden Badeort, gelandet.

(163) WOMO-Badeplatz: Motril Playa II

GPS: N36° 42' 58.9" W3° 32' 50.3"
Av. de Julio Moreno
Max. WOMOs: 4
Ausstattung/Lage : Müllcontainer, Sandstrand / Ortsrand.
Zufahrt: von (162) 300 m NO
Sonstiges: Zum Baden kann man hier tagsüber parken, eine ungestörte Übernachtung ist fraglich. Verbotschilder stehen überall!

Aber Vorsicht! Es gibt am östlichen Ende keine Ausfahrt, man muss weit zurück nach Westen fahren. Für einen längeren Badeaufenthalt empfehlen wir Ihnen, *Playa Poniente* Camping **[163.1: GPS** N36° 43' 05.0" W3° 32' 47.0"] zu nutzen.PK3/FCA. Der Strand endet vor der Skyline einer Raffinerie, weshalb wir landeinwärts auf die N340 abdriften. Nach wenigen Kilometern streifen wir den kleinen Badeort TORRENUEVA. Hier gibt es einen für uns neuen Badeplatz direkt am Wasser.

(163.2) WOMO-Badeplatz: Torrenueva

GPS: N36° 42' 29.7" W3° 29' 46.0"
Paseo de Barlovento (Verlängerung)
Max. WOMOs: 4
Ausstattung/Lage : Müllcontainer, Sandstrand / Ortsrand
Zufahrt: N340, 1. Ortszufahrt rechts, 2. Straße rechts, durchfahren, dann links halten bis zum Strand (geschotterte Fläche)

Vor dem Örtchen **CARCHUNA** geht bei Km 341,5 (N340) ein Weg zum Campingplatz *„Don Cactus"* ab. Am Anfang der Strandstraße wurde kürzlich ein hübscher Parkplatz angelegt, der auch für kleinere Reisemobile geeignet ist, solange keine Verbotsschilder aufgestellt werden. 50 m weiter gibt es einen **Wasserhahn**. Den feinen, aber teuren Campingplatz, 650 m weiter, schauen wir uns bei der Gelegenheit gleich mit an.

(164) WOMO-Badeplatz: La Chuca

GPS: N36° 41' 48.1" W3° 27' 20.3"
Calle Espetos / Calle Jayuyo
Max. WOMOs: 5
Ausstattung/Lage : Müllcontainer, Kiesstrand / Ortsrand
Zufahrt: von N340 im Kreisel rechts, 450 m
Frischwasser gibt es 50 m östlich:
GPS N36° 41' 46.8" W3° 27' 17.9"

(165) WOMO-Campingplatz-Tipp: Don Cactus

GPS: N36° 41' 46.2" W3° 26' 35.2"; Playa de Carchuna **offen:** ganzjährig
Ausstattung: sehr schön, PK 4; Restaurant, alle Einrichtungen, Pool; Fon 958623109, Fax 958624294, eMail camping@doncactus.com; Web www.doncactus.com; - FCA -
Zufahrt: wie (165), 1200 m östlich; oder: von N340 bei Km 343 meerwärts
Besonderes: Zugang zum Kiesstrand über Schotterweg.

Im nächsten Ferienort **CALAHONDA** will man nach vielen Jahren die Womos nicht mehr sehen! Verbotsschilder sind nicht eindeutig, werden deshalb wohl ignoriert, bis die Polizei kommt...

(166) WOMO-Badeplatz: Calahonda

GPS: N36° 42' 00.2" W3° 24' 56.8"; Calle Mimosa; **max. WOMOs:** 12
Ausstattung/Lage: Müllcontainer, Sandstrand, Restaurant / im Ort
Zufahrt: N 340 bei Km 344,7 meerwärts ab, geradeaus

Einen kleinen **Ausweichplatz** findet man in der *Calle Rincón* am östlichen Ortsrand vor der Felswand [**166.1:** **GPS** N36° 42' 12.9" W3° 24' 42.5"] Hier passen aber nur Fahrzeuge bis max. 6 m Länge hin.

Das Bergdorf Pampaneira

Wir beenden unseren Badeausflug und wenden uns jetzt der Südflanke der *Sierra Nevada*, der **Alpujarra Alta**, zu. Es geht wieder zurück über N340/N323 in Richtung GRANADA und nach 27 km rechts auf die A348 in Richtung LANJARÓN. In dem darauf folgenden Bergstädtchen ÓRGIVA existieren zwei schön gelegene Campingplätze; den letzteren haben wir ausprobiert und für gut befunden.

WOMO-Campingplatz-Tipps Órgiva

(167) Puerta de la Alpujarra
GPS: N36° 54' 15.1" W3° 26' 18.7"; Las Barreras; **offen:** ganzjährig
Ausstattung: 2. Kat., PK 1; Pool; Restaurant; am Wochenende Flamenco und Jazz; Fon/Fax 958784450; campingpuertadelaalpujarra.com
Zufahrt: A44, A348, 1,5 km westlich von Órgiva, direkt an der Straße

(168) Camping Órgiva
GPS: N36° 53' 13.4" W3° 25' 03.0"; an A348; **offen:** ganzjährig
Ausstattung: gut, PK 1; 2 Pools; Restaurant; viele Aktivitäten, z. B, Rafting; campingorgiva.com, Fon/Fax 958784307; - FCA -
Zufahrt: A44, A348 bei Km 18,9 (2 km südlich des Ortes)
Besonderes: Wanderbasis für viele Routen in die Alpujarras. Anschluss an Gruppen ist meistens möglich.

Um in die **Alpujarras** zu gelangen, biegen wir am westlichen Ortsausgang von ÓRGIVA in die Bergstraße A4132 ein, die uns auf einer hübschen Strecke nach **PAMPANEIRA** führt. In dem schmucken Bergdorf ist es außer auf der Durchgangsstraße zu eng für Wohnmobile, aber gleich 450 m hinter dem Ortseingang weist ein Holzschild *„Aparcamiento"* nach links, wo sich hinter einer Hausdurchfahrt ein Parkplatz öffnet.

WOMO-Wanderparkplätze: Pampaneira

(169) Zentralparkplatz
GPS: N36° 56' 23.0" W3° 21' 42.2" Av. de la Alpujarra;
max. WOMOs: 3 - 4
Ausstattung/Lage: Müllcontainer, Geschäfte, Restaurants, Tourist Info in der Nähe / im Ort
Zufahrt: A44, A348 bis kurz vor Órgiva, hier auf A4132, 450 m hinter OE

(170) Parkplatz 2. Spitzkehre
GPS: N36° 56' 18.7" W3° 21' 41.1"
an A4132;
max. WOMOs: 4
Ausstattung/Lage: Müllcontainer,
Beleuchtung, hervorragende Aussicht / außerorts
Zufahrt: A4132 weiter in Richtung
Pitres, Parkplatz in der 2. Spitzkehre

(171) Parkplatz 3. Spitzkehre
GPS: N36° 56' 22.6" W3° 21' 35.4";
an A4132; **max. WOMOs:** 2
Ausstattung/Lage: Müllcontainer / außerorts
Zufahrt: wie vor, 300 m weiter

Die **Tourist Info „Nevadensis"** an der pittoresken *Plaza de la Libertad* können wir vom SP 169 aus zu Fuß erreichen. Hier erhalten Wanderer für kleines Geld Tourenbeschreibungen, ebenso die dazu gehörigen Wanderkarten. Auch werden direkt Bergführer vermittelt und Tagestouren angeboten:Telefon

Pampaneira: Plaza de la Libertad

958763127, Fax 958763301, eMail guias@nevadensis.com, geöffnet 10-14 und 16-18 Uhr, So-Mo 10-15 Uhr. Die kleinen Läden rund um den Dorfplatz bieten heimische Teppichwaren, Keramik, Körbe und Souvenirs an.

Die meisten Bergwanderer der Sierra-Nevada-Südflanke bevorzugen als Basis allerdings CAPILEIRA, das nächste Dorf, nur 4 – 5 km nördlich. Es liegt bereits in 1436 m Höhe und verfügt über zahlreiche Einstiegswege in die Hochalpen, zum Beispiel zu den Hütten **Refugio Poqueira** und **Carihuela**, zu den Gipfeln des **Mulhacén** und des **Pico Veleta**.

Von der A4132 biegen wir 1200 m hinter dem WP 171 an der Tankstelle scharf links in die A4129 und gelangen über das Dorf BUBIÓN nach 5 km in das Bergstädtchen **CAPILEIRA**. Nun wird es überall recht eng, größere Wohnmobile sollten besser in PAMPANEIRA geparkt bleiben, denn wir kommen automatisch in diesen Ort zurück. Oder wie wäre es mit einer Tageswanderung? 5 km hin und 5 km zurück. Auch könnten Sie in einer der hübschen Gaststätten einkehren...

WOMO-Wanderparkplätze: Capileira

(172) Ortsmitte
GPS: N36° 57' 44.4" W3° 21' 34.9"; C.Doctor Castillo; **max. WOMOs:** 3
Ausstattung/Lage: Wasserquelle kurz vor dem Parkplatz / im Ort
Zufahrt: 100 m nach OE an „Mesón Poqueira" links ab, nach 100 m
<u>rechts</u>, nach 50 m links großer Parkplatz. <u>Fahrzeug max. 5,5 m!</u>

(173) Eras de Macabe I
GPS: N36° 57' 37.3" W3° 21' 27.4"
Camino del Cementerio;
max. WOMOs: 2 - 3
Ausstattung/Lage: keine / im Ort
Zufahrt: Ort queren, WW „Aparca-
miento Municipial" rechts;
<u>Fahrzeugbreite max. 2 m!</u>

(174) Eras de Macabe II
GPS: N36° 57' 35.2" W3° 21' 19.9"
Ctra. al Veleta; **max. WOMOs:**3-4
Ausstattung/Lage: Wasserquelle /
Ortsrand - Neuerdings Verbots-
schild!
Zufahrt: wie 173, aber auf GR411
bleiben, nach 270 m rechts

(175) Picadero de Caballos
GPS: N36° 57' 32.2" W3° 20' 51.5"
Carretera al Veleta
max. WOMOs: 3   **Ausstattung/
Lage:** Wanderstartpunkt / außerorts
Zufahrt: wie 174, 2,7 km weiter auf GR411, in der 2. Spitzkehre, Schild
„Endesa Poqueira Central" folgen, 100 m

Hier, an der berühmten Hochalpenstraße der *Sierra Nevada*
beginnt der Wanderweg zur Hütte *Refugio Poqueira* (4 – 5
Stunden) und weiter zu den Dreitausendern.
Da unser Bedarf an Bergtouren inzwischen gedeckt ist, sind
wir auf das höchste Dorf Spaniens, nämlich TREVÉLEZ, neugierig. Wir rollen vorsichtig die schmale Bergstraße wieder hinunter, durchqueren CAPILEIRA und biegen an der Tankstelle nach links in die A4132 ein. Über PITRES, PORTUGOS
und BUSQUÍSTAR kommen wir nach 26 km kurvenreicher
Fahrt in das Schinkendorf **TREVÉLEZ** auf 1476 m Höhe. Bevor wir in den idyllischen Ort einfahren, sehen wir zur Linken
die sehr schräge Einfahrt zum Wander-Campingplatz.

(176) WOMO-Campingplatz-Tipp: Trevélez
GPS: N36° 59' 31.9" W3° 16' 14.0"; an A4132;   **offen:** ganzjährig
Ausstattung: gut, PK 1, neue Sanitäreinrichtung, Pool; preiswertes Re-
staurant; Fon/Fax 958858735; campingtrevelez.net; info@...;in der Ne-
bensaison 10 % Rabatt. Die Stellplätze auf den Terrassen sind eben.
Zufahrt: A4132 bei Km 22,5   Neuerdings auch WiFi

Doch erst einmal wollen wir uns im Ort umschauen. Wir parken auf dem großen Hauptplatz im Zentrum, von Geschäften und Restaurants umgeben, und erkunden zu Fuß den in drei Ebenen eingeteilten Ort: *Barrios Bajo, Barrios Medio und Barrios Alto*. Jetzt sind wir auf der unteren Stufe, dem *Barrios Bajo*. In TREVÉLEZ wird der berühmte **Jamon Serrano** (luftgetrockneter Schinken) hergestellt, der bei vielen Spaniern begehrt ist. Ganze Schweinekeulen bekommt man sehr preiswert. Eine Tourist Info existiert nicht, aber in den Ausrüstungsgeschäften für Bergsteiger erfährt und erhält man fast alles.

Eine Ebene höher liegt ein ruhiger Platz mit einem großen Schattenbaum und einer **Wasserquelle** vor der sehenswerten Dorfkirche. Hier könnten wir mit dem Reisemobil gut stehen und in der Nebensaison auch übernachten, allerdings ist die Wache der *Guardia Civil* ganz in der Nähe. Man muss es einfach ausprobieren.

(177) WOMO-Wanderparkplatz: Trevélez

GPS: N37° 00' 00.8" W3° 15' 54.1"
Plaza de la Iglesia;
max. WOMOs: 3
Ausstattung/Lage: Müllcontainer, Wasser / im Ort
Zufahrt: in Ortsmitte scharf links den Berg hoch (Pista de la Iglesia), ca. 500 m; meist voll mit PKW.
Sonstiges: Polizei vertreibt in der Hauptsaison Reisemobiltouristen.

Es gibt noch einen **Busparkplatz**, den man über eine steile Zufahrt kurz hinter dem Ortseingang erreicht. In der Saison bekommt man aber Ärger mit den Busfahrern...

Besser jedoch ist zum Übernachten der örtliche **Campingplatz**, den wir bei der Anfahrt auf TREVÉLEZ passiert haben. Das Beste an dem Platz ist sein gemütliches Restaurant mit Hüttenatmosphäre. Der Besitzer ist nämlich Koch und versteht sein Handwerk ganz ausgezeichnet. Eine gebratene Forelle, gefüllt mit Trevelez-Schinken, mit einer köstlichen Soße, mundet ganz hervorragend und ist dabei noch sehr preiswert.

Inzwischen hat es kräftig zu regnen angefangen und wir müssen schnell die Treppen zum Stellplatz hinaufturnen, damit wir nicht so nass werden. Zwei Wanderer aus Hamburg, die zum *Mulhacén* hinauf wollen, verschwinden fluchend in ihren kniehohen Einmannzelten. Da weiß man wieder einmal, was man an einem Reisemobil hat! Es will die ganze Nacht nicht aufhören zu schütten.

Wir befürchten (oder freuen uns), dass die für morgen geplante sechsstündige Rundwanderung entlang dem *Río Trevélez* wohl buchstäblich ins Wasser fallen wird.

Wandermöglichkeiten in Trevélez

1. Am Río Trevélez zum Horcajo (2000 m) und zurück (6 Stunden)
2. Zum Refugio Natural de Siete Lagunas (2891 m) (4 Stunden) und weiter zum Mulhacén* und der Biwak-Hütte Caldera (+ 4 ½ Std.)
3. Zur bewirtschafteten Hütte Refugio Poqueira (3 Stunden) usw.

*) Der Campingplatzbesitzer kennt sich in den Bergen sehr gut aus und hat in seinem Prospekt die Tour zum Mulhacén in Englisch beschrieben. Hiernach muss man für die schwierige Strecke mit über 2000 m Höhenunterschied 9 – 10 Stunden ansetzen.

Am nächsten Morgen entdecken wir an der östlichen Ortsausfahrt bei strahlendem Sonnenschein einen weiteren Platz. Unterhalb der Brücke baden Jugendliche im Río Trevélez.

(178) WOMO-Wanderparkplatz: Río Trevélez

GPS: N37° 00' 00.5" W3° 15' 44.5"; an A4132   **max. WOMOs:** 2
Ausstattung/Lage: Mülleimer / Ortsrand
Zufahrt: A4132, östlicher OA, 50 m hinter der Brücke
Sonstiges: Wandereinstieg des GR 7 nach Juviles (3 Std.). Bademöglichkeit!

Weiter geht die Fahrt auf A4132/A4130 durch die herrlichen **Alpujarras** nach Osten. Die malerischen Bergdörfer FUENTEZUELAS, JUVILES und BÉRCHULES werden langsam durchfahren. In dem Weiler ALCUTAR sehen wir gegenüber der *Guardia Civil* einen **Wasserhahn**, der aber trocken ist. Gleich im nächsten Dorf, MECINA BOMBARÓN, sprudelt in der Ortsmitte ein wunderschöner alter Brunnen Trinkwasser **[178.1 GPS** N36° 58' 54.3" W3° 09' 20.0"]. Die Quelle heißt

Fuente San Miguel, wo wir unsere Wasservorräte auffüllen - mit der Gießkanne. Es wird langsam dunkel und wir schauen uns nach einem Übernachtungsplatz um.

Mecina Bombaron: Fuente San Miguel

Auf halber Strecke nach **YEGEN** liegt etwas unterhalb der Straße ein großer Parkplatz und daneben ein nagelneues Freibad! Es ist schwül und ein Bad kann nicht schaden.

WOMO-Stellplätze: Yegen

(179) Freibad
GPS: N36° 58' 39.2" W3° 08' 26.3"; an A4130
max. WOMOs: 6
Ausstattung/Lage: Müllcontainer, Freibad, Restaurant / außerorts
Zufahrt: A4130 bei Km 35,5

(180) Hubschrauberlandeplatz
GPS: N36° 58' 43.7" W3° 07' 27.1"; an A4130;
max. WOMOs: 1 - 2
Ausstattung/Lage: keine / Ortsrand
Zufahrt: A4130, ca. 200 m vor dem Ort Yegen

Hinter **VALOR** geht es rechts ab auf die A4126, an der wir eine Quelle **[180.1 GPS** N36° 58' 23.4" W3° 03' 40.9"**]** kurz vor **UGÍJAR** sehen.
Die Türme der alten Adelshäuser des Städtchens sind schon von Weitem sichtbar. Vor der wuchtigen Kirche *Nuestra Señora del Martirio* plätschert an der rechten Seite des Hauptplatzes ein dicker Wasserstrahl aus dem schön gestalteten **Dorfbrunnen** **[181.1 GPS** N36° 57' 46.6" W3° 03' 17.1"**]**. Mit diesem schmucken Ort endet im Osten die *Alpujarra*-Region. Im Oktober jeden Jahres findet hier ein großes Festival statt, die *„Fiesta de la Virgen del Martirio"*, an der sich die

Ugíjar: Kirche Nuestra Señora del Martirio

Einwohner der Alpujarras zu Prozessionen treffen.
Kurz vor dem Ortsausgang gibt es an der A348 in Richtung
ALMERÍA einen großen, offenbar ungenutzten Platz.

(181) WOMO-Stellplatz: Ugíjar

GPS: N36° 57' 43.5" W3° 03' 01.4"
Ctra. de Almería de Cherin
max. WOMOs: 10
Ausstattung/Lage: Restaurant /
im Ort
Zufahrt: A4126/A348, kurz vor öst-
lichem Ortsausgang, rechts; das
planierte Gelände scheint für ein
Neubaugebiet vorgesehen zu sein.

In dem Restaurant *„Vidaña"*, das von den Einheimischen gut
besucht wird, genießen wir ein preiswertes und gutes Vier-
gangmenü. Im Sommer kann man auch auf der großen Terrasse sitzen.
Auf dem riesigen Stellplatz kamen wir uns etwas verloren vor,
aber hier war es ruhig und störungsfrei.

Ugíjar im Osten der Alpujarras

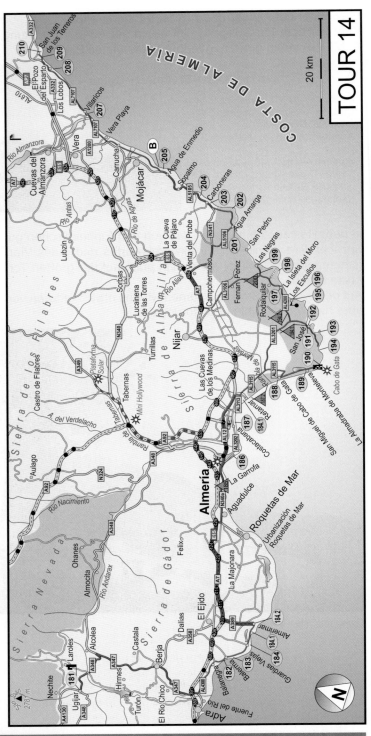

TOUR 14 (366 km / 4 - 6 Tage)

Berja – Balerma – Almerimar – Almería – (Abstecher nach Tabernas 48 km) – Cabo de Gata – Carboneras – Mojácar – Vera Playa – San Juan de los Terreros

Freie Übernachtung:	Balerma, Guardias Viejas, Almería, Costacabana, Cabo de Gata, San José, Los Escullos, La Isleta del Moro, Rodalquilar, Las Negras, Agua Amarga, Carboneras, Playa Macenas, Vera Playa, Villaricos, El Pozo del Esparto, San Juán
Ver-/Entsorgung:	Guardias Viejas, Campingplätze
Trinkwasserstellen:	Balerma, Guardias Viejas, Vera Playa
Campingplätze:	Almería, Cabo de Gata, S. José, Los Escullos, Las Negras
Besichtigen:	Almería, (ggf. Abstecher nach Tabernas: Mini-Hollywood und Plataforma Solar), Faro de Cabo de Gata
Wandern:	San José, Las Negras
Essen:	„Mesón Pepa", San Juan de los Terreros.

Die wunderschönen *Alpujarras* ziehen sich noch weit nach Osten hin. Wenn Sie, verehrter Leser, die landschaftlich einmalige Strecke der A348, die uns etwa 70 km durch das Tal des *Río Andarax* mit Weinbergen, Orangenhainen und Pfirsichplantagen bis zur **A92** führt, weiter genießen möchten, so treffen Sie auf unsere Route dann wieder bei ALMERÍA. Der Umweg über *Mini-Hollywood* und *Plataforma Solar* wäre kurz.

Wir möchten Sie aber heute zu vielen schönen Badeplätzen an der Mittelmeerküste einladen, die noch nicht von der geldgierigen Tourismusbranche überrollt sind. Es gibt allerdings einen Wermutstropfen: **An der gesamten Mittelmeerküste Spaniens ist freies Camping in Strandnähe grundsätzlich verboten.** Die Ordnungshüter kontrollieren in erster Linie in den Sommermonaten, über Ostern und an manchen Stellen in der Weihnachtszeit und Sylvester. Das nächtliche Parken eines Reisemobiles wird fast immer toleriert. Reguläre WOMO-Stellplätze, wie wir sie aus Deutschland, Frankreich und Italien kennen, gibt es in Spanien kaum, aber Anfänge sind da.

Von UGÍJAR geht es 14 km auf der A348 ostwärts, dann bringt uns die breite A347 nach Süden über BERJA zur alten N340a (Autobahn A7/E5 unterqueren!) und in BALANEGRA rechts ab über die AL4300 nach **BALERMA**. Am Ortseingang ist jetzt eine schicke Strandstraße, auch mit Parkraum für Womos.

Balerma: Wachturm

(182) WOMO-Badeplatz: Playa Balerma

GPS: N36° 44' 01.8" W2° 53' 31.0" Calle de la Loma   **max. WOMOs:** 3
Ausstattung/Lage: Mülleimer, Kiosk, Strandduschen / Ortsrand
Zufahrt: A7/E5 AS 403, AL4300 oder wie im Text geschildert
Sonstiges: Tagesplatz, daher nur notfalls zum Übernachten geeignet.

Im Fußgängerbereich des Zentrums steht ein maurischer Wachturm, der *Torre Balerma*, das Wahrzeichen des Städtchens. Parken ist heute dort nicht mehr möglich.
Gleich in der Nähe, indem wir der Küstenstraße AL-9036 nach Südosten folgen, finden wir am Ortsausgang vor und hinter einer Steinbrücke teilweise asphaltierte Parkplätze.

(183) WOMO-Badeplatz: Balerma II (Bootswerft)

GPS: N36° 43' 34.0" W2° 53' 00.2"
Calle de Miramar (AL-9036)
max. WOMOs: 5
Ausstattung/Lage: MC, Wasser, WC, Strandduschen / Ortsrand
Zufahrt: von (182) 1300 m nach SO

Weit hinter BALERMA bieten sich über mehrere Kilometer viele Stellplätze für Wohnmobile an. Zwar ist das Hinterland hier potthässlich, weil es fast nahtlos mit Kunststoffgewächshäusern zugepflastert ist, aber der Strand ist wunderschön. Am *Punta de los Baños*, 4,2 km weiter, sehen wir links eine kleine Festung mit Leuchtturm. 1200 m dahinter liegt die Ortschaft GUARDIAS VIEJAS mit dem *Playa de los Baños*.

(184) WOMO-Badeplatz: Playa de los Baños

GPS: N36° 42' 01.1" W2° 50' 20.9"; an AL4300
max. WOMOs: 10
Ausstattung/Lage: Duschen, WC, Abwasserschacht / außerorts
Zufahrt: AL-9036, 5,6 km nach BP183, hinter Ferienhäusern rechts. Polizei lässt manchmal räumen.

Auf dem Küstensträßchen passieren wir eine Saline und nähern uns dem inzwischen riesigen Badeort **ALMERIMAR**. Die Gegend hat sich in wenigen Jahren verändert, denn die scheinbar endlosen Ferienwohnanlagen haben sich wie Krakenarme ausgedehnt. Doch zwei Stellplätze finden wir:

WOMO-Stellplätze: Almerimar

(184.1) Almerimar-West
GPS: N36° 42' 16.6" W2° 48' 15.2" Paseo Marittimo
max. WOMOs: 3
Ausstattung/Lage: Sandstrand, Duschen, Restaurant / Ortsrand
Zufahrt: von (184) strandnah nach Osten, diverse Kreisel, ca. 3,7 km

(184.2) Almerimar-Hafen (offizieller Womo-Platz)
GPS: N36° 41' 49.6" W2° 47' 37.5" Calle del Faro **max. WOMOs:** 10
Ausstattung/Lage: MC, Restaurants / im Ort
Zufahrt: von (184.1) strandnah nach Osten, 3 Kreisel, ca. 1,7 km

Wir freuen uns, dass ALMERIMAR nicht mehr so WOMO-feindlich eingestellt ist. Über die vierspurige A389 kommen wir zur A7/E15, um Richtung **ALMERÍA** einzubiegen. Bald können wir den einzigen Campingplatz der Metropole besuchen.

(185) WOMO-Campingplatz-Tipp: La Garrofa

GPS: N36° 49' 36.1" W2° 30' 58.5" an N340a **offen:** ganzjährig
Ausstattung: gut, PK 3, Restaurant, eigener Strandzugang; Fon 950235770; lagarrofa.com; info@...; Bus nach Almería 300 m.
Zufahrt: A7/AS 438 (Almería, Puerto), nach 1,8 km **wenden**, um auf die N340a zu kommen, 3,9 km.

Die Provinzhaupt-stadt **ALMERÍA** ist recht quirlig und hat neben der gewaltigen maurischen Burganlage *La Alcazaba* noch zahlreiche Sehenswürdigkeiten, u.a. die **Kathedrale** mit dem *Palacio Episcopal, das Hospital Real*, die Kirche *San Juan*, den *Barrio de la Chanca*, das **Archäologische Museum** und den Aussichtspunkt *Cerro de San Cristobal*. In dieser Großstadt haben wir auf zwei Parkplätzen Stellmöglichkeiten entdeckt, die für Über-

Almería: La Alcazaba (10. Jahrhundert)

nachtungen nicht unbedingt taugen, weil die Kriminalität hier hoch sein soll, aber trotzdem:

WOMO-Badeplätze: Almería

(186) Av. Cabo de Gata I
GPS: N36° 49' 26.5" W2° 26' 46.0"
Avenida Cabo de Gata 188
max. WOMOs: 5 - 6
Ausstattung/Lage: Müllcontainer, schattig, Sandstrand, Duschen, Trinkgeld an PP-Wächter, 3,2 km zur Alcazaba / im Ort
Zufahrt: Verlängerung der N340A nahe Hafen entlang, an Bahnunterführung rechts halten, 2 km

(186.1) Av. Cabo de Gata II
GPS: N36° 49' 01.9" W2° 26' 12.2"; Avenida Cabo de Gata 370
max. WOMOs: 3
Ausstattung/Lage: Sandstrand, Mülleimer, Café, Duschen / Ortsrand
Zufahrt: wie vor, 1200 m weiter (AL3202)

Beim OT im *Parque de Nicolás Salmerón* / Ecke *Martinez Campos* (ca. 700 m vor der Bahnunterführung) oder zu Hause bei der *Turespaña* erhält man einen Stadtplan mit deutschen Erläuterungen der Highlights.

Wenn Sie mit Kindern unterwegs oder selbst Western-Fan sind, so wäre von hier aus ein Abstecher (2x 24 km) nach **Mini-Hollywood** möglich. Nordöstlich von AL-

Mini-Hollywood bei Tabernas

MERÍA erstreckt sich ein riesiges Wüstengebiet, die *Sierra Alhamilla*, in der vor 40 Jahren zahlreiche Western gedreht wurden und deren Kulissendörfer zum Teil stehen geblieben sind, zuletzt „Der Schuh des Manitu" in Texas-Hollywood, ganz in der Nähe von Mini-Hollywood. Über A92 AS 376 sehr bequem zu erreichen: [186.2 **GPS:** N37° 01' 15.1" W2° 26' 06.0"] Bevor Sie aber gleich durchstarten, geben wir Ihnen die Kosten für das Spektakel mit Westernshow, Schießereien, Cancan im Saloon, Papageien-Vorführung und Kleinzoo zu bedenken: 20   pro Erwachsener, 10   pro Kind und ca. 3   Parken. Eine vierköpfige Familie muss also dafür 60   löhnen (2011). In der Hauptsaison ist hier ein unglaublicher Rummel, wenn ein Bus nach dem anderen die Menschenmassen von der *Costa del Sol* herankarrt.

Allerdings gibt es in der Nähe für technisch Interessierte eine in Europa einmalige Solaranlage mit einer Panelfläche von fast 12000 m², wo bei Temperaturen bis zu 2700° Celsius Strom erzeugt werden. Man erreicht das **Sonnenkraftwerk**, wenn

Sierra de Alhamilla: Rambla de las Balsas

Tabernas: Central Solar © PSA, Tabernas

man bei TABER-NAS, 8 km nord-östlich von Mini-Hollywood, von der N340 auf die A349 nach Norden abbiegt und den Schildern *„Central Solar"* oder *„Plataforma Solar"* folgt. Führungen montags bis freitags von 8.30-16.30 Uhr nach Anmeldung Fon 950 387990/info@psa.es. Übernachten kann man auf dem Restaurantparkplatz [**186.3: GPS** N37° 05' 49.7" W2° 21' 50.9"] gegenüber dem Eingang.

Wir Naturliebhaber streben aber jetzt ein Küstengebiet an, das seine Unberührtheit fast erhalten konnte: *Parque Natural de Cabo de Gata-Níjar*. In ALMERÍA fahren wir 5,4 km auf der ufernahen Straße A3202 zu dem kleinen Badeort **COSTACABANA**. Hier beginnt der Stadtflughafen, neben dem wir 1900 m auf der A3113 entlang fahren und hier unseren Badeplatz besuchen, der neuerdings etwas verkommen wirkt.

(187) WOMO-Badeplatz: Playa de la Cañada

GPS: N36° 50' 29.0" W2° 22' 15.7"
an A3113   **max. WOMOs:** 2
Ausstattung/Lage: Müllcontainer, schattig, Sandstrand, Fluglärm / außerorts
Zufahrt: A7 AS 456, AL3104, rechts auf N332, links AL3202, links AL3113

Nach 4,8 km auf der A3113 erreichen wir die Feriensiedlung **RETAMAR**. Am 1. Kreisel geht's nach rechts, dann überqueren wir zwei Kreisel, am 3. Kreisel öffnet sich ein riesiger Parkplatz, der bis an den Palmenstrand reicht, links das Hotel *„Barceló Cabo de Gata"*. Badeplatz [**187.1: GPS** N36° 50' 19.7" W2° 19' 31.4"].

Nach 8 km auf der AL3115 kommt die **Tourist Info** für den Naturpark, montags geschlossen. Bei Km 9 geht ein Abzweig meerwärts zum Campingplatz Cabo de Gata: Pool, PK 3, campingcabodegata.com, Fon 950160443, Strand 1650 m [**187.2: GPS** N36° 48' 07.0" W2° 14' 40.6"].

Der Ort SAN MIGUEL DEL CABO DE GATA bietet wenig, aber am östlichen Ende, Hinweisschilder „Salinas y Faro", entdecken wir am **Torre de San Miguel** eine ebene Fläche.

(188) WOMO-Badeplatz: Cabo de Gata (Torre)

GPS: N36° 46' 43.3" W2° 14' 33.7"
Plaza de la Malaisia
max. WOMOs: 6 - 9
Ausstattung/Lage: Müllcontainer, Sandstrand / Ortsrand
Zufahrt: AL3115 am Kreisverkehr 3. Ausfahrt, 250 m
Sonstiges: Fahrzeug gut sichern!

Die Straße AL3115, die zum Kap führt, liegt direkt neben dem Strand, der von einem niedrigen Dünenkamm begrenzt ist. Holzpflöcke mit Querbalken sollen Besucher davon abhalten, die Dünen zu betreten. Dafür gibt es alle paar hundert Meter Übergänge. Sehr umweltbewusst!

Dann trauen wir unseren Augen kaum: Kurz vor dem Weiler LA AL-MADRABA DE MONTELEVA steht auf der linken Seite mitten im Dünensand eine

Kirche in La Almadraba de Monteleva

Kirche mit einem hohen Turm, der früher als Wachtturm diente. Dahinter dehnen sich die Salzseen **Salinas de Acosta** aus, in denen heute noch Salz gewonnen wird. Das Dorf lebt vom Fischfang und Salzabbau, ein Werk mit riesigen Salzhaufen zeugt davon. Aber mittlerweile gibt es hier zahlreiche Wochenendurlauber, die quirlig umeinander laufen. Im ganzen Dorf und vor dem Restaurant am Ortsende parken viele Autos; hier muss das Essen gut sein! Nach 1500 m gabelt sich die Straße: Links beginnt die Bergstraße zum Kap, geradeaus geht es zum schönen Sandstrand **Playa de la Fabriquilla**. Das dazu gehörige Dörfchen liegt genau in der Gabelung, an der es links zum Kap geht. Wir fahren neugierig geradeaus und konstatieren hinter dem Ende der asphaltierten Straße einige Reisemobil-Stellmöglichkeiten direkt am Wasser. Aber Vorsicht! Tiefe, bröckelige Erdrisse müssen umfahren werden.

(189) WOMO-Badeplatz: La Fabriquilla (Cabo de Gata)

GPS: N36° 44' 07.3" W2° 12' 19.0"
Nähe AL3115   **max. WOMOs:** 2
Ausstattung/Lage: Müllcontainer, Sandstrand / Ortsrand
Zufahrt: AL3115 vor Linkskurve geradeaus, 100 m
Sonstiges: Am Wochenende ist es hier häufig sehr voll.

Die Straße zum Kap ist zwar schön glatt, aber an einigen Stellen doch schmal und gefährlich. Also: Augen auf die Straße und nicht auf die grandiose Landschaft! An einigen Stellen können wir einen Fotostopp machen und das Versäumte gut nach-

holen. Ein fantastisches Panorama! Eine Herde wilder Bergziegen kreuzt unseren Weg. Wir wollen altes Brot an sie verfüttern, aber sie sind zu scheu und klettern eilig die fast senkrechten Felswände hinauf.

Auf dem runden Parkplatz direkt am *Cabo de Gata* schließlich angekommen, kann man parken und auch übernachten.

(190) WOMO-Stellplatz: Cabo de Gata (Faro)

GPS: N36° 43' 20.1" W2° 11' 30.8"
an AL3115   **max. WOMOs:** 2
Ausstattung/Lage: Müllcontainer, Info-Kiosk / außerorts
Zufahrt: wie 189, nur vor FABRIQUILLA links abbiegen, Bergstraße nicht ungefährlich.
Sonstiges: Nachts sehr einsam.

Der Ausblick ist einmalig! Tief unten explodieren die Brecher an den spitzen Felsen des Kaps, die *Arrecife de las Sirenas* (Riff der Sirenen) genannt werden. Dieses Bild ist übrigens die *Corporate Identity* des Naturparks *Cabo de Gata-Nijar.* Wir fahren ein kleines Stück zurück und biegen nach rechts ab – zu einem Restaurant, das schon nach 200 m kommt. Die Straße geht eigentlich weiter bis nach SAN JOSÉ, was uns angesichts der starken Steigungen und der schmalen Straße doch zu gefährlich erscheint. Gut entschieden, denn später erfahren wir, dass die Straße nach einigen Kilometern sowie-

Cabo de Gata

Arrecife de las Sirenas

so gesperrt ist. Trotzdem kann man hier gut wandern oder ganz unten sogar baden, ein winziger, einsamer Strand lädt dazu ein, nur muss man etwas klettern können. Das kühle Wetter schlägt in Wärme um.

An der geraden Strandstraße zurück zum Ort CABO DE GATA hatten wir auf dem Hinweg die Beobachtungsstelle für die Salzseen **Las Salinas** übersehen und biegen 400 m nach der Kirche landeinwärts ab, um 100 m

weiter einen Parkplatz vor einem mit Schilfmatten umgebenem Hof vorzufinden. Darin bietet sich eine lange Hütte an, von der man sitzend durch schmale Luken die Natur bequem beobachten kann. Die Seen und Tümpel sind Heimat einer großen Artenvielfalt an Vögeln: Flamingos, zahlreiche Entenarten, Säbelschnäbler, Strandläufer, Rotschenkel, Seeschwalben, Möwen und anderen. Eine Gruppe fliegender Flamingos ist eines der ergreifendsten Naturschauspiele dieser Region. Wir orientieren uns zum Hauptort der Region, **SAN JOSÉ**, den wir auf der AL3115, ab RUESCAS auf AL3201/3108 über LA BOCA und EL POZO durch eine bergige und wilde Landschaft in einer halben Stunde erreichen (26,5 km).

WOMO-Badeplätze: San José

(191) Großparkplatz
GPS: N36° 46' 07.0" W2° 06' 36.1" an AL3108; **max. WOMOs:** 20
Ausstattung/Lage: Mülleimer, Busse zu den Stränden / Ortsrand
Zufahrt: AL3115, ab RUESCAS auf AL3201/3108, am Ortseingang

(192) Ortsmitte (offizieller Womo-Stellplatz)
GPS: N36° 45' 51.6" W2° 06' 34.8" Calle del Ancla; **max. WOMOs:** 10
Ausstattung/Lage: MC, 400 m zum Strand, Restaurants / im Ort
Zufahrt: wie (191), 300 m ortseinwärts, dann links, 300 m

(193) Playa de los Genoveves
GPS: N36° 44' 43.9" W2° 07' 30.5"; **max. WOMOs:** 6
Ausstattung/Lage: MC, Sandstrand, nächtliches Parkverbot / außerorts
Zufahrt: ausgeschildert, 3,7 km - teilweise holperige Schotterstrecke

(194) Playa de Mónsul
GPS: N36° 43' 55.9" W2° 08' 46.7" **max. WOMOs:** 6
Ausstattung/Lage: MC, Sandstrand, nächtliches Parkverbot / außerorts
Zufahrt: wie (193), an der Gabelung geradeaus, 2,5 km Schotterweg

(194.1) Campingplatz-Tipp „Tau"
GPS: N36° 46' 03.5" W2° 06' 20.3" Calle del Camino Higuera **offen:** 04 - 09
Ausstattung/Lage: PK 3, Fon/Fax 950380166; campingtau.com / im Ort
Zufahrt: von (092) 60 m meerwärts, links ab, 500 m

Die **OT** an der Hauptstraße – einige Häuser neben dem *Hostal Sol Bahía* – ist eigentlich ein Souvenirladen, der nebenbei Wanderkarten verkauft.

San José: Playa de Monsul

San José: Hauptstrand

San José: Playa de los Genoveves

Von der Traumbucht **Ensenada de los Genoveves** haben wir gehört. Nach den Wegweisern im Ort führt uns ein Sträßchen über 3,7 km hin. Unterwegs steht auf einer kleinen Anhöhe eine der für die Region typischen **Windmühlen**. Mit vorgeschriebenen 20 km/h rumpeln wir auf einer staubigen Schotterpiste bis zu einer Abzweigung, an der wir links nach 350 m einen geräumigen **Parkplatz** erreichen (BP 193). Trampelpfade führen über flache Dünen nach 250 m zu einem der schönsten Sandstränden der Region. Weiter nördlich spenden kleinere Bäume Schatten. Ein Paradies! Der Strand liegt auch an einem der Wanderwege. Etwa 3 km weiter südwestlich, also an der Gabelung geradeaus, kommt man zu weiteren Superstränden, **Playa del Mónsul** (194) und **Playa Carbón** (FKK). Da es aber schon spät ist, fahren wir zurück nach SAN JOSÉ, denn zum Übernachten wollen wir noch nach LA ISLETA DEL MORO. Wir rollen die AL3108 bis EL POZO zurück und schwenken hinter dem Ort rechts auf die AL4200. Die bisher etwas trostlose Landschaft wird jetzt durch Palmen aufgelockert.

(194.2) WOMO-Campingplatz-Tipp: Complejo los Escullos

GPS: N36° 48' 11.2" W2° 04' 39.6" AL4200   **offen:** ganzjährig
Ausstattung/Lage: PK 3, Fon/Fax 950389811; losescullossanjose.com, Pool, 1500 m zum Strand, Restaurant, günstige Winterpreise / außerorts
Zufahrt: A7 AS 479, AL3108, nach 19,2 km links auf AL4200, 3,3 km

---

Der Ort **LOS ESCULLOS** hat sich in den letzten Jahren wieder verändert. Der Parkplatz vor dem **Castillo de San Felipe** ist wieder befahrbar und als Stellplatz zu verwenden. Links neben der Burg entstand ein großes Hotel direkt an der **Playa del Arco.** Auf dem geräumigen Parkplatz davor steht schon ein britisches Gammel-Womo.

WOMO-Badeplätze: Los Escullos

(195) Playa del Arco / Hotel

GPS: N36° 48' 16.0" W2° 03' 47.5"
an AL4200;   **max. WOMOs:** 2
Ausstattung/Lage: MC, Sandstrand / Ortsrand
Zufahrt: AL4200, 1300 m östlich vom Campingplatz rechts ab, nach 350 m links

(195.1) Castillo

GPS: N36° 48' 09.6" W2° 03' 49.1"
an AL4200;   **max. WOMOs:** 5
Ausstattung/Lage: MC, Sandstrand / Ortsrand
Zufahrt: wie (195), 170 m weiter südlich

(196) Fondeadero de los Escullos

GPS: N36° 48' 20.2" W2° 03' 48.4"
an AL4200;   **max. WOMOs:** 3
Ausstattung/Lage: Mülleimer, Sandstrand / Ortsrand
Zufahrt: wie 195, 150 m weiter nördlich; evtl. gebührenpflichtig!

Unser alter Badeplatz ist neuerdings zu einem Teil von Marokkanern mit großen Zelten belegt, in denen orientalische Musik gespielt wird und alkoholische Getränke verkauft werden. Beide Badeplätze liegen unmittelbar vor dem wunderschönen Sandstrand *Playa del Arco*, an dessen Rand man bizarre Felsformen bewundern kann; dem Fotografen bieten sich hier, vor allem während des Sonnenuntergangs, reizvolle Bildmotive. Nach 1,7 km auf der AL4200 kommt die Zufahrt rechts zum

Los Escullos: Playa del Arco

kleinen Fischerdorf **LA ISLETA DEL MORO**. Nur 650 m weiter liegt gleich hinter dem Ortsschild links die Zufahrt zur *Playa de Peñon Blanco.* Ein wunderschöner, aber schattenloser Platz hoch über dem herrlichen Sandstrand.

Badeplatz La Isleta del Moro

(197) WOMO-Badeplatz: La Isleta del Moro

GPS: N36° 48' 56.1" W2° 03' 05.8"; Nähe AL4200; **max. WOMOs:** 10
Ausstattung/Lage: MC, Sandstrand / Ortsrand
Zufahrt: von Los Escullos auf AL4200 1,9 km noch Nordosten, rechts

Neuerdings sind hier Schilder angebracht, die nächtliches Parken verbieten. Es ist sogar eine Videokamera installiert, die dieses Verbot überwachen soll. Wir probieren es nicht aus, aber die Besatzungen der anderen Womos erzählen uns, dass sie hier schon mehrmals über Nacht geblieben sind und nichts passiert ist. Man muss sich daran gewöhnen, wenn Hobbyfischer sehr früh am Morgen Ihre Gerätschaften laut schwatzend zum Wasser bringen und auf Boote verfrachten.

Wir setzen die Reise an der Küste in nordöstlicher Richtung fort. Nach wenigen Minuten können wir von dem **Mirador de la Amatista** einen fantastischen Ausblick auf Meer und Berge genießen. Den nächsten Ort, RODALQUILAR, zu besuchen lohnt sich kaum, es sei denn, man interessiert sich für verfallene Bergarbeiterhäuser und moderne Ferienwohnungen. Also bleibt man besser auf der AL4200.

5,8 km nach LA ISLETA kommt der Abzweig zum **Playa el Playazo** (Riesenstrand) und zu den Ruinen **Castillo de la Batería** (16. Jahrhundert) und **de San Ramón** (Nasriden-Epoche). Ein neuerdings betoniertes Sträßchen bringt uns über den Weiler LA ERMITA nach 2300 m zu einer wirklich zauberhaften Sandbucht, 50 bis 60 m breit, links und rechts von Felsen eingerahmt. Auf der linken Seite gibt es auf einer leichten Anhöhe genug Raum für viele Reisemobile, vor Kopf zwei kleine, weiß gekälkte Steinhäuser, im Sommer vielleicht als Cafés genutzt.

(198) WOMO-Badeplatz: Rodalquilar (El Playazo)

GPS: N36° 51' 37.4" W2° 00' 25.4"; Nähe AL4200; **max. WOMOs:** 10
Ausstattung/Lage: Müllcontainer, Sandstrand, Café / außerorts
Zufahrt: AL4200 nach Nordosten, nach 5,7 km rechts ab, noch 2,2 km
Sonstiges: Es sind zwar keine Verbotsschilder aufgestellt, die Polizei
lässt ab und zu komplett oder partiell räumen.

Castillo de San Ramón

Auf diesem **Bade-platz** könnten wir locker eine Woche verbringen, wenn das Wetter danach wäre und die Wasser- und sonstigen Vorräte ausreichten. Oberhalb eines Felsvorsprungs sehen wir auf der Linken die gewaltigen Ruinen des **Castillo de San Ramón.** Rechts stehen Reihen von Palmen, die dem herrlichen Fleckchen Erde einmal einen karibischen Touch geben haben. Leider sind in den letzten Jahren die schönen Palmwedel durch den *Paysandisia Archon*, eine Raupenart, so geschädigt, dass sie wie zerzauste Strohbesen aussehen.

Nur ungern verlassen wir diesen wunderschönen Naturstrand. 1400 m nach dem Abzweig geht es rechts ab auf die AL3106 nach **LAS NEGRAS**. Das hübsche Fischerdorf ist etwas eng gebaut, und an dem schönen Feinkiesstrand ist kein halbwegs ordentlicher Stellplatz auszumachen. Im Notfall könnte man am südlichen Dorfende auf einem kleinen Basketballfeld einen Badestopp machen. Wir weichen also etwas nach Süden aus und entdecken einen schönen **Bade- und Wanderplatz** in der **Cala del Cuervo** (Krähenbucht).

Der schwarze Felsen von Las Negras

(199) WOMO-Badeplatz: Las Negras

GPS: N36° 52' 42.2" W2° 00' 17.8" Calle Batiscafo   **max. WOMOs:** 2
Ausstattung/Lage: Sandstrand / im Ort - max. 6,5 m -
Zufahrt: AL4200, nach 1,8 m rechts auf AL3106, 2,1 km, 1. Ausfahrt

(200) WOMO-Campingplatz-Tipp: La Caleta

GPS: N36° 52' 20.8" W2° 00' 24.8"; an AL3106;   **offen:** ganzjährig
Ausstattung: PK 3; Restaurant, campinglacaleta@gmail.com, eMail:
campinglacaleta.com, Pool; günstige Winterpreise; Fon 950525237
Zufahrt: in Las Negras ausgeschildert, 1,3 km

Von hier aus kann man auch eine 1 ½ -stündige Wanderung
zum *El Playazo* auf dem *Wanderweg Sendero de la Molata*
unternehmen, wie die große Tafel anbietet. (Rother Nr. 48)
Auf der anderen Seite von LAS NEGRAS beginnt ein Fußweg
zu den vier Traumbuchten: *Cala Hernández, Cala San Pedro* mit Süßwasserquelle (FKK), *Cala del Plomo* und *Cala
Enmedio* nach AGUA AMARGA. (Rother Nr. 47) - 3 ½ Std.
Um die Küste weiter nach Nordosten zu verfolgen, müssen
wir <u>nicht</u> mehr einen größeren Umweg in Kauf nehmen, sondern fahren von der AL3106 in FERNÁN PÉREZ rechts ab
und landen auf der AL5106, nach 4,7 km in **AGUA AMARGA**.
Vor dem Ortseingang öffnet sich nach rechts eine Art Fußball-
feld, das direkt am Strand endet. Vor den mit hohem Strand-
hafer bewachsenen kleinen Dünen stehen schon drei Reisemobile (NL – B – F), unser „D" gesellt sich dazu. Der Hollän-
der berichtet, dass er hier schon seit 1 ½ Wochen (!!) steht
und noch nie Probleme bekommen hätte. Nur gibt es hier weder Müllcontainer noch Trinkwasser, wohl einige Papierkörbe.
Am Rand des großen Platzes bietet ein Restaurant seine
Dienste an. Leider hat es sonntags geschlossen.

(201) WOMO-Badeplatz: Agua Amarga

GPS: N36° 56' 19.6" W1° 56' 12.5"
Calle de la Rambla;
max. WOMOs: 3 - 4
Ausstattung/Lage: Sandstrand,
Papierkörbe, Restaurant / Ortsrand
Zufahrt: AL3106 bis Fernán Pérez,
rechts ab, nach 7,8 km rechts auf
AL5106, am Ortseingang rechts

Nach einem schönen Bade-
nachmittag brechen wir nach
CARBONERAS auf der
AL5106 auf. Bei Km 10,0 liegt
links und rechts ein Parkplatz,
von dem aus man zum *Faro
Roldán*, ein Leuchtturm mit
herrlicher Aussicht, eine
Rundwanderung starten oder
zum beliebten FKK-Strand
Playa de los Muertos hinuntersteigen kann.

(202) WOMO-Badeplatz: Playa de los Muertos

GPS: N36° 57' 09.1" W1° 54' 19.3" an AL5106;   **max. WOMOs:** 2
Ausstattung/Lage: Müllcontainer, Kiesstrand, Info-Kiosk / außerorts
Zufahrt: von Agua Amarga 4 km nach Norden; 800 m Pfad zum Strand

Hier hört der Naturpark *Cabo de Gata* auf und wir sind kurz
vor der Industriestadt CARBONERAS.

WOMO-Badeplätze in Carboneras

(203) Playa de Torrevieja
GPS: N36° 58' 54.1" W1° 54' 08.2"
an AL5106;   **max. WOMOs:** 2
Ausstattung/Lage: Müllcontainer,
Feinkiesstrand, Dusche, WC, Re-
staurant / Ortsrand
Zufahrt: wie 202, 3,6 km weiter
nördlich

(204) Playa del Algarrobico
GPS: N37° 01' 06.5" W1° 52' 45.8"
an AL5105;   **max. WOMOs:** 1 - 2
Ausstattung/Lage: Müllcontainer
(nur an der Einfahrt), Feinkiesstrand / außerorts
Zufahrt: Carboneras AL5105, 3,5
km nördlich.
Sonstiges: 2. Einfahrt bei Km 9,3; GPS N 37° 01'29.8" W 1° 52' 46.4"

Mittelmeerküste bei Sopalmo

Hier beginnt die **Costa Levante,** der östliche Teil der **Costa Almería,** und reicht bis zum Río Almanzora. Hinter CARBONERAS wird die AL5106 zur AL5105, die eine lange Strecke an der Küste nach Norden läuft. Kurz vor SOPALMO wendet sie sich landeinwärts, führt über kühne Serpentinen hoch in die Berge und dann wieder hinunter ans Meer. Auf dem höchsten Punkt haben wir eine tolle Aussicht auf die Küste.

Es dauert eine ganze Weile, bis wir uns auf der kurvigen Straße wieder hinunter ans Meer gearbeitet haben. 1,6 km hinter dem Dorf EL AGUA DE ENMEDIO taucht ein mittelalterlicher Wachtturm auf, an dem einige Reisemobile parken.

(205) WOMO-Badeplatz: Playa Castillo de Macenas

GPS: N37° 04' 47.3" W1° 51' 02.0" an AL5105; **max. WOMOs:** 5
Ausstattung/Lage: Mülleimer, Kiesstrand, Restaurants, ziemlich unruhig / Ortsrand
Zufahrt: AL5105 bei Km 19,1
Sonstiges: Platz ist immer noch Baustelle. Trotz Verbotsschildern stehen Womos hier. Polizei räumt den Platz aber regelmäßig.

Die Stellmöglichkeiten erstrecken sich auf dem felsigen Strandterrain auf etwa einen Kilometer. Der fotogene Wachtturm **Torre del Pirulico** gibt dem Ganzen ein gewisses Flair.

Dann beginnt MOJÁCAR, ein Touristenmoloch à la Ballermann, der nicht enden will. Gleich am Ortseingang (Km 21,5) geht rechts eine steile Abfahrt zur **Playa de la Venta de Bancal,** wo man aber an dem felsigen Strand kaum baden kann. Sieben WOMOs stehen hier in Reih' und Glied [**205.1: GPS** N37° 05' 57.7" W1° 50' 52.4"].

Da fahren wir lieber weiter. Der alte Ortskern von MOJÁCAR liegt ca. 1,5 km im Binnenland, während sich die urbanisierte Uferstraße über viele Kilometer hinzieht. Der spießige Badeort ist wohl fest in britischer Hand, wie die vielen Reklameschilder in englischer Sprache belegen. Der nächste Touristenort, GARRUCHA, schließt sich übergangslos an.

Vera Playa Naturista

Die Küstenstraße (nun AL7107) führt uns über PUERTO REY nach **VERA PLAYA**, seit etlichen Jahren ein spanisches Naturistenzentrum. Der Ort besteht fast nur aus farbenfrohen Apartmenthäusern und Hotels. Schon die Zugangsstraße zum großen Parkplatz vor dem Sandstrand wurde vollständig zur „Zona Naturista" erklärt. Hier laufen alle Urlauber unbekleidet herum, selbst der Kioskbesitzer verkauft seine Zeitungen im Adamskostüm. Auf dem Parkplatz am Ende der Straße stehen schon zahlreiche Womos, bereit für die Nacht. Der Platz wird in der Hauptsaison nicht zur Verfügung stehen.

(206) WOMO-Badeplatz: Vera Playa Naturista

GPS: N37° 13' 25.3" W1° 48' 11.0" Avenida Ciudad de Castellón
max. WOMOs: 6
Ausstattung/Lage: Wasser (am Kiosk), Sandstrand, Restaurant / im Ort
Zufahrt: von (205.1) Uferstraße AL5105, nach 12,5 km im Kreisel rechts auf AL7107, nach 3 km im 3. Kreisel rechts, über Bogen nach links/rechts zum BP

Strand von Vera Playa

Am nächsten Tag starten wir auf der AL7107 nach Norden, überqueren den ausgetrockneten *Río Almanzora* und gelangen direkt nach **VILLARICOS**. Ein Schild am Ortseingang weist zum *El Playazo.* Wir folgen dem Hinweis und entdecken einen kleinen Sandstand mit Parkplätzen davor und einem Restaurant, in dem viel Betrieb ist. Dahinter wurde ein riesiger, asphaltierter Parkplatz gebaut.

(207) WOMO-Badeplatz: Villaricos (El Playazo)

GPS: N37° 14' 34.6" W1° 46' 31.4" an AL7107;
max. WOMOs: 20
Ausstattung/Lage: Müllcontainer, Sandstrand, Restaurant „Las Brisas" / außerorts
Zufahrt: von (206) auf AL7107, nach 3,8 km rechts (hinter Brücke)

50 m weiter steht ein dicker Schlossturm aus dem 18. Jahrhundert direkt am Strand. Der Ort selbst ist stark bebaut mit Ferienhäusern, sogar eine große Industriefirma residiert hier. Es geht 12,4 km weiter auf der AL7107, und wir biegen zur *Cala Panizo* ein, nach 110 km nochmal rechts zum Strand **„Gruber-Bucht".**

Villaricos: Schlossturm (18. Jh.)

(208) WOMO-Badeplatz: Cala Panizo

GPS: N37° 19' 28.4" W1° 41' 53.0"; an ALP-118;   **max. WOMOs:** 1 - 2
Ausstattung/Lage: Sandstrand / außerorts
Zufahrt: AL7107 nach 12,4 km rechts, nach 110 m wieder rechts

Die bekannte „Gruber-Bucht" Cala Panizo

Nach 3,6 km stößt die A332 auf unsere Straße, 750 m weiter folgt eine Gabelung: Links geht es auf die Umgehungsstraße (Fortsetzung der A332) nach ÁGUILAS, geradeaus in den Badeort **SAN JUAN DE LOS**

San Juan de los Terreros: Parkplätze

TERREROS. Hier wurde in den letzten Jahren extrem viel gebaut, ausschließlich Ferienanlagen und Reihenhäuschen sowie die Anfahrtstraßen. Es gibt unendlich viele Parkplätze, aber nur in PKW-Größe. Vorbei ist es mit der schönen „Wildnis", die wir Womo-Fahrer genossen haben. Neue Zufahrt: Genau 330 m hinter der Gabelung mit der A332 führt ein Schotterweg 200 m seewärts, der sich mehrfach in neue Pfade teilt. Auf dem festen Untergrund vor dem Strand stehen immer noch etliche WOMOs verschiedener Nationalitäten; einige haben sich - wie auf einem Campingplatz - gemütlich eingerichtet.

(209) WOMO-Badeplatz: Playa de la Entrevista

GPS: N37° 21' 06.8" W1° 40' 50.4"
Calle de Calypso
max. WOMOs: 10
Ausstattung/Lage: Müllcontainer, <u>Felsenstrand</u> (zum Sandstrand: 1100 m), Wasserrohr im Gebüsch / Ortsrand
Zufahrt: von (208) 3,4 km auf A7107, 330 m hinter der Gabelung rechts
Besonderes: Die Polizei patrouilliert regelmäßig.

Stadteinwärts leuchtet immer wieder rechts der weiße Strand durch die Lücken, aber es bietet sich keine rechte Parkmöglichkeit. Leider ist der frühere schöne Stellplatz jetzt zu einer prächtigen Strandpromenade mit getäfelten Aktionsplätzen, Tischen und Bänken umgebaut worden. Offenbar haben die hier in großer Anzahl stehenden Wohnmobile den Gemeinderäten missfallen, weshalb man wohl als Ersatz die Flächen am Felsenstrand *Playa de la Entrevista* anbietet.
Wir rollen 1,7 km weiter bis zum neuen Kreisverkehr und folgen erwartungsvoll den Schildern *„Parking Playas"* in südwestlicher Richtung. Welch eine Enttäuschung! Neben der auf einem Damm gelegenen Hauptstraße hat man lediglich große, triste Parkflächen geschaffen. Der Weg zum Sandstrand führt

Sandstrand von San Juan de los Terreros

über Treppen und die belebte Fahrbahn - allerdings nur 250 - 300 m, reichlich gefährlich, wenn man Kinder dabei hat.

(210) WOMO-Stellplatz: San Juan de los Terreros

GPS: N37° 21' 34.9" W1° 39' 59.9" neben Ctra. San Juan de los T.
max. WOMOs: 10 - 20
Ausstattung/Lage: Mülleimer, Restaurant / im Ort
Zufahrt: vom Kreisel Ortsmitte links
Besonderes: Auf dem Platz steht noch ein großes Festzelt.

Das Restaurant „**Mesón Pepa**" an der Hauptstraße bietet nach wie vor gutes Essen zu niedrigen Preisen an.

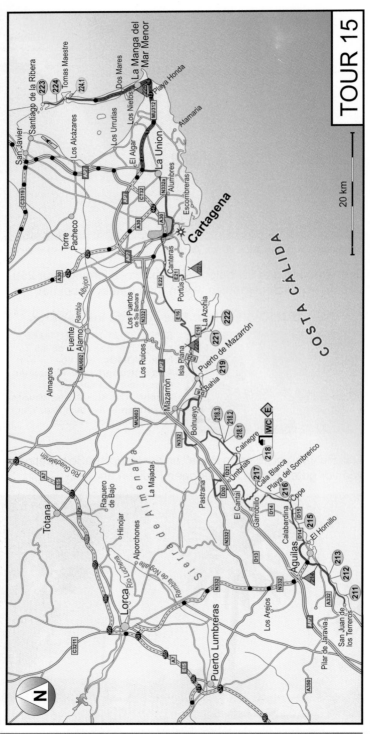

TOUR 15

20 km

COSTA CÁLIDA

TOUR 15 (177 km / 3 - 4 Tage)

Águilas - Cope - Calnegre - Mazarrón - Cartagena - La Manga del Mar Menor

Freie Übernachtung: San Juán de los Terreros, Playa de la Carolina, Las Higueras, Calabardina, Cope, El Garrobillo, Calnegre, Puerto de Mazarrón, La Azohía, La Manga del Mar Menor

Ver-/Entsorgung: Calnegre, Campingplätze

Campingplätze: Águilas, Puerto de Mazarrón, La Manga del Mar Menor

Die letzte Tour dieses Buches soll ein erholsamer Ausklang einer oder mehrerer Reisen durch Südspanien darstellen und führt uns langsam in Richtung Heimat.

Ein Großteil der Mittelmeerküste zwischen ÁGUILAS und CARTAGENA ist glücklicherweise von der touristischen Erschließung - besser gesagt: Bauwut - einigermaßen verschont geblieben. Da es hier nicht viel Aufregendes zu erzählen gibt, beschränken wir uns auf wenige begleitende Worte.

Gleich 2,5 km hinter SAN JUAN DE LOS TERREROS folgt an der alten A332 die nächste größere Badebucht.

(211) WOMO-Badeplatz: San Juan de los Terreros (Nordosten)

GPS: N37° 22' 17.2" W1° 38' 44.6"   an der alten A332 **max. WOMOs:** 6
Ausstattung/Lage: Müllcontainer, Sandstrand / außerorts
Zufahrt: alte A332, 2,5 km hinter (210) San Juan de los Terreros
Sonstiges: 800 m weiter noch ein großer Parkplatz am Sandstrand.

Nach 1200 m stößt die Umgehung wieder auf die Uferstraße. Am Kreisverkehr gehen Schotterwege zu zwei Sandbuchten: **Playa de la Carolina** und **Playa Cocedores**.

Playa de la Carolina

Die beiden wunderschönen Badebuchten werden eingerahmt von dunklen, fast schwarzen Felsen, die **Peligro Punto Negro** genannt werden.

WOMO-Badeplätze: Peligro Punto Negro

(212) Playa de la Carolina
GPS: N37° 22' 33.2" W1° 37' 44.4"
Nähe A332   **max. WOMOs:** 8
Ausstattung/Lage: Mülleimer, Imbiss, Sandstrand / außerorts
Zufahrt: von (211) auf alter A332 nach 1200 m rechts halten (neben dem Kreisel) nach 60 m rechts ab, nach 75 m links, 280 m bis zum Parkplatz

(212.1) Playa de los Cocedores
GPS: N37° 22' 33.1" W1° 37' 48.5"   Nähe A332   **max. WOMOs:** 8
Ausstattung/Lage: Mülleimer, Imbiss, Sandstrand / außerorts
Zufahrt: wie (212) aber nach 190 m scharf rechts ab, 270 m bis zum Parkplatz - kann man zu Fuß auch leicht klären.
Sonstiges (beide): Polizei räumt, wenn „Camping" gelebt wird.

Jetzt geht es Schlag auf Schlag, wieder nur 500 m weiter folgt der nächste unter Insidern bekannte Sandstrand.

(213) WOMO-Badeplatz: Playa Las Higuericas
GPS: N37° 22' 48.6" W1° 37' 37.8"; an A332;   **max. WOMOs:** 5 - 6
Ausstattung/Lage: Müllcontainer, schattenlos, Sandstrand / außerorts
Zufahrt: von (212) 500 m weiter auf A332, rechts ab
Sonstiges: Polizei räumt, wenn „Camping" gelebt wird.

(214) WOMO-Campingplatz-Tipp: Águilas (Bella Vista)

GPS: N37° 23' 32.0" W1° 36' 34.1"; an A332; **offen:** ganzjährig
Ausstattung: PK 2, günstige Tarife in der Nebensaison; deutscher Empfang, zum Strand ca. 300 m; Restaurant in der Nähe; Fon/Fax 968449151; campingbellavista.com; info@campingbellavista.com
Zufahrt: von (213) 2,5 km auf A332 nach Nordosten, rechts

Die Altstadt des alten Fischerdorfs ÁGUILAS lohnt einen Besuch: die schönen **Ficus-Gärten** der *Plaza de España*, das **Rathaus** (19. Jh.), und die Pfarrkirche *San José*. Oberhalb der Altstadt steht auf einer Anhöhe die **Festung San Juan (1579)**. Am **Hafen** mit seinem schwarzweiß-gestreiften **Leuchtturm** finden wir einen Tagesparkplatz im *Paseo de Parra*. Ansonsten nehmen wir 450 m weiter am Kreisverkehr die Umgehungsstraße N332, von der am übernächsten Kreisel die Schnellstraße C3211 zur AP7 und nach LORCA abgeht, zum *Puerto*. Nach weiteren drei Kreiseln endlich wird es wieder ländlich, und die D14/D15 soll uns nach CALABARDINA führen. Vorher entdecken wir noch einen kleinen Traumstrand:

Calabardina: Cala del Arroz

(215) WOMO-Badeplatz: Calabardina (Cala del Arroz)

GPS: N37° 25' 42.7" W1° 31' 32.6"; an D15; **max. WOMOs:** 5 - 6
Ausstattung/Lage: Müllcontainer, teilweise schattig, von Felsen eingerahmte Feinsandbucht / außerorts

Zufahrt: Umgehungsstraße Águilas, am letzten Kreisel Richtung Calabardina D14, 3 km rechts Abzweig auf D15, nach 400 m rechts ab, 300 m.
Sonstiges: Angeln, tauchen und schnorcheln möglich.

Calabardina: Hauptstrand an der Promenade

Schnell tauchen wir in das herrlich kühle Nass und lassen uns anschließend die Sonne auf den Leib brennen, bis das Salzwasser getrocknet ist.

Wir gehen wieder auf die D 15 und könnten 500 m weiter schon wieder an einem Sandstrand parken: **Playa de la Cola** . Nach 900 m erreichen wir **CALABARDINA**, ein sauberer kleiner Badeort mit einem von großen Palmen gesäumten Strand, der schon gut besucht ist. Auf dem Felsen zur Rechten stehen viele Ferienhäuser oder -wohnungen im Zuckerbäckerstil mit Zinnen und Türmchen. Die Sandbucht, die Palmen, das tiefblaue Wasser und die dunklen Felsen bilden zu den gelben

und weißen Ferienhäusern einen herrlichen Kontrast. Am *Chiringuito* (Strandkiosk) stärken wir uns mit leckeren *Tapas*. Wir gehen wieder auf die Hauptstraße und schauen uns 1000 m

östlich den **Torre de Cope** an, der 1530 als Wachtturm gegen Piraten erbaut wurde. Die Landschaft ist in nordöstlicher Richtung wieder mit „*Invernaderos*" (Foliengewächshäuser) verschandelt. Kürzlich hat man die alte Buckel- und Staubpiste asphaltiert, und so fahren wir neugierig darauf (D15) nach Nordosten. Nach 1100 m geht rechts ein Schotterweg ab und führt uns zu einem breiten, einsamen Sandstrand. Die einzigen Zeichen von Zivilisation sind die regelmäßigen aufgestellten Müllcontainer. Ein kleineres Womo parkt auf der linken Seite. 500 m weiter noch ein solcher Strand!

WOMO-Badeplätze: Cabo Cope

(216) Playa del Hoyo (Sombrerico)

GPS: N37° 26' 56.5" W1° 28' 56.5"
an D15
max. WOMOs: 3
Ausstattung/Lage: Müllcontainer, teilweise FKK / außerorts
Zufahrt: von Águilas D14/D15

(216.1) Playa Rafal

GPS: N37° 27' 09.6" W1° 28' 54.3"
an D15 **max. WOMOs:** 3
Ausstattung/Lage: schattenlos / außerorts
Zufahrt: wie (216), jedoch 500 m weiter nordöstlich

Nachdem einer unserer Lieblingsplätze, die *Playa de Percheles* (Schlangenbucht), teilweise geschlossen wurde, sind wir jetzt auf der Ausschau nach neuen Möglichkeiten. Der Küstenstrich zwischen COPE und BOLNUEVO überrascht durch viele kleine Sandbuchten, die kaum jemand kennt. Das Sträßchen D15 führt zunächst vom Meer weg und mündet nach 5,3 km in die D20, in die wir rechts in Richtung MAZARRÓN einbiegen, das Dorf **EL GARROBILLO** durchqueren und nach 1,6 km <u>vor</u> einer Straßenkuppe mit 2 - 3 Häusern wieder nach rechts schwenken. 900 m weiter sehen wir eine Mülltonne mit der handgemalten Aufschrift „*Beach*"und einem Pfeil, der nach links zeigt. Wir folgen ihm und sind nach 2,3 km an einer Hausruine (gesamt 10,4 km). Links tief unten ein **Traumstrand**, eingerahmt von braunen Erdwänden mit Höhlen! Hinter der Ruine bietet sich ein großes Felsplateau zum Parken an.

(217) WOMO-Badeplatz: Playa de los Hierros

GPS: N37° 28' 56.8" W1° 27' 47.8" Casa de la Morena
max. WOMOs: 6
Ausstattung/Lage: Mülleimer, schattenlos, Sandbucht, Superaussicht / außerorts
Zufahrt: nach Norden auf D14/D15, nach 5,3 km rechts auf D20, nach 1,6 km rechts ab, noch 3,3 km; oder von der AP7 AS 866, dann wie vor

Cala Blanca oder Playa de los Hierros

Es führt ein ziemlich steiler Karrenweg hinunter in die Bucht. Wer das Abenteuer liebt, kann auch mit einem geländegängigen Fahrzeug direkt an den Strand fahren.

Über den kurvenreichen und steilen Pass auf der D20 müssen wir uns jetzt nicht mehr quälen, um unser nächstes Ziel CALNEGRE zu erreichen. Wir entern in EL GARROBILLO (AS866) einfach die neue AP7 und steigen an der nächsten Ausfahrt (AS 857) wieder aus; von da aus sind es nur noch 5,4 km auf der D21. Bei Km 3,0 bietet ein kommerzieller Wohnmobilstellplatz für kleines Geld seine Dienste an. Einige deutsche Fahrzeugeigner haben sich hier häuslich eingerichtet.

(218) Kommerzieller WOMO-Stellplatz: Calnegre

GPS: N37° 31' 34.2" W1° 26' 00.8"; an D21

offen: 15.9. - 15.5.
max. WOMOs: 30

Ausstattung/Lage: MC, Duschen, WC, **E&V, Strom,** Kneipe, Fon/Fax 968158048, mobil 659030746, 3,6 km zum Strand / Ortsrand
Zufahrt: AP7 AS 857, im Kreisel 2. Ausfahrt auf N332, nach 1100 m links auf D21, 3,3 km links
Besonderes: Man spricht deutsch. Kosten 2011: 6,00 € pro Tag, Strom 0,50 € pro Kwh, Waschmaschine 4,00 €, Wasser 1,00 €/100 l.

Das verschlafene Nest liegt an der Landspitze ***Punta de Calnegre.*** Wir fahren auf der schmalen Uferstraße weiter nach Nordosten, weil es uns zur „Schlangenbucht" zieht.

Unterwegs machen wir an der Strandstraße zwei als Womo-Stellplätze brauchbare Flächen aus.

Badeplatz [218.1: GPS N37° 30' 47.8" W1° 23' 58.8"]
Badeplatz [218.2: GPS N37° 31' 23.6" W1° 23' 34.4"]

Da wir gerne einen sonnigen Badenachmittag an der Playa de Percheles („Schlangenbucht") verbringen möchten, fahren wir als nächstes hin. Vor kurzem wurde die Höhenschranke wieder geöffnet, aber das Übernachten ist strikt verboten, weil die Küstenwache dort angeblich Rauschgiftschmuggler beobachtet. Vor Einbruch der Dunkelheit wird von der *Guardia Civil* geräumt. Also können wir heute ein paar Stunden an den paradiesischen Strand gehen, um ein erfrischendes Bad im kristallklaren Wasser zu genießen.

(218.3) WOMO-Badeplatz: Playa de Percheles

GPS: N37° 31' 47.9" W1° 22' 53.4" bei Cañada de Gallego
max. WOMOs: 10
Ausstattung/Lage: MC / außerorts
Zufahrt: N332 meerwärts nach Cañada de Gallego abbiegen, 2,6 km rechts (WW Calnegre), 2,7 km links (Schild „16 t"), nach 1,7 km rechts, 1300 m Asphalt/Schotterweg

Vor MAZARRÓN macht die N322 einen Knick nach Südosten zum Hafen der Stadt, **PUERTO DE MAZARRÓN.** Wir durchqueren den Ferienort und sehen fast am Ortsausgang rechts einen riesigen Parkplatz gegenüber der kleinen Insel *la Isla*.

(219) WOMO-Badeplatz: Puerto de Mazarrón

GPS: N37° 33' 32.6" W1° 15' 51.7" Calle Bolnuevo   **max. WOMOs:** 5
Ausstattung/Lage: MC, Sandstrand 100 m, Restaurants / im Ort
Zufahrt: AP7 AS 845, N332 nach WW Puerto de Mazarrón, am Hafen

Weiter geht es 4 km auf der küstennahen Straße; hinter EL ALAMILLO biegen wir am Ortsende rechts in die E 22 ab. Nach 1200 m lockt <u>vor</u> ISLA PLANA zur Linken ein Campingplatz.

(220) WOMO-Campingplatz-Tipp: Los Delfines

GPS: N37° 34' 38.8" W1° 13' 41.1"; an E22;   **offen:** ganzjährig
Ausstattung: 2. Kat, PK 2; niedrige Winterpreise; 160 m zum Kieselstrand; Fon 968594527; campinglosdelfines.com.
Zufahrt: AP7 AS 829, N332, nach 20 km links in E22, 1200 m

Wir durchqueren das Küstendorf ISLA PLANA und biegen 4 km weiter in die E16 ein. Hier beginnt der Badeort **LA AZOHÍA** mit einem klotzigen Hotel, das weinrot-ocker angemalt ist. Wir rollen langsam durch den Ort und sehen nach 2 km links einen großen Parkplatz gegenüber einem schmalen Sandstrand. Ein deutsches Reisemobil steht schon dort, dessen Besatzung das sonntägliche Frühstück gerade genießt.

WOMO-Badeplätze: La Azohía

(221) Playa Chapineta
GPS: N37° 33' 53.6" W1° 10' 36.8"
Calle de la Ballena
max. WOMOs: 5
Ausstattung/Lage: Mülleimer, Imbiss, Sandstrand / Ortsrand
Zufahrt: E 16, 900 m nach Ortseingang - Polizei räumt manchmal.

(222) Hafen
GPS: N37° 33' 13.0" W1° 10' 11.0" Calle Valle de Arán **max. WOMOs:** 4
Ausstattung/Lage: Mülleimer, Restaurant / Ortsrand
Zufahrt: wie (221), 1600 m weiter südöstlich, Kiesflächen beidseitig

Wir fahren die E16 ganz zurück, an der Einmündung zur E22 rechts ab in Richtung CARTAGENA. Nach 12 km kommt der Abzweig nach EL PORTUS. Bei deutschen Urlaubern sehr beliebt: FKK-Camping elportus.com, PK4, Fon 968553052, ganzjährig [**222.1: GPS** N37° 35' 10.3" W1° 04' 03.2"].
Jetzt folgen wir nur den Wegweisern nach LA MANGA. Über die Umgehung der sehenswerten Festungsstadt CARTAGENA (AP7/MU 312) erreichen wir schneller den Superferienort. **LA MANGA DEL MAR MENOR**, ein Albtraum von Urlaubsfabrik, liegt auf einer schmalen, 16 km langen Landzunge, die auf beiden Seiten von Wasser umgeben ist: links das salzige *Mar Menor* und rechts das Mittelmeer. Mittendurch führt die

Gran Via mit nummerierten Ausfahrten, obwohl alles Stadtstraßen sind. Ein Hochhaus reiht sich ans andere, fast wie in Manhattan: Hotels, Apartmenthäuser, Geschäfte, Restaurants – alles vom Feinsten. Nach 13 km leitet uns eine moderne Klappbrü-

cke zum zweiten Teil der Halbinsel. Kurz danach wird es etwas ländlicher und die Straße geht zweispurig weiter, bis wir zur **„Seufzerbrücke"** kommen, einer extrem steilen Brücke, die zu dem letzten Zipfel der Landzunge führt. Vor dieser Brücke müssen wir warnen, denn Mobile über 6 m Länge mit großem Radstand können in der Mitte aufsetzen oder sogar hängen bleiben. Wir halten uns links und folgen der Straße bis ans Ende und können auf festgefahrenem Sand gut stehen.

WOMO-Bade- und Stellplätze: La Manga del Mar Menor

(223) Punta de Algas - Poligono de la Veneciola A
GPS: N37° 46' 44.1" W0° 45' 19.9"
max. WOMOs: 8 - 10
Ausstattung/Lage: schattenlos, Mülleimer, Sandstrand / Ortsrand
Zufahrt: bis ans nördlichste Ende der Halbinsel, hinter Brücke rechts

(224) Playa Chica - Calle de Poligono A-Manga
GPS: N37° 45' 40.0" W0° 44' 48.9"
max. WOMOs: 4 - 5
Ausstattung/Lage: schattenlos, Sandstrand, Restaurant / Ortsrand
Zufahrt: wie 223, 2,3 km südlich

(224.1) Yachthafen - Calle de Poligono G-Manga
GPS: N37° 44' 50.1" W0° 44' 18.7"
max. WOMOs: 3
Ausstattung/Lage: schattenlos, Restaurant / Ortsrand
Zufahrt: wie 224, 1,7 km südlich

---

(225) WOMO-Campingplatz-Tipp: Caravaning La Manga
GPS: N37° 37' 28.9" W0° 44' 37.3"; an MU312   **offen:** ganzjährig
Ausstattung: sehr gut, PK 2; Megaplatz, Pools, Tennis, Restaurant; Sandstrand bis zu 1000 m entfernt; Fon 968 563014; caravaning.es
Zufahrt: MU312, AS 15 (von Westen), AS 16 (von Osten), beschildert

---

Hier endet unsere letzte Tour in Südspanien. Hätten Sie uns auf allen Strecken begleitet, würde Ihr Tachometer jetzt **3275 km** mehr anzeigen und Sie wären **70 Tage** älter. Wir hoffen, dass Sie auf allen Reisen viel Freude und Erholung gefunden haben und bald in dieses großartige Land zurückkehren.

Tipps und Informationen von A – Z

Adressen

Deutsches Konsulat und Hornorakonsulate

Edificio Eurocom,Calle Mauricio Moro Pareto, 2 - 5°, E-29006 **Málaga**
Fon 952 36 35 91, eMail info@malaga.diplo.de

Avenida de Méjico 10, Portal 1, 11405 **Jerez de la Frontera**
Fon 956 187463, eMail jerez-de-la-frontera@hk-diplo.de

Av. Carlos III 401, E-04720 **Aguadulce (Almería)**, Fon 950 340555

Honorarkonsulate der Republik Österreich

Calle Cardenal Ilundain 18, Edificio 1 - 5 ° F, E-41013 **Sevilla**, Fon 954 987476

Alameda de Colon 26, E-29001 **Málaga**, T 952 600267

Schweizer Konsulat

Apartado de correos 7, E-29080 **Malaga**, T 645010303, malaga@honorarvertretung.ch

Ärztliche Hilfe

Wenn Sie ernsthaft krank werden, was sich keiner im Urlaub wünscht, sollten Sie einen Arzt aufsuchen, dessen Adresse Sie im O.T. erfahren. Oder
Sie fragen beim **ärztlichen Nothilfedienst des ADAC**, München, **Fon 0049
89 767676** nach, wo Sie den nächstliegenden deutschsprachigen Arzt finden, die meisten sprechen englisch oder französisch.
Tipp: Lassen Sie sich privat behandeln und reichen Sie die korrekt ausge-
schriebenen Rechnungen (mit Diagnose!) bei Ihrer Krankenkasse ein, die
Ihnen einen großen Teil – oder alles – zurückerstattet. Wenn Ihre Beschwer-
den aber leichter Art sind, so finden Sie in allen Apotheken preiswerte Me-
dikamente, die meisten sogar ohne Rezept.

Baden

Über 850 km lang ist die Küste Südspaniens von der portugiesischen Grenze bis an die *Costa Cálida* bei Cartagena. Während die Strände an der
Costa de la Luz fast überall noch naturbelassen und rau sind, wurde an der
Costa del Sol mit Hotels und Ferienhausanlagen sehr viel „zubetoniert".
Der größte Teil der Strände kann mit Sand oder Feinkies brillieren, während
seltener Kies, Steine oder gar Felsen den Einstieg ins kühle Nass erschwe-
ren. Der Badebetrieb fängt langsam im Juni bei 18 – 19 ° C Wassertempe-
ratur an und erreicht überall seinen Höhepunkt im August bei über 22 ° C.
Die Abkühlung erfolgt langsam, bis in den November hinein kann gebadet
werden. Die Wasserqualität wird regelmäßig überwacht und durchweg mit
„gut" oder „sehr gut" beurteilt, lediglich in der Nähe von Industriestädten
und Großanlagen gibt es schlechtere Noten.

Campingplätze

Es gibt in fast 800 spanischen Orten mindestens einen Campingplatz. Die
meisten davon findet man naturgemäß an den Küsten im Süden und Osten. Im Binnenland sind die Anlagen erheblich dünner gesät. Wir haben in
diesem Buch auf jeder Tour alternativ zu den freien Stellplätzen einige
Empfehlungen gegeben, da in den einschlägigen Campingführern nur ein
Bruchteil beschrieben wird. In Spanien gibt es vier Klassifizierungen: Lu-
xus, 1., 2., und 3. Kategorie sowie einige Sonderformen wie Camping auf
dem Bauernhof. Wie bereits auf Seite 6 erwähnt, geben wir nur noch Preisklassen an, denn exakte Werte sind schnell überholt. Besonders die Auf-
preise für Stromanschluss sind in den letzten Jahren in die Höhe geschos-
sen; 2011 haben wir als Höchstsatz 6,50 EUR/Nacht festgestellt. Nach unseren fundierten Feststellungen beträgt der Anteil an Stromkosten durch-

schnittlich bereits 20 %. Oft werden, vor allem in der Hochsaison, Pauschalpreise je Parzelle (*precio de la parcela*) genannt. Diese beinhalten oft bis zu vier Personen, Fahrzeug und Strom; für zwei Personen kann es erheblich billiger werden! Deshalb raten wir, grundsätzlich vor dem Einchecken den Endpreis einschließlich Steuern (I.V.A.) zu erfragen. Auf einigen Plätzen wird für die Benutzung des Schwimmbades ein Extrapreis verlangt. An der Küste sollte man sich immer nach der Entfernung zum Strand erkundigen.

Einreiseformalitäten

WOMO-Besatzungen aus dem EU-Raum benötigen lediglich einen Personalausweis bzw. Identitätskarte, für das Autofahren den Führerschein, den Kraftfahrzeugschein und die Grüne Versicherungskarte.
Reisebedarf für den persönlichen Bedarf können zollfrei eingeführt werden, aber erhöhen Sie nicht den Dieselverbrauch unnötig, denn in Spanien bekommen Sie (fast) alles genau so preiswert wie in Deutschland. Wichtig! Reisen Sie mit einem geliehenen Fahrzeug, so benötigen Sie eine (unbeglaubigte) Vollmacht des Inhabers. Einen Vordruck erhalten Sie gegen Freiumschlag beim WOMO-Verlag.

Eintrittsgelder Sehenswürdigkeiten

Hier ist eine allgemein gültige Aussage nicht möglich. Die sogenannten Weltsehenswürdigkeiten wie die *Alhambra* sind schon recht teuer, Vergnügungsparks wie *Mini-Hollywood* gehen richtig ins Geld. Äußerst wertvolle Ausgrabungen wie *Medina Azahara, Itálica* und *Carmona* dagegen sind für EU-Bürger kostenlos.
Tipp: Besichtigungen von Kirchen sehr früh am Morgen durchführen, denn dann spart man oft das Eintrittsgeld, z. B . in *Córdoba.*

Entsorgung

Hier sind wir zu 90% auf die Campingplätze angewiesen. Selbst dort sind nicht überall professionelle Entsorgungsanlagen für chemische Toiletten vorhanden, und das Personal weist den Gast an, die Container in das normale WC auszuleeren. Wir brauchen wohl keine Worte darüber zu verschwenden, dass in der freien Natur dergleichen nicht zu geschehen hat. Öffentliche Toiletten haben wir auf unseren Reisen nicht allzu häufig gefunden, und die wenigen waren meist stark verschmutzt, vor allem wenn sie weit weg von Ortschaften waren.
Tipp: An den meisten Tankstellen ist nach dem Volltanken die Toilettenentleerung möglich, wenn man höflich danach fragt.

Feste

Andalusien besitzt eine großartige Tradition von Festlichkeiten. Es gibt die **Ferias**, die den deutschen Jahrmärkten gleichen. Die **Fiestas** haben einen vornehmlich religiösen Einschlag und werden mit großem Pomp meist in der **Semana Santa** (Karwoche) zelebriert. Pilgerfahrten zu den zahlreichen Schutzheiligen, die in den „Santuarios" zu Hause sind, werden **Romerías** genannt. Wirklich sehenswert sind die **Ferias** in *Sevilla* (zwei Wochen nach Ostern), in *Córdoba* (letztes Maiwochenende), in *Jerez de la Frontera* der Pferdemarkt Mitte Mai, in *Granada* das Internationale Musik- und Tanzfestival Ende Juni, in *Nerja* das Sommerfestival Ende Juli, in *Málaga* die August-Feria und in *Ronda* die **Feria y Fiestas de Pedro Romero** in der 1. Hälfte September. In der Karwoche ist überall in Andalusien der Teufel los. Besonders sehenswert sind die Prozessionen und *Fiestas* in *Arcos de la Frontera, Castro del Río, Córdoba, Granada, Jaén, Málaga, Sevilla* und *Úbeda.* Ostersonntag gibt es in *Arcos* und *Vejer de la Frontera* Stierfeste auf offener Straße zu sehen. Ausgelassene Pilgerfahrten – *Romerías* – finden in *Andujar* am letzten April-Sonntag, in *El Rocío* zu Pfingsten (!!), in *Cabra* im Juni (Zigeunerwallfahrt) und in *Granada* am 29. September statt. Ein besonderes farbenfrohes Ereignis ist der *Carnaval* in *Cádiz*, der zeitgleich wie in Deutschland stattfindet. Einige Informationen haben wir bei den entsprechenden Touren gegeben.

FKK

Die Spanier haben seit einigen Jahren den Naturismus „entdeckt". Es gibt inzwischen fast überall Strandregionen, auf denen man hüllenlos sonnen und baden kann. Der FEN (*Federación Española de Naturismo*) zählt im IFN-Weltführer allein in Andalusien und *Murcia* 57 offizielle Strände („Autorizada") auf. In ganz Spanien, einschließlich der Inseln, sind es heute über 400. Wir haben der rasanten Entwicklung Rechnung getragen und dies bei der Beschreibung unserer Badeplätze vermerkt.

Freie Stellplätze

Wir möchten hier über dieses Thema keine Diskussion führen. Die einen wollen lieber frei stehen, die anderen lieber den sichernden Campingplatzzaun um sich haben. Punkt. In Spanien darf grundsätzlich im Freien übernachtet werden. Verboten ist dies lediglich direkt am Strand, an Ausgrabungen, innerorts sowie in Naturschutzgebieten. Strandplätze werden - seltener in der Nebensaison - von der Polizei gnadenlos geräumt, wenn sie zu voll werden. Wir selbst wurden bisher noch nie vertrieben.

Tipp: Vermeiden Sie stets den Eindruck, dass Sie hier Camping machen. Tisch, Stühle, Grill und Markise bleiben drin! Manche Uniformträger deuten schon ausgefahrene Einstiege, ja sogar hochgestellte Fenster als Camping. Wie bereits vorne erwähnt, gibt es in Südspanien nur einige wenige Wohnmobilstellplätze, wie wir sie aus Mitteleuropa kennen. Wir haben alle von uns entdeckten Stellplätze mit den Augen eines WOMO-Fahrers geprüft und entsprechend beschrieben.

Tipp: Bei der Benutzung öffentlicher Parkflächen sollte man auf das Freizeitverhalten der Spanier Rücksicht nehmen, die meist nur am Wochenende und im Sommer in die Natur oder ans Meer fahren. Die „Areas de Acampanada" eignen sich selten für Wohnmobile, da es meist an ebenen Flächen mangelt.

Gas

Für einen normalen Urlaub reichen zwei 11-kg-Flaschen gut aus. Wir selbst gehen mit unseren Gasvorräten sparsam um, indem wir häufiger ins Restaurant essen gehen, die Warmwasserzubereitung ausgeschaltet lassen und das Gas hauptsächlich für den Kühlschrank nutzen, den wir fast nur mit verderblichen Lebensmitteln füllen. Wenn Sie aber mehrere Monate in Südspanien unterwegs sind, reichen auch zwei Flaschen natürlich nicht aus.

Tipp: Die Firmen REPSOL und CEPSA vertreiben in Spanien Propan und Butan, wobei letzteres von den Spaniern absolut bevorzugt wird und deshalb Propangas nicht immer und überall zu haben ist. Um eine spanische Flasche mieten zu können, muss man eine Fotokopie der Gasinstallation **in spanischer Sprache** vorlegen und in CEPSA- bzw. REPSOL-Büros einen Vertrag abschließen. Ansonsten werden für ein Gutachten vor Ort 60 - 80 € fällig. Das Flaschenwechseln geht dann meist problemlos. Einen Gasadapter erhält man im Eisenwarenhandel („Ferretería") oder auf Campingplätzen. Wohin am Ende der Reise mit den leeren (oder halbvollen) Flaschen? Man kann sie bei jeder Station der genannten Firmen wieder abgeben und „verschenkt" den Rest oder man deponiert sie auf dem Campingplatz seines Vertrauens, um sie beim nächsten Urlaub wieder abzuholen.

Geld

Seit der Euro-Einführung gibt es hier keine Probleme. Sowohl mit den gängigen Kreditkarten, der EC-Karte Maestro bzw. girocard oder Vpay als auch mit den Sparcards der Postbank kann überall an Automaten Geld beschafft werden.

Tipp: An den reichlich vorhandenen Visa-Plus-Geldautomaten kann man mit einer Postbank-Sparcard zehnmal jährlich gebührenfrei Euros ziehen. Ansonsten verlangt Ihre Hausbank saftige Gebühren. Auf dem Land wollen kleinere Gewerbetreibende und Gasthäuser am liebsten Bargeld sehen.

Haustiere

Hund und Katze benötigen für die Einreise neben dem amtstierärztlichen Gesundheitszeugnis einen internationalen Impfpass, in dem der Tollwut-Eintrag nicht jünger als 30 Tage, aber auch nicht älter als ein Jahr sein darf. Auch müssen die Tiere eine Tätowierung oder einen Mikrochip zur Identifizierung tragen. Weiterhin benötigt man einen Nachweis in spanischer Sprache, dass das Tier einem seit mehr als drei Monaten gehört. Vögel dürfen keinesfalls mitgenommen werden, auch keine Ziervögel. Die Spanier sind im Gegensatz zu Deutschen und Franzosen keine Hundenarren. Die fast überall vorhandenen streunenden Hunde gelten als Schädlinge, die in Mülltonnen wühlen und Krankheiten verbreiten, und werden oft mit Steinwürfen verjagt. Vor Restaurants hängt fast überall das Verbotsschild „Perros No!", was auch für die meisten kultivierten Strände gilt.

Information

siehe Seiten 10 - 11

Klima – beste Reisezeit

Die Lufttemperaturen erreichen schon früh im Jahr die 30-Grad-Marke, die im Juli und August so gut wie nie unterschritten wird. Im Landesinneren, zum Beispiel in Écija, kann es bis zu 50° C heiß werden. Für einen Badeurlaub empfehlen wir Juni, September und Oktober. Wandern kann man im Flachland und Mittelgebirge von September bis Juni, in der Sierra Nevada am besten von Mitte Juni bis Ende September. In der Sierra de Grazalema regnet es bis April häufiger, weshalb man hier am besten im Mai und Juni wandert. Die Sehenswürdigkeiten werden das ganze Jahr über besucht.

Konsulate siehe „Adressen"

Kreditkarten

siehe „Geld"

Kriminalität

Wie überall in der Welt gehört in Ballungsgebieten und Touristenzentren der kleine Spitzbube dazu wie das Salz in der Suppe. In Großstädten sollten Sie Ihr Fahrzeug möglichst nie aus den Augen lassen oder wenigstens auf einem bewachten Platz abstellen. Parkscheine hinter der Windschutzscheibe verkünden möglichen Einbrechern, wieviel Zeit sie zum Ausräumen haben! Von den Stadtcampingplätzen gibt es meist gute Bus- oder S-Bahnverbindungen in die City.

Bei unseren zahlreichen Spanienreisen ist uns bisher nichts passiert, vielleicht weil wir als Fußgänger nie mit unseren Besitztümern protzen (Schmuck, Kameras etc.) und als WOMO-Fahrer immer entsprechende Vorsichtsmaßnahmen treffen, wenn wir das Fahrzeug allein lassen oder nachts an einsamer Stelle stehen. Zunächst haben wir in unser Reisemobil eine solide Alarmanlage mit Türkontakten und Innenraumüberwachung eingebaut, alle Türen sind <u>zusätzlich</u> durch Stahlriegel und Stahlseil (vorne) von innen gesichert. Der WOMO-Knackerschreck aus unserem Verlag leistet da gute Dienste. Bargeld, nie in größeren Mengen, EC- und Kreditkarten führen wir immer am Körper mit. **Tipp:** Wer als Basisfahrzeug Fiat-Ducato, Peugeot-Boxer oder Citroen-Jumper fährt, kann die rechte Sitzkonsole mit wenig Aufwand in einen Tresor für Wertgegenstände verwandeln. Der Einbausatz ist im Fachhandel ab 140 € zu haben.

Landkarten

Zu einer ordentlichen Ausrüstung gehört <u>aktuelles</u> Kartenmaterial, besonders in Spanien, weil sich die Straßenbezeichnungen fast komplett geändert haben. Gute Erfahrungen haben wir mit den Michelin-Regionalkarten Nr. 578 (früher 446) und 577 (früher 445) im Maßstab 1 : 400.000 gemacht, im WOMO-Verlag erhältlich. Zum <u>Wandern</u> empfehlen wir topografische Karten im Maßstab 1 : 50.000 oder 1 : 25.000, die es von verschiedenen Verlagen gibt: *Instituto Geográfico Nacional (IGN), Cartografía Militar de España (CME), Artes Gráficas COFAS, Editorial Alpina, Granollers (www.editorialalpina.com) und Centro Nacional de Información Geográfica (CNIG),* Madrid. In den Wandertexten haben wir jeweils das erforderliche Blatt genannt. Sie sind in den meisten Buchhandlungen bestellbar, es kann aber 3 – 4 Wochen dauern. Bei dem Spezialhändler Jürgen Schrieb ist der Bezug vieler Karten aus Vorrat möglich. (Fon/Fax 07145/26078, E-Mail: karten.schrieb@t-online.de.)

Literatur

<u>Reiseführer über Land, Leute, Kunstgeschichte, Architektur</u>
Grüner Reiseführer „Andalusien" Michelin Reise-Verlag – ein systematisches Nachschlagewerk (im WOMO-Verlag erhältlich)
Baedeker: „Andalusien" Verlag Karl Baedeker – sehr gut für das gründliche Studium von Bauwerken, Ausgrabungen, Geschichte und Kunst
Thomas Schröder: „Andalusien" und „Costa de la Luz" Michael Müller Verlag – zwei praktisch orientierter Ratgeber, die umfassend informieren

<u>Wanderführer</u>
Bernd Plikat: Rother Wanderführer Andalusien Süd (im WOMO-Verlag erh.)
Helmut Dumler: „Wandern und Erleben – Andalusien" Bruckmann
Jürgen Paeger: „Wandern in Andalusien" DuMont aktiv

<u>Campingführer</u>
Guía Oficial de Campings España (CD)
DCC-Campingführer Europa
ADAC-Campingführer Band 1 Südeuropa

<u>Restaurantführer</u>
Michelin: España & Portugal

Ansonsten gibt es eine Fülle an Fachliteratur und Belletristik über Andalusien, deren Aufzählung den Rahmen dieses Buches sprengen würde.

Notfall

Notruf für Polizei, Feuerwehr und Notarzt:	**112**
Sollte sich darunter niemand melden, wählen Sie:	**091 oder 061**
Pannenhilfe des R.A.C.E. (span. Autoclub):	**915 93 3333**
ADAC - immer in München anrufen. (Panne/Unfall)	**0049 89 222222**
dto., ärztlicher Notdienst	**0049 89 767676**

Öffnungszeiten

Geschäfte: Mo – Sa 9 – 13.30 Uhr, Mo – Fr ab 17 Uhr, große Supermärkte durchgehend. In Urlaubsgebieten sind die meisten Läden sonntags offen.
Apotheken: wie oben, jedoch sonntags nur bei Notdienst
Banken und Postämter: werktags 9 – 14 Uhr, samstags bis 13 Uhr
Kirchen: sehr unterschiedlich, meist vormittags und ab 17 Uhr
Museen: montags und während der *Siesta* geschlossen

Papiere

siehe Einreiseformalitäten

Preise

Ähnliches Niveau wie in Deutschland; auf dem Land ist alles etwas billiger, in Touristenhochburgen teurer.
Die deutschen Discountketten (ALDI, Lidl) sind mittlerweile in Spanien mit dem fast gleichen Sortiment stark vertreten, bilden eine Alternative zu kleineren Läden und Märkten, wo vor allem frische Waren angeboten wird.

Restaurants

Es gibt eine Vielzahl von Lokalitäten, wo man Hunger und Durst stillen kann. Das fängt bei den ***Bars*** (Kneipen, Gaststätten) an, wo man neben Getränken auch die berühmten ***Tapas*** ordern kann. Das sind kleine Leckereien, die man sehr preiswert – manchmal auch gratis zum Getränk – erhält. Das gleiche in einer etwas größeren Menge nennt man ***„Raciónes"***. Auch gibt es in vielen Bars ***Bocadillos***, belegte Baguettes für den stärkeren Hunger. Am Strand und an den Promenaden stößt man auf ***Chiringuitos*** (Kioske), die preiswerte kleine Gerichte, oft in großer Auswahl, verkaufen. Auch hier wird häufig im Stehen gegessen und getrunken. ***Cafeterías*** in den Touristenzentren und größeren Städten bieten meist *Fastfood* und *Platos Combinados* – einfache Tellergerichte mit großen Portionen – an. Die bekannten Fastfoodketten sind leider auch in Andalusien inzwischen reichlich etabliert. Schließlich isst man am komfortabelsten in den ***Restaurantes***, die es überall in höchst unterschiedlichen Klassen gibt. Hier erwartet der Wirt, dass der Gast Vorspeise (*entremés*), Hauptgericht (*plato principal*) und Nachspeise (*postre*) bestellt. Der erfahrene Gourmet trinkt natürlich zum Essen einen spanischen Wein. Meeresfrüchte und Fischgerichte isst man in den ***Marisquerías***, wo man das Seegetier meist auch direkt einkaufen kann.
Allgemeine Essenszeiten: mittags 13.30 - 15.30 Uhr, abends 21 - 23 Uhr.

Sprache

Bei unseren Reisen durch Spanien wurden wir immer sehr nett aufgenommen, wenn wir Gespräche mit ein paar Redewendungen in Spanisch begonnen haben, um dann in der Gebärdensprache, in Englisch oder Französisch fortzufahren.

Was sollte man wenigstens können?

Ja *sí*
nein *no*
bitte *por favor*
vielen Dank *muchas gracias*
Entschuldigung! Perdon!
guten Morgen/Tag *buenos días*
guten Mittag/Tag *buenas tardes* oder *hola*
gute/n Abend/Nacht *buenas noches*
auf Wiedersehen *adiós* oder *hasta luego*
sprechen Sie deutsch? *habla usted alemán*?

wo ist ...? (Wegauskunft) *dónde esta ...?*
rechts *derecha*
links *izquierda*
geradeaus *todo derecho* oder *todo seguido*
hier *aquí*
Speisekarte *menú*
haben Sie ...? *tiene usted ...?*
was kostet ...? *cuánto cuesta ...?*
ich nehme ... *quisiera ...*
die Rechnung bitte! *la cuenta por favor!*
wann ist geöffnet? *a qué horas está abierto?*
vormittags *por la mañana*
nachmittags *por la tarde*
abends *por la noce*
gestern *ayer*
heute *hoy*
morgen *mañana*
übermorgen *pasado mañana*

Auf dem Land sprechen vornehmlich Akademiker Fremdsprachen, meist englisch, weniger französisch – aber deutsch äußerst selten. Glück hat man, wenn man auf ehemalige Gastarbeiter stößt, die lange in Deutschland waren. In den **Oficinas de Turismo** wird mindestens englisch gesprochen, seltener deutsch. **Tipp:** Wir empfehlen Ihnen daher, vor der Rundreise einige spanische Redewendungen auswendig zu lernen und diese zur Erinnerung auf einen Spickzettel zu schreiben. Geholfen hat uns dabei Langenscheidts Sprachführer im Taschenformat. Nur in den Touristenzentren bekommt man auf eine deutsch gestellte Frage eine Antwort. Aber dort gibt's ja auch Eisbein mit Sauerkraut...

Tanken

Tankstellen in Spanien sind täglich von 7 - 22 Uhr, an den Autobahnen meist 24 Stunden, dienstbereit. Die Kraftstoffpreise sind überall nahezu gleich, an Supermärkten kann man neuerdings auch schon mal billiger tanken. Auf der Anreise durch Frankreich sparen wir, wenn wir nur bei den Tankstellen der Supermärkte wie *Leclerc* oder *Intermarché* unser Diesel zapfen, denn die Preisunterschiede betragen bis zu 10 %.

Telefonieren

Alle spanischen Telefon- und Faxnummern beginnen mit **9** und man wählt sie, auch vom Mobiltelefon, von überall in Spanien in der vollen Länge. Rufen Sie von zu Hause aus in Spanien an, verwenden Sie als Vorwahl 0034, danach die Rufnummer. Die Vorwahlen nach Deutschland (0049), Österreich (0043) und der Schweiz (0041) sind jedem bekannt. Ist man auf Telefonzellen angewiesen, so kauft man sich im Tabakladen oder bei der Post Telefonkarten.
Tipp: Preiswerter wird es, indem Sie sich von zu Hause aus mit Billigvorwahl auf einem spanischen Festnetzanschluss, z.B. Campingplatz, anrufen lassen.
Für den allerschlimmsten Fall: Wenn Sie bis auf den letzten Cent ausgeraubt worden sind, so können Sie ein R-Gespräch nach Hause (für Sie kostenlos) anmelden unter **900 990049**. Die Kosten für den Angerufenen: 5 € + 0,60 /Minute.

Trinkwasser

Auf vielen Touren haben wir Ihnen Wasserzapfstellen genannt, können aber nicht dafür garantieren, dass es sich um die Qualität handelt, die Sie zu

Hause gewöhnt sind. Wenn man sicher gehen will, ob es sich um einwandfreies Trinkwasser handelt, muss man die zuständigen Behörden fragen. Wenn Sie aber beobachten, dass Einheimische das Wasser in Kanister abfüllen, dann können Sie von einwandfreier Qualität ausgehen. Wir selbst haben für den Verzehr das spottbillige Mineralwasser gekauft, das in Supermärkten in Behältern bis zu zehn Litern zu haben ist. Auf Campingplätzen und an den meisten Tankstellen ist das Auffüllen des Wassertanks möglich, nur sollte man auch hier ausdrücklich danach fragen, ob es sich um Trinkwasser (*agua potable*) handelt. Auf manchen Campingplätzen unterscheidet man nach Trink- und Brauchwasser.

Verkehr

Höchstgeschwindigkeiten: innerorts 50 km/h, außerorts 80 km/h, Autovía (4-spurige Schnellstraße) 90 km/h, Autopista (Autobahn) 100 km/h.
Alkohol: max. 0,5 Promille. Parkverbot an gelben, Parkgebühren an blauen Straßenrändern. Während des Überholvorgangs muss dauernd links geblinkt werden. Telefonieren mit dem Handy ist verboten und wird bestraft. Bei Verlassen des Fahrzeugs und Aufenthalt auf der Fahrbahn oder am Straßenrand ist das Tragen einer reflektierenden Warnweste obligatorisch. Beim Tanken müssen Radio und Mobiltelefon ausgeschaltet sein. Abschleppen durch Privatfahrzeuge ist nicht erlaubt.
Bußgelder fallen in Spanien recht happig aus: Falschparken bis 90 €, Temposünden (20 km/h) und Rotlichtverstoß und verbotenes Überholen 90 - 300 €, Alkoholvergehen mindestens 300 €. Auf der Fahrbahn außerorts anzuhalten kostet 200 – 350 €. Ein Bußgeld muss **sofort bar** gezahlt werden, sonst droht Beschlagnahmung des Fahrzeuges. In Großstädten arbeitet die Polizei auch mit den berüchtigten Radkrallen. Wohmobile werden im allgemeinen nicht abgeschleppt, aber darauf verlassen würde ich mich nicht.

Versicherungen

Außer den üblichen Absicherungen empfehlen wir eine WOMO-Inhaltsversicherung, die bei den Versicherungsagenturen für WOMOs zu haben ist.

Wandern und Bergsteigen

Es ist ein Jammer, dass bei den fantastischen Wandermöglichkeiten in Andalusien die Wege leider oft unregelmäßig – oder gar nicht – gekennzeichnet sind und nur selten gewartet werden. Für Wanderungen in den Bergen, vor allem im Hochgebirge, sind **genaue Wanderkarten** unbedingt erforderlich (s. „Landkarten"). Eine gute Ausrüstung muss selbstverständlich sein, vor allem sind auf den oft steinigen Pfaden gute Bergschuhe unerlässlich. Details finden Sie in den Wanderbeschreibungen.

Wassersport

Die Möglichkeiten für Surfer haben wir auf den Atlantiktouren mehrfach angezeigt. Bitte: Wenn Sie kein erfahrener Starkwindsurfer sind, wagen Sie sich nicht zwischen Barbate und Tarifa aufs Wasser. Unvorsichtigen droht Lebensgefahr!

Wein

Andalusien ist klassisches Erzeugerland für die Aperitif- und Dessertweine Sherry, Málaga, Montilla-Moriles und Condado de Huelva. Zum Essen trinkt man gerne trockene Rotweine aus anderen Regionen, z. B. aus der Rioja oder Navarra. Ein Gastwirt ist aber nicht beleidigt, wenn man in der Sommerhitze einfach Bier trinkt.

Stichwortverzeichnis

A

ADAC 254
Agua Amarga 234
Águilas 243
ALDEQUEMADA 20
Alhama de Granada 195
Alhambra 199-200
Almería 221-222
Almerimar 221
Almodóvar del Río 93
Alora 179
Alpujarras 211-217
Andújar 59-60
Antequera 184
Aracena 104-106
Arcos de la Frontera 159
Arrecife d. l. Sirenas 226
Arroyo de la Madre 195

B

BAENA 81
Baeza 54
Balerma 220
BAÑOS DE LA ENCINA 55
Barbate 150-152
Benajarafe 193
BENAOCAZ 163
Bobastro 181
Bocadillos 255
Bodegas 141
Bolonia 153
Bußgelder 257

C

Cabeza 63-65
Cabo Cope 245
Cabo de Gata 225-227
CABRA 73-74
Cádiz 142-144
Cala del Cuervo 232
Cala del Plomo 233
Cala Enmedio 233
Cala Hernández 233
Cala Panizo 237
Cala San Pedro 233
Calabardina 243-244
Calahonda 210
Calnegre 246
Caminito del Rey 183
Campingführer 254
Caños de Meca 148-150
Capileira 213
Carboneras 234
Carchuna 209-210
Carmona 96
CARTAGENA 248
Casa Forestal la Fresnedilla 30

Castillo Sta Catalina 69
Castro del Río 82
CAZORLA 49, 50
Central Solar 224
Cerrada de Elias 44
Cerrada del Utrero 49
CHIPIONA 138
Cimbarra 20
Collado Agua de los Perros 35
Collado del Lobo 30
Collado del Ojuelo 34
Collado des Jardines 19
Collado Pocico 30
Conil de la Frontera 145
Cope 244
Córdoba 82-88
Coto Ríos 40-41
Cuesta Manelí 123
Cueva de Agua 52
Cueva del Peinero 31
Cuevas de los Murciélagos 76

D

Desfiladero de Despeñaperros 17
los Gaitanes 181
Doña Menica 75
Doñana 127-129
Dos Hermanas 99

E

Écija 95
Eintrittsgelder 251
El Bosque 162
El Centenillo 24
El Chorro 181-183
El Jabali 63
El Madronal 107
El Palmar 147-148
El Playazo 237
El Portil 119
El Rocío 130-133
El Rompido 117-118
El Santiscal 161
El Terrón 116
El Torcal 185-186
Embalse
de Aguacebas 29
de los Órganos 46
de El Encinarejo 61
de Guadalén 25
de Guadalhorce 181
de la Viñuela 194
de los Bermejales 196
del Gaitanejo 181
del Jándula 61
del Rumblar 58

del Tranco 38
de Zahara 174
Entsorgung 251

F

Faro Roldán 234
Feria del Caballo 141
Ferias 251
Feuerwehr 254
Fiestas 251
FKK 252
Flamenco 141
Fuente de la Pascula 39
Fuente de Piedra 186
Fuente los Cerezos 36
Fuenteheridos 107

G

Garganta del Chorro 181
Garganta Verde 172
GARRUCHA 236
Gasadapter 252
Gibraleon 109
GIBRALTAR 155
Gil Cobo 31
Granada 198-200
Grazalema 164-166
Gruta de las Maravillas 105

H

Haustiere 253
Hornos de Segura 39
Hunde 253

I

Isla Canela
Isla Cristina 111
Isla Plana 248
Itálica 103

J

JABUGO 108
Jaén 67-69
Jerez de la Frontera 140

K

Klima 253
Kriminalität 253

L

LA ALMADRABA DE MONTELEVA 225
La Antilla 116
LA AZOHÍA 248
La Huerta Vieja 39
LA IRUELA 50
La Isleta del Moro 231

La Linea 155
La Manga Mar Menor 248-249
La Rábida 120
Lagar de la Cruz 88
Laguna de Valdeazores 46
Landkarten 254
LANJARÓN 211
Las Golondrinas 40
Las Negras 233, 234
Literatur 254
Los Caños de Meca 149
Los Casares 39
Los Escullos 229-230
Los Villares 71, 89

M

Málaga 189-192
Mar Menor 248
Marimateo 100
Matalascañas 124-126
Mazagón 120, 121
MAZARRÓN 247
Medina Azahara 89-91
MEDINA SIDONIA 158
Mezquita 84
Mini-Hollywood 223
Mirador del Topaero 35
MIRANDA DEL REY 22
MOGÓN 28
MOJÁCAR 235
Motril Playa 208-209
Mulhacén 206

N

Navas de Tolosa 18
Niza-Beach 193
Notarzt 254
Notfall 254
Notruf 254

O

Öffnungszeiten 255
Oficinas de Turismo 12-15
Órgiva 211
Österreichisches Konsulat 250

P

Palma del Río 94-95
Pampaneira 211-212
Pannenhilfe 254
Pantano de Canales 202
Papiere 255
Parque Ardales 180-182
Peligro Punto Negro 242
Pico Veleta 205
Pinsapar 167-169
Playa
  Castillo de Macenas 235

de Costilla 139
de la Carolina 241
de la Cola 244
de la Fabriqilla 225
de la Venta de Bancal 235
de las tres Piedras 138
de los Alemanes 153
de los Baños 221, 224
de los Genoveves 229
de Mónsul 228
de Peñon Blanco 230
del Rozas 243
el Playazo 231
Granada 208
Polizei 254
Priego de Córdoba 70
Pueblos Blancos 157
Puerto de las Abejas 178
Puerto de las Palomas 50, 171
Puerto de los Acebuches 172
PUERTO DE MAZARRÓN 247
Puerto de Motril 208
PUERTO REY 236
Punta de Calnegre 246

R

R.A.C.E. 254
Restaurants 255
Retamar 224
Río Alhama 196
  Almanzora 236
  Andarax 219
  Bailón 78
  Borosa 43
  Guadalén 25
  Guadalimar 26
  Guadalquivir 28
  Guarrizas 20
  Jándula 60
Riotinto 108
RODALQUILAR 231
Romería de los Gitanos 72
Romería del Rocío 130
Romerías 251
Ronda 175-177
Rota 139

S

Salinas de Acosta 225
Salto de los Órganos 45
San José 228-229
San Juan de los Terreros 238-241
Sanlúcar de Barrameda 136-137
SANTA ELENA 23

Schweizer Konsulat 250
Sevilla 97-101
Sherry 139
Sierra Aracena 104
  Cazorla 49
  de Alhamilla 223
  de Grazalema 161
  de la Horconera 71
  del Pinar 167
  Nevada 201-207
  Subbética 70
Sierras de Andújar 60
Sonnenkraftwerk 223
Sopalmo 235
Sparcards 253
Sprache 255

T

TABERNAS 224
Tanken 256
Tapas 255
Telefonieren 256
Torre del Vinagre 41
Torrenueva 209
Torres de Albánchez 27
TRANCO 39
Trevélez 214, 215
Trinkwasser 256
Turespaña 12

U

ÚBEDA 53
Ubrique 163
Ugíjar 216

V

Vejer de la Frontera 157
VERA PLAYA 236
Verkehr 257
VILLACARRILLO 25
Villaricos 237
Virgen de la Sierra 72

W

Wanderführer 254
Wandern 257
Wassersport 257
Wein 257
WOMO-Inhalts-versicherung 257

Y

Yegen 216, 217
Yunquera 178

Z

Zahara de la Sierra 171
Zahara de los Atunes 152
Zahora 149
ZUHEROS 75-79

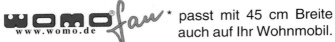

Info-Blatt für das WOMO-Buch: Süd-Spanien '12

(ausgefüllt erhalte ich 10% Info-Honorar auf Buchbestellungen direkt beim Verlag)

Lokalität: _____ **Seite:** ___ **Datum:** ___
(Stellplatz, Campingplatz, Wandertour, Gaststätte, usw.)

○ unverändert ○ gesperrt/geschlossen ○ folgende Änderungen:

Lokalität: _____ **Seite:** ___ **Datum:** ___
(Stellplatz, Campingplatz, Wandertour, Gaststätte, usw.)

○ unverändert ○ gesperrt/geschlossen ○ folgende Änderungen:

Lokalität: _____ **Seite:** ___ **Datum:** ___
(Stellplatz, Campingplatz, Wandertour, Gaststätte, usw.)

○ unverändert ○ gesperrt/geschlossen ○ folgende Änderungen:

Lokalität: _____ **Seite:** ___ **Datum:** ___
(Stellplatz, Campingplatz, Wandertour, Gaststätte, usw.)

○ unverändert ○ gesperrt/geschlossen ○ folgende Änderungen:

Lokalität: _____ **Seite:** ___ **Datum:** ___
(Stellplatz, Campingplatz, Wandertour, Gaststätte, usw.)

○ unverändert ○ gesperrt/geschlossen ○ folgende Änderungen:

Lokalität: _____ **Seite:** ___ **Datum:** ___
(Stellplatz, Campingplatz, Wandertour, Gaststätte, usw.)

○ unverändert ○ gesperrt/geschlossen ○ folgende Änderungen:

Meine Adresse und Tel.-Nummer:
(nur komplett ausgefüllte, zeitnah eingesandte Infoblätter können berücksichtigt werden)

_____ _____

_____ _____

Info-Blatt für das WOMO-Buch: Süd-Spanien '12
(ausgefüllt erhalte ich 10% Info-Honorar auf Buchbestellungen direkt beim Verlag)

Lokalität: Seite: Datum:
(Stellplatz, Campingplatz, Wandertour, Gaststätte, usw.)

Lokalität: Seite: Datum:
(Stellplatz, Campingplatz, Wandertour, Gaststätte, usw.)

Lokalität: Seite: Datum:
(Stellplatz, Campingplatz, Wandertour, Gaststätte, usw.)

Lokalität: Seite: Datum:
(Stellplatz, Campingplatz, Wandertour, Gaststätte, usw.)

Lokalität: Seite: Datum:
(Stellplatz, Campingplatz, Wandertour, Gaststätte, usw.)

Lokalität: Seite: Datum:
(Stellplatz, Campingplatz, Wandertour, Gaststätte, usw.)

Meine sonstigen Tipps und Verbesserungswünsche:

Wir bestellen zur sofortigen Lieferung: (Alle Preise in € [D], Preisänderungen vorbehalten)

- ☐ Wohnmobil Handbuch .... 19,90 €
- ☐ Wohnmobil Kochbuch .... 12,90 €
- ☐ Multimedia im Wohnmobil .... 9,90 €
- ☐ Heitere WOMO-Geschichten ..... 6,90 €
- ☐ Gordische Lüge – WOMO-Krimi .. 9,90 €
- ☐ WOMO-Aufkleber "WOMO-fan" .. 2,90 €
- ☐ WOMO-Pfannenknecht .... 49,90 €
- ☐ WOMO-Knackerschreck ab ...... 44,90 €
- Fahrzeugmarke/Bj.:

WOMO-Reiseführer: Mit dem WOMO ins/durch/nach....

- ☐ Allgäu .... 17,90 €
- ☐ Auvergne .... 17,90 €
- ☐ Baltikum (Est-/Lettland/Litauen) 18,90 €
- ☐ Bayern (Nordost) .... 19,90 €
- ☐ Belgien & Luxemburg .... 17,90 €
- ☐ Bretagne .... 18,90 €
- ☐ Burgund .... 17,90 €
- ☐ Dänemark .... 17,90 €
- ☐ Elsass .... 18,90 €
- ☐ Finnland .... 18,90 €
- ☐ Franz. Atlantikküste (Nord) .... 17,90 €
- ☐ Franz. Atlantikküste (Süd) .... 17,90 €
- ☐ Griechenland .... 19,90 €
- ☐ Hunsrück/Mosel/Eifel .... 19,90 €
- ☐ Irland .... 18,90 €
- ☐ Island .... 17,90 €
- ☐ Korsika .... 17,90 €
- ☐ Kreta .... 14,90 €
- ☐ Kroatien (Dalmatien) .... 17,90 €
- ☐ Languedoc/Roussillon .... 18,90 €
- ☐ Loire-Tal/Paris .... 17,90 €
- ☐ Marokko .... 18,90 €
- ☐ Neuseeland .... 19,90 €
- ☐ Niederlande .... 18,90 €
- ☐ Normandie .... 17,90 €
- ☐ Norwegen (Nord) .... 19,90 €
- ☐ Norwegen (Süd) .... 19,90 €
- ☐ Österreich (Ost) .... 19,90 €
- ☐ Österreich (West) .... 17,90 €
- ☐ Ostfriesland .... 19,90 €
- ☐ Peloponnes .... 17,90 €
- ☐ Pfalz .... 17,90 €
- ☐ Piemont/Ligurien .... 17,90 €
- ☐ Polen (Nord/Masuren) .... 19,90 €
- ☐ Polen (Süd/Schlesien) .... 19,90 €
- ☐ Portugal .... 18,90 €
- ☐ Provence & Côte d'Azur (Ost) .... 17,90 €
- ☐ Provence & Côte d'Azur (West) . 17,90 €
- ☐ Pyrenäen .... 17,90 €
- ☐ Sardinien .... 19,90 €
- ☐ Schleswig-Holstein .... 18,90 €
- ☐ Schottland .... 17,90 €
- ☐ Schwabenländle .... 17,90 €
- ☐ Schwarzwald .... 17,90 €
- ☐ Schweden (Nord) .... 18,90 €
- ☐ Schweden (Süd) .... 17,90 €
- ☐ Sizilien .... 17,90 €
- ☐ Slowenien .... 17,90 €
- ☐ Spanien (Nord/Atlantik) .... 17,90 €
- ☐ Spanien (Ost/Katalonien) .... 17,90 €
- ☐ Spanien (Süd/Andalusien) .... 17,90 €
- ☐ Süditalien (Osthälfte) .... 17,90 €
- ☐ Süditalien (Westhälfte) .... 17,90 €
- ☐ Süd-Tirol .... 17,90 €
- ☐ Thüringen .... 19,90 €
- ☐ Toskana & Elba .... 19,90 €
- ☐ Trentino/Gardasee .... 17,90 €
- ☐ Tschechien .... 18,90 €
- ☐ Tunesien .... 17,90 €
- ☐ Türkei (West) .... 18,90 €
- ☐ Umbrien & Marken mit Adria ..... 17,90 €
- ☐ Ungarn .... 17,90 €
- .... und jährlich werden's mehr!

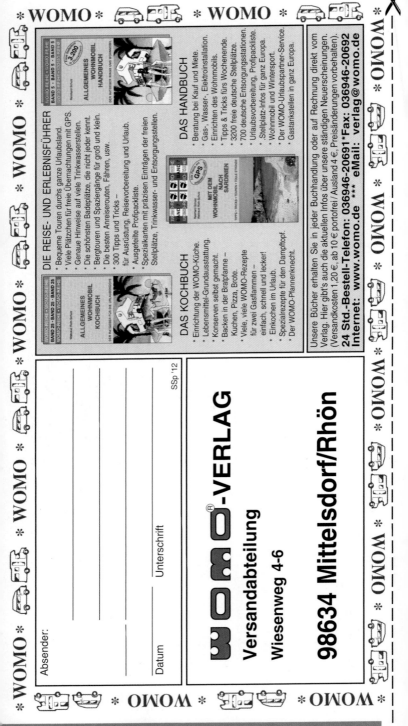